Arndt/Oberloskamp

Gutachtliche Stellungnahmen in der sozialen Arbeit

Praktische Sozialarbeit Band 4

Herausgegeben von Professor Dr. Eberhard Tiesler
und Professor Dr. Dr. Herbert Wagner

Gutachtliche Stellungnahmen in der sozialen Arbeit

Eine Anleitung mit Beispielen für die Vormundschafts- und Familiengerichtshilfe

von

Dipl.-Psych. Joachim Arndt
Professor an der Katholischen Fachhochschule NW, Abteilung Köln

und

Dr. jur. Helga Oberloskamp
Professorin an der Katholischen Fachhochschule NW, Abteilung Köln

CFM

C. F. Müller Juristischer Verlag
Heidelberg · Karlsruhe 1981

CIP-Kurztitelaufnahme der Deutschen Bibliothek

Arndt, Joachim:
Gutachtliche Stellungnahmen in der sozialen Arbeit: e. Anleitung mit Beispielen für d. Vormundschafts- u. Familiengerichtshilfe / von Joachim Arndt u. Helga Oberloskamp. – Heidelberg; Karlsruhe: Müller, Juristischer Verl., 1981.
  (Praktische Sozialarbeit; Bd. 4)
  ISBN 3-8114-5480-3
NE: Oberloskamp, Helga: GT

© 1981 C. F. Müller Juristischer Verlag GmbH, Heidelberg · Karlsruhe

Satz: Filmsatz Unger, 6940 Weinheim
Druck und Verarbeitung: C. F. Müller, Großdruckerei und Verlag GmbH, Karlsruhe

Vorwort

Gutachtliche Äußerungen über Menschen werden vorwiegend als eine Domäne von Medizinern oder Psychologen angesehen, obwohl der Gesetzgeber z. B. in den Bereichen der Jugendgerichtshilfe oder der Vormundschafts-/ Familiengerichtshilfe auch von Sozialarbeitern/Sozialpädagogen qualifizierte gutachtliche Stellungnahmen verlangt.

Während Psychologen und Mediziner die Anfertigung von Gutachten während ihres Studiums erlernen und unter ihrer Fachliteratur zahlreiche einschlägige Veröffentlichungen finden, werden Sozialarbeiter/Sozialpädagogen in ihrer Studienzeit im allgemeinen nicht hinreichend darauf vorbereitet, die von ihnen später geforderten Stellungnahmen anzufertigen. Auch bietet ihre Fachliteratur für diese spezifische Aufgabenstellung nur begrenzt Orientierungshilfen. Die wenigen vorhandenen Anregungen beziehen sich vor allem auf den Bereich der Jugendgerichtshilfe, kaum auf den der Vormundschafts- und Familiengerichtshilfe, obwohl hier zum Beispiel jährlich allein weit über 100.000 Scheidungsfälle und an die 10.000 Adoptionsfälle zu bearbeiten sind. Hinzu kommt, daß die spärlichen Empfehlungen überwiegend den Charakter von bloßen Richtlinien bzw. Hinweisen haben und sowohl einer theoretischen Begründung als auch einer Anleitung zur Umsetzung in die Praxis entbehren.

Einen Beitrag zur Veränderung dieser unbefriedigenden Situation zu leisten, ist das Ziel dieses Buches.

Bonn, im Februar 1981   Die Verfasser

Inhaltsübersicht

Abkürzungsverzeichnis

a. A.	anderer Ansicht
a. a. O.	am angegebenen Ort
Abs.	Absatz
AdVermiG	Adoptionsvermittlungsgesetz
AFET	Allgemeiner Fürsorgeerziehungstag, ab 1972: Arbeitsgemeinschaft für Erziehung
Anm.	Anmerkung
Anm. d. V.	Anmerkung der Verfasser
ASD	Allgemeiner sozialer Dienst
BAT	Bundesangestelltentarif
BayObLG	Bayerisches Oberstes Landesgericht
BGB	Bürgerliches Gesetzbuch
BGH	Bundesgerichtshof
BGHSt	Bundesgerichtshof, Entscheidungen in Strafsachen
BT-Drucks.	Bundestagsdrucksache
BVerfG	Bundesverfassungsgericht
bzw.	beziehungsweise
DAVorm	Der Amtsvormund
d. h.	das heißt
d. i.	das ist
DVBl	Deutsches Verwaltungsblatt
Erg. d. V.	Ergänzung der Verfasser
e. S.	elterliche Sorge
etc.	et cetera = und so weiter
evtl.	eventuell
f.	die folgende Seite
FamG	Familiengericht
FamGH	Familiengerichtshilfe
ff.	die folgenden Seiten
FGG	Reichsgesetz über die freiwillige Gerichtsbarkeit
FH	Fachhochschule
FN	Fußnote
FrankfKo	Frankfurter Kommentar zum JWG (siehe unter Münder im Literaturverzeichnis)
gem.	gemäß
GG	Grundgesetz
ggf.	gegebenenfalls

GVG	Gerichtsverfassungsgesetz
i. V. m.	in Verbindung mit
i. S. d.	im Sinne des
JA, JÄ	Jugendamt, Jugendämter
JFG	Jahrbuch für Entscheidungen in Angelegenheiten der Freiwilligen Gerichtsbarkeit und des Grundbuchrechts
Jgdber.	Jugendbericht
JGH	Jugendgerichtshilfe
JHG	Jugendhilfegesetz
JWG	Jugendwohlfahrtsgesetz
Kap.	Kapitel
KG	Kammergericht (= das OLG in Berlin)
LBG NW	Landesbeamtengesetz Nordrhein-Westfalen
LJA	Landesjugendamt
MünchKo	Münchener Kommentar, Bürgerliches Gesetzbuch
MitglRBrief	Mitgliederrundbrief des AFET
NJW	Neue juristische Wochenschrift
o. g.	oben genannt
OLG	Oberlandesgericht
RdJB	Recht der Jugend und des Bildungswesens
S.	Seite, Satz
SozArb	Sozialarbeiter
SozPäd	Sozialpädagoge
SGB	Sozialgesetzbuch
SjE	Sammlung jugendrechtlicher Entscheidungen
s. o.	siehe oben
StGB	Strafgesetzbuch
s. u.	siehe unten
u. a.	unter anderem
u. a. m.	und anderes mehr
u. E.	unseres Erachtens
usw.	und so weiter
u. U.	unter Umständen
VA	Verwaltungsakt
Verf.	Verfasser
VormG	Vormundschaftsgericht
VormGH	Vormundschaftsgerichtshilfe
VwVfG	Verwaltungsverfahrensgesetz
z. B.	zum Beispiel
ZblJugR	Zentralblatt für Jugendrecht und Jugendwohlfahrt
ZPO	Zivilprozeßordnung
z. T.	zum Teil

1. Einleitung

1.1 Der Stellenwert gutachtlicher Äußerungen in heutiger Ausbildung und Praxis

Studenten der Sozialarbeit/Sozialpädagogik, die in ein Praktikum beim Jugendamt (JA) oder bei einem freien Träger der Jugendhilfe gehen, machen die Erfahrung, daß sich ihre Praxisanleiter und deren Kollegen recht oft gegenüber Gerichten oder Landesjugendämtern (LJÄ) zu irgendwelchen Fragestellungen qualifiziert äußern müssen.

Diese ihre subjektive Feststellung ist auch objektiv zutreffend. Sie wird bestätigt durch eine Untersuchung aus den Jahren 1978/79 an Absolventen baden-württembergischer Fachhochschulen. Danach sind 75% der Tätigkeitsmerkmale von Angehörigen sozialer Berufe dem Bereich Beratung und Begutachtung zuzuordnen[1].

Man kann somit davon ausgehen, daß ein großer Teil sozialarbeiterischen/sozialpädagogischen Tuns in der fachlichen Begutachtung von Lebenssachverhalten besteht. Die hierbei zu beobachtende Hilflosigkeit der Praktikanten zeigt, daß die Fachhochschule (FH) ihnen bislang für diese Tätigkeit nichts oder nichts Hinreichendes mitgegeben hat. Auch in der Fachliteratur werden Sozialarbeiter (SozArb) und Sozialpädagogen (SozPäd) – abgesehen vom Bereich der Jugendgerichtshilfe – kaum diesbezügliche Empfehlungen für diese Art der Arbeit in der Vormundschafts- und Familiengerichtshilfe (VormGH/FamGH) finden. Die einzige Lernhilfe bleiben in der Regel die Vorlagen der Kollegen aus der Praxis.

Hinsichtlich der Qualität dieser Orientierungshilfen werden allerdings – nach unserer Meinung zu Recht – vielfache Bedenken angemeldet[2]. Es besteht somit die Gefahr, daß durch diese Art des Lernens unter den SozArb von Generation zu Generation Mustervorschläge weitergegeben werden, die weder wissenschaftlichen Erkenntnissen noch den Erfordernissen der Praxis, noch dem Berufsauftrag des SozArb/SozPäd und erst recht nicht den Bedürfnissen der Klienten entsprechen.

1 Kaiser, UNI Berufswahlmagazin 6/80, 6.
2 Vgl. z. B. die Kritik von Kemper, ZblJugR 1976, 478/480 f. und seinen Verweis auf Untersuchungen von Lempp und Wagner, die in Kurzform in FamRZ 1975, 70 referiert werden und in Abschnitt IV. 4 Hinweise auf die mangelhafte Arbeit der JÄ enthalten. Ebenso Simitis u. a. in einer Untersuchung zum Kindeswohl in der vormundschaftsgerichtlichen Praxis aus den Jahren 1973 – 1977.

1.2 Ziel des Buches

Dieses Buch ist zum einen für **berufserfahrene SozArb** geschrieben, die Denkanstöße zur Reflexion ihrer Praxis im Bereich gutachtlicher Stellungnahmen suchen. Zum anderen ist es konzipiert für **Studenten der Sozialarbeit**, die eine differenzierte Orientierungshilfe für diese anspruchsvolle Aufgabe suchen. Darüber hinaus stellt es einen Diskussionsbeitrag zur Frage nach besseren Gutachtensformen in der Sozialarbeit dar. Es richtet sich somit sowohl an Praktiker und Studenten der Sozialarbeit als auch an **Kollegen der Fachhochschulen**. Nicht zuletzt könnten unsere Überlegungen **Vormundschafts- und Familienrichter** vermehrt dazu anregen, die JÄ stärker als Fachbehörde und weniger als bloße Informanten in Anspruch zu nehmen.

Dem verständlichen Bedürfnis mancher SozArb nach einem wenig zeitaufwendigen, für alle Fälle geeigneten **Patentrezept** für Stellungnahmen in der Jugendhilfe können und wollen wir nicht nachkommen, da dies fachlich nicht vertretbar wäre. Jedoch erscheinen uns bloße Grundsatzdiskussionen auch keine der beruflichen Praxis angemessene Hilfe zu sein. Aus diesem Grunde stellen wir im Folgenden einerseits einige konkrete Beispielgutachten und Handlungsempfehlungen bezogen auf verschiedene Bereiche der VormGH/FamGH vor, erörtern andererseits aber auch eingehend Prinzipien der Gestaltung gutachtlicher Äußerungen, Einflüsse auf solche Stellungnahmen und Probleme im Umfeld der eigentlichen Gutachtentätigkeit.

Um die Frage nach der konkreten Ausformung gutachtlicher Stellungnahmen angemessen beantworten zu können, bedarf es zunächst der Überlegung, welche Funktion gutachtliche Stellungnahmen haben (Kap. 2). Sodann soll im 3. Kapitel überprüft werden, was SozArb/SozPäd mit ihren Äußerungen in der Gerichtspraxis bewirken (faktische Kompetenz), inwieweit ihnen der Gesetzgeber diese Aufgabe zugemessen hat (rechtliche Kompetenz), wie SozArb/SozPäd selber zu diesem Tätigkeitsbereich stehen (eigenes Kompetenzverständnis) und worauf sich eine Kompetenz unter fachlichen Gesichtspunkten gründen läßt (Kompetenzbegründung). Im 4. Kapitel soll untersucht werden, welche Variablen die Abfassung gutachtlicher Stellungnahmen beeinflussen, ein Abschnitt, in dem implizit Gefahren- und Fehlerquellen in diesem Arbeitsbereich aufgezeigt werden. Hier werden wir verdeutlichen, wie der SozArb mit seiner Persönlichkeitsstruktur, das dem Sachverhalt zugrundeliegende Problem, die psychosoziale Situation des Klienten, die Sichtweise des Richters und die Einflüsse der den SozArb beschäftigenden Institution sich auf eine gutachtliche Äußerung auswirken können.

Das 5., 6. und 7. Kapitel stellen das „Herz" der Abhandlung dar. Hier sollen die allgemeinen Merkmale eines Gutachtens (Kapitel 5) theoretisch herausgearbeitet und anhand von Aktenfällen (Kapitel 7) praktisch getestet werden. Wir sind dankbar, daß wir sowohl Praxisstellen gefunden haben, die uns hierfür Aktenmaterial geliefert haben, als auch Praktiker und Studenten, die bereit waren, zu Demonstrationszwecken ihre eigenen „Produkte" zur Verfügung zu stellen. Im 6. Kapitel sollen die wichtigsten Gebiete der VormGH/FamGH herausgegriffen und exemplarisch, jedoch kursorisch inhaltlich behandelt werden. Dies scheint uns notwendig, um an unseren Gutachtenbeispielen besser Mängel und Fehlerquellen aufzeigen zu können. Es werden daher hier behandelt: Einschränkung bzw. Entzug der elterlichen Sorge, Sorgerechtsregelung bei Scheidung und Getrenntleben, Umgangsregelung und die Annahme als Kind. Bei der Gewinnung der in diesem Bereich entscheidungsrelevanten Fakten können eine Reihe von methodischen und juristischen Problemen auftauchen, die hier ebenfalls kurz angesprochen werden sollen.

Im Schlußkapitel (8. Kap.) schließlich soll geprüft werden, wie unsere Vorstellungen in der Praxis realisiert werden können.

1.3 Die Notwendigkeit integrativer Betrachtungs- und Handlungsweise

Bei den Vorschlägen, welchen Inhalt solche Stellungnahmen haben und in welcher Form sie abgefaßt werden sollten, wird einerseits durchaus berücksichtigt, daß die Praxis mit Schwierigkeiten verschiedenster Art zu kämpfen hat. Andererseits muß man aber auch in Rechnung stellen, daß SozArb eine Fachkompetenz besitzen, auf die sie nicht nur dann verweisen können, wenn es ihnen angenehm ist.

Diese Fachkompetenz gründet darin, daß Sozialarbeit mittlerweile, wenn auch nach langem historischen Ringen, als etwas Eigenständiges akzeptiert wird[3]. Zwar ist unstreitig, daß viele andere Wissenschaften ihr „zuarbeiten" müssen. So kann eine gutachtliche Stellungnahme nur dann allen Anforderungen gerecht werden, wenn sie unter Einhaltung eines bestimmten rechtlichen Rahmens Erkenntnisse aus verschiedenen anderen Wissenschaften, z. B. der Psychologie, Medizin, Soziologie und Pädagogik, berücksichtigt. Jedoch reicht es dabei nicht aus, die Anteile dieser Wissenschaften quasi in Schubladen geordnet parat zu haben und − wie es bei Studenten häufig der Fall ist − sie nur „sortiert" abrufen zu können. Vielmehr ist es unerläßlich − und das macht neben dem methodischen Handeln gerade das Spezifische der Sozialarbeit aus − sogleich integrativ denkend und handelnd den Problembereich anzugehen, wofür allerdings fachspezifische Kenntnisse und Fertigkeiten sowie angemes-

---

3 Vgl. dazu Knapp in Knapp (Hrsg.), S. 122 ff.

sene Einstellungen Voraussetzung sind (und dies ist nicht gleichbedeutend mit dem Einsatz gesunden Menschenverstandes!).

Um den Anforderungen dieses integrativen Denkansatzes zu entsprechen, scheint es nur sinnvoll, daß Vertreter verschiedener Disziplinen ein Buch über gutachtliche Stellungnahmen in der Sozialarbeit schreiben. Wir, die Autoren, ein Psychologe und eine Juristin, die auch über Kenntnisse in den darüber hinaus gefragten Disziplinen verfügen, sind seit mehreren Jahren als Fachhochschullehrer in der Ausbildung von SozArb/SozPäd tätig und bemühen uns seit langem in unseren Lehrveranstaltungen sowohl um Fächerintegration als auch um Theorie-Praxis-Bezug. Das können wir u. a. dank guter Kontakte zu öffentlichen und freien Trägern der Jugendhilfe. Seit mehreren Semestern bieten wir Seminare an, in denen die Studenten systematisch üben, gutachtliche Stellungnahmen aufgrund von Aktenstücken anzufertigen. Wir haben in diesem Zusammenhang eine „Theorie des Gutachtens in der Sozialarbeit" entwickelt. Dabei haben wir Erkenntnisse darüber, welche Probleme praktizierende SozArb und Studenten der Sozialarbeit haben, gewonnen. Nahezu alle unsere negativen Erfahrungen werden von der bereits zitierten Untersuchung „Kindeswohl" von Simitis u. a. bestätigt. Daher drängt es uns umso mehr, der Ausbildung und der Praxis unsere Überlegungen vorzustellen. Wir wünschen uns, daß unser Versuch, auf die Praxis der Gutachtenerstellung einzuwirken, im Interesse der Garantie des Kindeswohls in gleichem Maße kritisch wie interessiert angenommen wird.

2. Die Funktion gutachtlicher Stellungnahmen

2.1 Wahrung von Kindes- und Elternrecht

Eine Reihe gesetzlicher Bestimmungen (§§ 48 a, 39 a III, 57 I 3, 65 II JWG; §§ 1779 I, § 1887 III BGB; § 56 d FGG; § 620 a III 1 ZPO) verpflichtet das Vormundschafts- bzw. das Familiengericht (VormG/FamG), vor einer Entscheidung das JA zu hören. Allen in diesen Vorschriften genannten Verfahren ist gemeinsam, daß sie juristisch die Rechte von Eltern gegenüber ihren Kindern, tatsächlich aber die Lebensverhältnisse von Minderjährigen betreffen. Um zu verhindern, daß bei diesen Streitigkeiten, die durch eine Situation oder ein Verhalten von Erwachsenen ausgelöst werden, die Interessen der betroffenen Kinder nicht ausreichende Berücksichtigung finden, sollen die JÄ als Fachbehörden die erzieherisch-rechtliche Entscheidung des Richters vorbereiten[1]. Dies bedeutet allerdings nicht − wie zuweilen fälschlich von SozArb angenommen wird −, daß sie als „Anwalt" des Kindes einseitig, d. h. parteiisch, die Interessen des Kindes wahrzunehmen hätten. Vielmehr gilt auch für den SozArb die Bindung an Art. 6 II, III GG, wonach die Rechte der Eltern dem Recht des Kindes auf freie Entfaltung seiner Persönlichkeit (Art. 2 I GG) gleichwertig gegenüberstehen[2]. Materielles Ziel einer jeden gutachtlichen Stellungnahme muß es daher sein, die Lösung zu finden, die das Wohl des Kindes unter größtmöglicher Wahrung der Rechte der Eltern gewährleistet. Die Hauptschwierigkeit bei der Bewältigung dieser Aufgabe besteht weniger in der theoretischen Abwägung von Elternrecht und Kindesinteressen, als vielmehr in der praktischen Entscheidung, was im konkreten Fall dem Kindeswohl dient. Fast kein anderer Begriff des Familienrechts ist so schillernd wie der des „Wohls des Kindes". Und über kaum einen Begriff des Familienrechts ist in letzter Zeit in der Fachliteratur[3] so viel geschrieben worden. Als sicher kann gelten, daß höchstrichterliche Rechtsprechung und Literatur[4] das Wohl des Kindes dann gewährleistet sehen, wenn zu erwarten ist, daß das Kind sich leiblich, geistig und seelisch (vgl. § 1 JWG) gut entwickelt.

---

1 Jans/Happe, § 48 a Anm. 2 a.
2 BVerfG v. 29.7.1968, FamRZ 1968, 578.
3 Vgl. dazu u. a.; Mnookin, FamRZ 1975, 1; Gernhuber, FamRZ 1973, 229; Goldstein/Freud/Solnit, Jenseits des Kindeswohls; Hrsg. Gerber, Kindeswohl contra Elternwille?; Münder, RdJB 1977, 358; Hassenstein, MitglRBrief des AFET 1975, 66; Uffelmann, Das Wohl des Kindes als Entscheidungskriterium im Sorgerechtsverfahren; Lempp, ZblJugR 1979, 49; Giesen, FamRZ 1977, 594; Buschmann, RdJB 1977, 282/283; Kemper, ZblJugR 1976, 478/479; Münder LB, 5.1.2. und 5.3.4.
4 Zu den Einzelheiten siehe Uffelmann, a. a. O., S. 13 ff.

Wenn hierin also theoretisch auch kein Streit besteht, so sind damit die praktischen Probleme keinesfalls gelöst. Denn eine Unbekannte durch andere neue Unbekannte zu ersetzen[5], bringt den Suchenden der Lösung um keinen Schritt näher. Mittlerweile haben viele Juristen und Angehörige juristischer Hilfswissenschaften[6] in langen Jahren mühevoller Kleinarbeit darum gerungen, den Begriff „Kindeswohl" zu definieren. Von wirklichen Erfolgen in dem Sinn, daß die Präzisierung gelungen sei, kann nicht die Rede sein. Vielleicht ist es aber auch ein Erfolg, daß die Erkenntnis gewonnen wurde, daß eine abstrakte Definition weder möglich noch wünschenswert ist. So meint z. B. Gernhuber, der zwar eine abschließende Bestimmung für möglich hält, den Versuch aber gleichwohl nicht machen will: wer alles zu sagen unternehme, gerate leicht in die Gefahr, unter zunehmender Abstraktion schließlich im Nichts zu enden[7].

Auf der Grundlage dieser Einsicht soll in dem vorliegenden Buch zwar versucht werden, bei Berücksichtigung der unterschiedlichen Verfahren Kriterien zu finden, die zum Erreichen des Ziels: Wahrung des Kindeswohls beitragen können. Nicht dagegen wird angestrebt, in abstrakt-genereller Weise zu sagen, was das Kindeswohl ist.

2.2 Orientierungshilfe für den Richter

Wie bereits ausgeführt, ist das VormG/FamG gem. § 48 a JWG und aufgrund einer Reihe anderer Vorschriften verpflichtet, vor seiner Entscheidung das JA „zu hören". In der Praxis sieht dieses Anhören in der Regel so aus, daß das Gericht dem zuständigen JA (d.i. gem. § 11 S. 1 JWG grundsätzlich das JA, in dessen Bezirk der Minderjährige seinen gewöhnlichen Aufenthalt hat) Informationen über den tätigkeitsauslösenden Vorgang (z. B. Durchschrift des Scheidungsantrags) mit der Bitte im Stellungnahme übersendet. Im JA erhält dann − entsprechend der internen Geschäftsverteilung − ein SozArb den Auftrag, die angeforderte gutachtliche Stellungnahme abzugeben. Denkbar ist es aber auch, daß es sich nicht um ein Verfahren handelt, das auf Initiative der Betroffenen durch deren Antrag oder Anregung bei Gericht beginnt, sondern daß der Anstoß vom JA selber ausgeht (z.B. Sorgerechtseinschränkung gem. § 1666 BGB oder Abänderung von Sorgerechtsregelungen gem. § 1696 BGB). In diesem Fall ist die Mitteilung des JA an das Gericht gleichzeitige Anzeige gem. § 48 S. 2 JWG und Stellungnahme gem. § 48 a JWG. In beiden Fällen muß der SozArb unabhängig von etwaigen früheren Vorgängen

5 Lüderitz, FamRZ 1975, 605/606.
6 Vgl. die in FN 3 angegebene Literatur.
7 FamRZ 73, 231.

und Kenntnissen mit den Betroffenen und deren sozialem Umfeld Kontakt aufnehmen, um sich die notwendige **Tatsachenkenntnis** über den Klienten zu verschaffen. Welche Tatsachenkenntnisse er benötigt, hat der SozArb mit Hilfe seiner Fachkenntnisse auf psychologischem, sozioloigischem, pädagogischem etc. Gebiet zu beurteilen. Wenn er die erforderlichen Fakten so weit wie möglich beisammen hat, muß er — wiederum auf der Grundlage seiner spezifischen **Fachkenntnisse** — unter Einhaltung des juristischen Rahmens dem Richter einen begründeten Entscheidungsvorschlag machen.

Der Richter ist bei seiner Entscheidungsfindung nicht nur auf das angewiesen, was die Betroffenen (evtl. vertreten durch ihre Anwälte) ihm in Schriftsätzen vortragen und was das JA an Erkenntnisssen übermittelt[8]. Vielmehr hat er, da er die Wahrheit erforschen muß, alle in seinem pflichtgemäßen Ermessen liegenden Beweismittel auszuschöpfen, § 12 FGG. Deswegen wird er in der Regel die Beteiligten persönlich hören[9]. Im allgemeinen läd er zu diesen Terminen auch den zuständigen SozArb, so daß die schriftliche Anhörung des JA ggf. durch eine mündliche ergänzt wird, wobei die letztere möglicherweise aufgrund neu vorgetragener Tatsachen von der ersteren abweicht.

Zusammenfassend läßt sich also feststellen, daß das „Anhören" des JA beinhaltet, daß es gezielt Tatsachen ermitteln und fachlich begutachten muß[10], wobei es nur ausnahmsweise, von einem bestimmten Entscheidungsvorschlag absehen kann[11]. Hierbei steht es selbständig neben dem VormG/FamG, ist ihm also nicht untergeordnet[12]. Das Gericht macht sich vielmehr durch die Mitwirkung des JA (vgl. § 4 Nrn. 2, 3, 4, 7 JWG), die über eine Amtshilfe hinausgeht[13], die bessere Kenntnis des JA in Fachfragen der Psychologie, Pädagogik etc. und im methodischen Umgehen mit den Betroffenen zu eigen[14]. Das JA besitzt daher die Stellung einer sachverständigen Behörde oder Fachbehörde[15].

---

8 KG v. 19.9.1960, FamRZ 1960, 500.
9 Vgl. §§ 50a, 50b, 50c, 55c FGG.
10 BGH v. 21.5.54, SjE E 14, 621 und 649 (in einer Reihe von Kommentaren — Krug, Potrykus, Frank/Ko und bei Münder LB, 11.3.1 — wird zitiert: SjE E 14, **123** — dort steht die Entscheidung schon seit 1966 nicht mehr!) = FamRZ 54, 219 = ZblJugR 54, 236; Palandt/Diederichsen, § 48 Anm. 1.
11 OLG Hamm v. 11.8.67, FamRZ 68, 533 = NJW 68, 454 = ZblJugR 68, 25.
12 Vgl. dazu unten S. 121 ff.
13 So wohl auch § 3 II Nr. 2 SGB X und § 4 II Vw VfG zu entnehmen, die besagen, daß Amtshilfe dann nicht vorliegt, wenn Aufgaben erledigt werden, zu denen die Behörde kraft gesetzlichen Auftrags verpflichtet ist.
14 BGH, a.a.O. (FN 10) und Palandt/Diederichsen, a.a.O. (FN 10); Münder LB 11.3.
15 Palandt/Diederichsen, § 48 Anm. 1; Jans/Happe, § 48a Anm. 2 A; Münder LB 11.3.

Das Gutachten hat somit die Funktion einer Orientierungshilfe für das Gericht, damit dieses die Zielsetzung: Beachtung des Kindeswohls bei größtmöglicher Wahrung der Rechte der Eltern optimal erreichen kann.

2.3. Hilfe in psychosozialen Problemen

Auch wenn es für die Betroffenen – mitunter selbst für den SozArb – wenig glaubhaft erscheinen mag, können qualifizierte gutachtliche Stellungnahmen im Rahmen der VormGH/FamGH ein Beitrag zur Lösung psychosozialer Probleme leisten.

Diese Feststellung gilt im allgemeinen auch dann, wenn der SozArb mit seiner Stellungnahme bewirkt, daß Eltern gemäß § 1666 BGB das Sorgerecht entzogen wird oder daß Elternrechte gemäß §§ 1671, 1672 BGB umverteilt werden. Selbst bei einer Einschränkung oder bei Entzug des Umgangsrechts nach § 1634 BGB, mitbedingt durch die gutachtliche Äußerung des SozArb, ist das der Fall, sofern seine Stellungnahme dem Sachverhalt nur hinreichend gerecht wird.

In allen genannten Situationen trägt der SozArb durch dieses Tun zu einer Klärung der Situation bei, die für die Klienten nicht selten durch scheinbare Ausweglosigkeit, erhöhte seelische Spannungen und oftmals auch durch physische und wirtschaftliche Belastungen gekennzeichnet ist. Er hilft auf seine Weise mit, daß neue Fakten geschaffen werden und „die normative Kraft des Faktischen" Weichen neu stellen kann. Mit Hilfe seiner gutachtlichen Stellungnahmen kann er – bei entsprechend gutem Kontakt zu seinem Klienten – eine eventuelle angstbesetzte Distanz zwischen Klienten und Richter überbrücken helfen. Ferner vermag der SozArb als eine unparteiische Fachkraft eventuelle Einseitigkeiten von Stellungnahmen der Anwälte zu relativieren. Wenn nämlich die streitenden Eltern zur Wahrung ihrer Rechtsansprüche Anwälte einschalten, wird die Position der betroffenen Kinder hierdurch meist kaum verbessert. Ihnen fehlt bislang der von *Goldstein* u. a.[16] geforderte eigene Anwalt. Gerade für diese Kinder dürften die Stellungnahmen des SozArb eine notwendige Hilfe werden, sofern sie sich nicht parteiisch überwiegend mit Erwachseneninteressen befassen.Schließlich sollten die Auswirkungen der Tätigkeiten, die für die Stellungnahme notwendige Voraussetzung sind, z. B. Hausbesuch, Gespräche mit dem Kind und den streitenden Parteien usw., in diesem Zusammenhang nicht unterschätzt werden. Das psychodiagnostische Bemühen kann dann u. U. therapeutische oder pädagogische Auswirkungen haben.

16 S. 58 ff.

Die Stellungnahme des SA kann somit indirekt Anstöße zu einer Neuorientierung des Verhaltens des Klienten geben. Jedoch bleiben solche Anstöße meist unkontrollierbar und führen so evtl. zu unbeabsichtigten Nebenwirkungen, worauf später (2.4) hingewiesen werden soll.

Ob und wann der Klient allerdings überhaupt die Stellungnahme des SozArb kennenlernt, hängt von der jeweiligen JA- bzw. Gerichtspraxis ab. Mit Sicherheit kann gesagt werden, daß nicht alle gutachtlichen Stellungnahmen des SozArb den Klienten erreichen.

Manche JÄ lassen von vornherein je nach Fall ein bis zwei zusätzliche Durchschläge ihrer gutachtlichen Äußerung anfertigen, so daß das Gericht sie immer ohne Mehraufwand weiterleiten kann. Eine Ausnahme wird allerdings auch von diesen JÄ im Falle der Adoption gemacht – ein Verfahren, für das wir von den betroffenen SozArb keine Begründung erhalten konnten. – Andere JÄ reichen nur dann ein zusätzliches Exemplar bei Gericht herein, wenn ein Anwalt am Verfahren beteiligt ist; dieser erstellt dann in der Regel eine Kopie für seinen Mandanten. Anwaltsbeteiligung haben wir immer dann, wenn Anwaltszwang besteht (Sorgerechtsregelungen), jedoch ist in allen anderen Fällen die Einschaltung eines Anwalts möglich. – Wieder andere JÄ verfahren zwar wie zuletzt beschrieben, fertigen aber bei Anwaltsbeteiligung nur Kurzgutachten mit den wichtigsten Informationen. Darüber hinausgehende Mitteilungen machen sie dem Richter fernmündlich. – Schließlich gibt es JÄ, die aufgrund von Absprachen dafür Sorge getragen haben, daß die Klienten die gutachtlichen Äußerungen grundsätzlich weder von der Behörde noch vom Gericht erhalten. Stattdessen informieren die zuständigen SozArb die Klienten mündlich über den Inhalt der behördlichen Stellungnahme.

In allen Fällen, in denen die Betroffenen nicht von Amts wegen von der Stellungnahme Kenntnis bekommen, können sie diese eventuell im Wege der **Akteneinsicht** kennenlernen. Gegenüber dem Gericht gibt § 34 I FGG einen entsprechenden Anspruch[17], gegenüber der Behörde § 25 SGB X, wenn der Gerichtshilfe ein Sozialverwaltungsverfahren vorgeschaltet ist (z. B. Erteilung der Pflegeerlaubnis für künftige Adoptiveltern), bzw. § 25 SGB X analog[18], wenn es sich um reine Gerichtshilfe handelt (z. B. Sorgerechtsregelung).

17 So ausdrücklich im Hinblick auf den Jugendamtsbericht Bumiller/Winkler, § 34 Anm. 3 mit weiteren Literaturnachweisen.
18 Gem. § 8 SGB X i. V. m. der gesetzgeberischen Begründung (BT-Drucks. 8/2034, zu §§ 8, 9) findet § 25 SGB X (Anspruch auf Akteneinsicht) nur auf das Sozialverwaltungsverfahren Anwendung, d. h. u. a. auf behördliche Aktivitäten im Jugendhilferecht, die in einen Verwaltungsakt (VA) oder einen öffentlich-rechtlichen Vertrag einmünden. Die „gutachtliche Zuarbeit im Vormundschaftswesen" sowie die Kontakt- und Vermittlertätigkeit der sozialen Dienste fällt nicht darunter. Da diese auch nicht dem allgemeinen Verwaltungsverfahrensgesetz

U. E. müßte unter rechtsstaatlichen Gesichtspunkten (Anspruch auf rechtliches Gehör, Art. 103 I GG) den Betroffenen in jedem Fall die gutachtliche Stellungnahme zugeschickt werden, damit sie ggf. Schritte zur Wahrung ihrer Rechte unternehmen können. Auch das mündliche Gespräch ohne vorheriges Zusenden sollte die Ausnahme sein; denn mündigen Bürgern kann es zugemutet werden, daß sie die Mitteilung nicht in abgeschwächter Form, sondern in vollem Umfang zur Kenntnis nehmen. Ein SozArb, der eine fachlich fundierte und umsichtig formulierte gutachtliche Stellungnahme abgegeben hat, braucht sich nicht zu scheuen, „mit offenen Karten zu spielen". Allerdings sei zugegeben, daß dies u. U. das Arbeiten mit dem Klienten zumindest vorübergehend erschweren kann.

2.4 Mögliche Nebenwirkungen

Neben den bisher aufgezählten unmittelbaren Funktionen kann die gutachtliche Stellungnahme eine weitere mittelbare Funktion haben. Die Verpflichtung zur Abgabe einer Stellungnahme für das Gericht bewirkt, daß sich die Jugendbehörde mit Klienten befaßt, die entweder schon behördenbekannt sind oder nach der Entscheidung weiterer qualifizierter Unterstützung bedürfen oder (günstigstenfalls) voraussichtlich nur dieses einzige Mal Kontakt mit dem JA haben. Bei allen Konstellationen sind die Klienten jedoch ein „Fall" geworden. Man hat eine Akte über sie angelegt, man hat sich mit ihren internen Verhältnissen befaßt, man hat Urteile über sie abgegeben. Diese Tatsache hat unbestreitbar Bedeutung für die Zukunft der betroffenen Menschen. Wann immer für sie Probleme auftauchen werden, die in den Kompetenzbereich von VormG/FamG oder JA fallen, wird man auf die alte gutachtliche Stellungnahme zurückgreifen und sie in die neu anzustellenden Überlegungen miteinbeziehen. Diese mittelbare Funktion der Festlegung des Klienten ist mindestens ebenso wichtig und einschneidend wie die einer Orientierungshilfe. Für den einen Betroffenen kann sie eine gute Reserve an „Vorschußlorbeeren" bedeuten, für den anderen eine Stigmatisierung. Beides ist gleichermaßen bedenklich; denn die gutachtliche Stellungnahme soll und darf nur eine Beurteilung des Ist-Zustandes sein und nicht vorgreiflich für die Zukunft wirken. Die einzige Möglichkeit, diese Gefahr kleinzuhalten, besteht darin, peinlichste Genauigkeit darauf zu verwenden, Fakten und Bewertung nicht zu vermischen. Fakten dürfen fortgeschrieben werden, Bewertungen nicht!

(VwVfG) unterstehen (vgl. § 2 II Nr. 4 VwVfG), ist in diesem Bereich nicht kodifiziertes Recht (also im wesentlichen Gerichtsentscheidungen) zugrunde zu legen. Da dieses wiederum Vorbild für den § 29 VwVfG sowie den gleichlautenden § 25 SGB X war, kann § 25 SGB X entsprechend angewandt werden.

3. Die Kompetenz von Sozialarbeitern für gutachtliche Stellungnahmen

3.1 Bericht oder gutachtliche Stellungnahme

Äußerungen von JÄ, die gegenüber VormG/FamG gemacht werden, sollen in der Regel keine bloße Zusammenstellung vor entscheidungsrelevanten Tatsachen sein; sie haben nicht ausschließlich Informationscharakter, sondern darüber hinaus den einer gutachtlichen Stellungnahme zu den anstehenden gerichtlichen Entscheidungen[1].

Einer gutachtlichen Stellungnahme entsprechen JA-Berichte insbesondere dann, wenn sie umfassende problemrelevante Informationen enthalten, die überprüft, problemorientiert zusammengestellt und auf mögliche Konsequenzen hin beurteilt wurden. Dem Richter auf diese Weise eine fachlich begründete Entscheidungshilfe zu bieten, ohne dabei die Interessen seiner Klienten aus dem Auge zu verlieren oder diese gar – z. B. durch leichtfertige Etikettierung – in solchen schriftlichen Äußerungen zu verletzen, ist die eigentliche Funktion von gutachtlichen Stellungnahmen der SozArb in diesem Bereich.

Unbeschadet ihrer Stellung vor Gericht[2] entsprechen SozArb mit ihren gutachtlichen Äußerungen, durch die sie dem Richter bei der Entscheidungsfindung helfen, in mancher Hinsicht einem gerichtlichen Sachverständigen, dessen Funktion der BGH u. a. wie folgt definiert: (Er) „ist ein Gehilfe des Richters. Er hat dem Gericht den Tatsachenstoff zu unterbreiten, der nur aufgrund besonders sachkundiger Beobachtungen gewonnen werden kann, und das wissenschaftliche Rüstzeug zu vermitteln, das eine sachgemäße Auswertung ermöglicht."(Er) „ist jedoch weder berufen noch in der Lage, dem Richter die Verantwortung für die Feststellungen abzunehmen, die dem Urteil zugrundegelegt werden. Das gilt nicht nur von der Ermittlung des Sachverhalts, ... sondern auch von seinen .. Beobachtungen und Folgerungen."[3]

3.2 Faktische Kompetenz

Untersuchungen von Gerichtsentscheidungen nach §§ 1634 und 1671 BGB lassen erkennen, daß manche Richter gutachtlichen Stellungnahmen von JÄ

1 S. o. S. 6 ff.
2 Siehe dazu unten S. 121 f.
3 Vgl. BGHSt 7, 239; Pfäfflin, S. 4.

nicht nur die Stellung von Sachverständigengutachten einräumen, sondern sogar darüber hinausgehen, indem sie auf die selbst Sachverständigen gegenüber geforderte eigenständige Ermittlung des Sachverhalts und Überprüfung der gutachtlichen Stellungnahmen weitgehend verzichten oder doch auf ein Minimum reduzieren[4]. Sicher ist in solchen Fällen die dem SozArb vom Richter faktisch zugesprochene Kompetenz ungebührlich erweitert – ein Vorgang, der jedoch nicht nur SozArb, sondern auch anderen Sachverständigen gegenüber beobachtet wurde[5].

3.3 Rechtliche Kompetenz

Vom Gesetzgeber wurde SozArb eine Kompetenz für gutachtliche Stellungnahmen zu dem von uns hier zu erörternden Bereich in verschiedenen Vorschriften zuerkannt.

§ 48 a JWG verlangt:

„Das Vormundschaftgericht hat[5a] das Jugendamt vor einer Entscheidung nach folgenden Vorschriften des Bürgerlichen Gesetzbuches zu hören ..."

Noch deutlicher ergibt sich für SozArb ein Auftrag zu ausdrücklich gutachtlichen Stellungnahmen aus § 56 d FGG. Hier heißt es u. a.:

„Wird ein Minderjähriger als Kind angenommen, so hat das Gericht eine gutachtliche Äußerung der Adoptionsvermittlungsstelle (das kann ein JA oder ein freier Träger der Jugendhilfe sein; Anm. d. V.), die das Kind vermittelt hat, einzuholen ... Ist keine Adoptionsvermittlungsstelle tätig geworden, ist eine gutachtliche Äußerung des Jugendamtes ... einzuholen."

3.4 Eigenes Kompetenzverständnis der Sozialarbeiter

3.4.1 Kompetenzzweifel

Vergleicht man verbale Äußerungen von SozArb mit ihrem berufspraktischen Tun hinsichtlich der Frage, inwieweit sie sich als kompetent erfahren, gutachtliche Stellungnahmen in o. g. Bereichen abzugeben, so ist eine gewisse Diskrepanz zu beobachten. Sowohl in Seminarveranstaltungen mit Studenten des Studienganges Sozialarbeit, die während ihrer Praktika bereits die Gerichtspraxis kennenlernten, als auch in Forbildungsveranstaltungen mit berufser-

---

4 Simitis u. a., S. 139 ff.
5 Vgl. Pfäfflin, S. 89.
5a Hervorhebungen durch die Verf.

12

fahrenen SozArb von JÄ tauchen bei den Teilnehmern nicht selten Zweifel auf, inwieweit sie für gutachtliche Stellungnahmen als kompetent angesehen werden oder auch tatsächlich sind[5b].

Anlaß zu solchen Selbstzweifeln sind u. a. ungünstige Erfahrungen mit Gerichten. Richter, die Stellungnahmen von JÄ nur der Form halber zur Kenntnis nehmen, sie bei ihrer Entscheidungsfindung ignorieren oder überwiegend abwertend berücksichtigen, begründen oder verstärken Kompetenzzweifel von SozArb. Die Begegnung mit Sachverständigen, insbesondere die mit medizinischen oder psychologischen, die sich in derselben Angelegenheit auslassen, ist mitunter ebenfalls geeignet, bei beteiligten SozArb Zweifel an ihrer Kompetenz auszulösen. Das ist auch in der Konfrontation mit Rechtsanwälten zu beobachten, die bei Regelungen im Zusammenhang mit Scheidungen heute obligatorisch beteiligt sind (Anwaltszwang).

Untersucht man diesbezügliche Äußerungen von SozArb, so zeigt sich, daß vor allem größere Sachkompetenz in einem speziellen Bereich, ausgeprägtes Rollenverhalten oder vermuteter bzw. wahrgenommener höherer Status der anderen Sachverständigen Insuffizienzgefühle von SozArb begünstigen können.

3.4.2 Kompetenzanspruch

Solchen verbal geäußerten Zweifeln an der eigenen Kompetenz steht eine berufliche Praxis entgegen, der zufolge sich SozArb von JÄ in Sachen gutachtlicher Stellungnahmen durchaus als kompetent erachten.

So zeigte sich in der bereits erwähnten Studie von *Simitis* u. a.[6], daß bei 160 der 167 untersuchten Verfahren nach § 1634 bzw. 1671 BGB mindestens eine gutachtliche Stellungnahme eines JA vorlag.

Ein Kompetenzanspruch der hier beteiligten SozArb wird u. E. in mindestens zwei Teilbefunden der erwähnten Studie sichtbar:

(1) Die überwiegende Zahl der SozArb erachtete sich als hinreichend qualifiziert, dem Gericht sehr konkrete Entscheidungsempfehlungen zu geben. In 118 von 160 untersuchten Verfahren nach §§ 1634 und 1671 BGB, also in 74% der Fälle, lag von mindestens einem JA solch ein expliziter Entscheidungsvorschlag vor[7].

Ihr Kompetenzanspruch dürfte faktisch durch die Beschlußfassung der Gerichte verstärkt worden sein: 77 % der Beschlüsse entsprachen inhaltlich den

5b So auch Nentzel, NDV 1971, 261/263.
6 Simitis u. a., S. 132 ff.
7 A. a. O., S. 140.

Entscheidungsvorschlägen der JÄ. Berücksichtigt man, daß von den 118 Fällen 15 nicht mit einem Gerichtsbeschluß abgeschlossen wurden, so folgten die Gerichte den Entscheidungsempfehlungen der JÄ sogar zu 87%.

(2) Nur sehr selten hielten Vertreter von JÄ neben ihrer eigenen gutachtlichen Stellungnahme die eines Sachverständigen für nötig[8]. Wenn die Vertreter der JÄ so selten Sachverständigengutachten anregten, liegt die Annahme nahe, daß die hieran beteiligten SozArb sich als hinreichend kompetent erachteten.

Die Fragwürdigkeit des Kompetenzanspruchs dieser SozArb zeigt sich insbesondere darin, daß nach den Befunden von *Simitis* u. a.[9] die gutachtlichen Stellungnahmen dieser SozArb überwiegend als mangelhaft eingeschätzt wurden.

3.5 Kompetenzbegründung

Solche und ähnliche Beobachtungen können dazu verleiten, SozArb eine Kompetenz für gutachtliche Stellungnahme im angesprochenen Bereich oder gar generell abzusprechen. Diese Einstellung mag durch eine undifferenzierte Verwendung des Kompetenzbegriffs noch verstärkt werden[10].

Im folgenden soll gezeigt werden, welche Teilaspekte zu berücksichtigen sind, wenn von Kompetenz die Rede ist und davon, inwieweit SozArb den dabei sichtbar werdenden Anforderungen entsprechen.

In Anlehnung an *Roth*[11] sind bei der Beurteilung der Kompetenz beruflichen Handelns mindestens Sachkompetenz, Selbstkompetenz und Sozialkompetenz zu unterscheiden.

3.5.1 Sachkompetenz

Betrachtet man die in § 48 a JWG beschriebenen Tatbestände, bei denen gutachtliche Stellungnahmen des JA einzuholen sind, so zeigt sich, daß Ärzte und Psychologen, gelegentlich auch Lehrer, in der Tat in manchen Bereichen eine vergleichsweise höhere Sachkompetenz als SozArb besitzen und auch besitzen müssen. Das gilt besonders für spezielle Einzelfragen wie die Abklärung von Ausmaß, Ursachen und Folgen pathologischer Zustände, Beurteilung von besonderen Entwicklungs-, Lern- und Kommunikationsstörungen, Bestimmung

---

8 A. a. O., S. 102, 136.
9 A. a. O., S. 74, 135, 141.
10 Walter, ZblJugR 1973, 458.
11 S. 446 – 588.

14

von Ausmaß und Bedingungsgefüge tiefgreifender Verhaltensauffälligkeiten. In solchen besonders schwierigen Fällen kann der Richter nach der ZPO bzw. dem FGG selbstverständlich einen Gutachter zu Rate ziehen. Doch auch hier – wie natürlich noch mehr in den weniger schwierigen Fällen – kann u. E. der SozArb eine Sachkompetenz einbringen. Sie erscheint uns in vier Besonderheiten begründet, durch die sie sich von der der erwähnten Sachverständigen unterscheidet:

(1) Anders als die übrigen Sachverständigen hat der SozArb nicht nur berufsrechtliche Kenntnisse, d. h. Wissen im Hinblick auf seine eigene berufliche Stellung, sondern auch und vor allem **Rechtskenntnisse** in den Bereichen, die seine Klienten und deren Probleme betreffen.

(2) Seine hier erforderliche Sachkompetenz gründet nicht in erster Linie in vertieften Einzelkenntnissen aus dem Bereich der von ihm zu studierenden Sozial-, Rechts- und Verhaltenswissenschaften. Vielmehr liegt sie einerseits in einer durch sein Studium bedingten größeren Vertrautheit mit den oft recht divergierenden Sichtweisen und methodischen Ansätzen der Einzelwissenschaften, andererseits in der ihm abverlangten berufsfeldbezogenen **Integration von** z. T. weit auseinanderliegenden Wissensinhalten und methodischen Vorgehensweisen aus den einzelnen **Grundlagendisziplinen.**

(3) Anders als Psychologen, Ärzte oder Pädagogen werden SozArb während ihrer Studienzeit und im berufspraktischen Jahr ausdrücklich **für** dieses **Berufsfeld** und die dort auftauchenden Probleme **vorbereitet.** Im Unterschied zu den sonstigen Gutachtern haben sie somit eine für dieses Berufsfeld spezifische Ausbildung.

(4) SozArb eines JA können bei gutachtlichen Stellungnahmen nach § 48 a JWG bzw. § 56 d FGG in der Regel besonders relevante berufspraktische Erfahrungen miteinbringen. Anders als bei den genannten Sachverständigen besteht ihre Alltagsarbeit zu einem guten Teil aus dem **praktischen Umgang mit den Problemen,** die Gegenstand ihrer gutachtlichen Stellungnahme sind. Während Sachverständige die Klienten oft nur in wenigen Kontakten und auch da in gewisser Weise in Ausnahmesituationen erleben (Untersuchung, Exploration, Verhaltensbeobachtung, Unterweisung), kennen SozArb ihre Klienten oft aus vielfachen Kontakten, und zwar aus Kontakten in deren eigenem Lebensraum. Eine detaillierte Kenntnis der komplexen Lebenssituation der Klienten wird ihnen dadurch möglich.

Aus dem Gesagten ergibt sich, daß gerade das von SozArb geforderte fächerübergreifende Wissen, die Integration unterschiedlicher Methoden, berufsfeldspezifische Kenntnisse und Fertigkeiten sowie die durch ihre Berufsaufgaben bedingte berufspraktische Erfahrung die Sachkompetenz von SozArb für gutachtliche Stellungnahmen im beschriebenen Bereich begründen kann.

3.5.2 Selbstkompetenz

Neben der Sachkompetenz ist Selbstkompetenz für berufliches Handeln bedeutsam.

Selbstkompetenz verstehen wir insbesondere als die Fähigkeit, die eigene Person betreffendes Erleben und Verhalten differenziert und relativ unverzerrt wahrzunehmen, diese Vorgänge sich selbst gegenüber offen und ohne entstellende Abwehrmaßnahmen zu reflektieren, sich selbst mit seinen Fähigkeiten und Grenzen anzunehmen und aus diesem Erleben heraus situationsadäquat zu handeln[12].

Eine angemessene Selbstkompetenz äußert sich in gutachtlichen Stellungnahmen u. a.

- in einer relativ vorurteilsfreien Sammlung problemrelevanter Information;
- in einer von Projektionen und Übertragungs- oder Gegenübertragungsprozessen verhältnismäßig wenig beeinträchtigten, dafür aber konkreten, den individuellen Besonderheiten des jeweiligen Falles weitgehend gerechtwerdenden Zusammenschau der einzelnen Aspekte, ihrer Erklärung oder Beurteilung;
- in wenig routinemäßigen oder formelhaften, sondern eher selbstkritischen, vorsichtig aber klar formulierten kreativen Entscheidungsempfehlungen;
- schließlich auch im Hinweis auf eventuelle Grenzen eigener Sach- oder Selbstkompetenz und die Notwendigkeit anderer Sachverständiger.

Einübung in die für berufliches Handeln wichtige Selbstkompetenz ist nach unserem Wissen in der Regel kein obligatorischer Bestandteil der Berufsausbildung von Ärzten, Lehrern oder Psychologen. Wenn überhaupt, sind es in den meisten Fällen fakultative Angebote, die zudem nur einen kleinen Teil der Studenten der angesprochenen Berufsgruppen erreichen. Auch in berufsbegleitenden Fortbildungsveranstaltungen, die Einübung in Selbstkompetenz zum Gegenstand haben, findet man eher therapeutisch als überwiegend diagnostisch tätige Angehörige der o. g. Berufsgruppen.

Demgegenüber bringen SozArb von ihrer Ausbildung her bessere Voraussetzungen mit. Alle haben Gruppen- und Einzelsupervisionsstunden zu absolvieren, die ihnen die Auseinandersetzung mit dem eigenen Selbst unter Anleitung ermöglichten bzw. abverlangten. Von ihrer Ausbildung her sind SozArb ausdrücklicher als Angehörige anderer Berufe auf die Entfaltung angemessener Selbstkompetenz verwiesen worden.

---

12 Vgl. Tausch, S. 51 – 98.

Auf Fortbildungsmaßnahmen bezogen scheinen allerdings auch SozArb Möglichkeiten zur Förderung von Selbstkompetenz eher dann wahrzunehmen, wenn sie stärker beratend oder therapeutisch als verwaltungsmäßig tätig sind.

3.5.3 Sozialkompetenz

Bei einem sehr engen Verständnis von Sozialkompetenz, dem dritten Teilaspekt von Kompetenz beruflichen Handelns, mag dieser Kompetenzbereich zunächst für gutachtliche Stellungnahmen als irrelevant erscheinen.

In unserem Verständnis von Sozialkompetenz umfaßt diese u. a. die Fähigkeit eines Menschen, soziale Beziehungen aufzunehmen oder anderen zu ermöglichen, bestehende Sozialkontakte auch unter erschwerenden Umständen aufrecht zu erhalten und, wo erforderlich, sie in einer für alle Beteiligte weitgehend förderlichen Weise wieder aufzulösen. Sozialkompetenz beinhaltet u. E. ferner die Bereitschaft, einen anderen ohne Vorbedingung zu akzeptieren, auf das Erleben und Verhalten anderer von ihrem individuellen Bezugsrahmen aus[13] einzugehen, sich selbst anderen in hohem Maße zu öffnen, ihnen relativ fassadenfrei[14] und mit wenig ausgeprägtem Rollenverhalten zu begegnen[15], gegebenenfalls aber auch unangemessen erscheinende Ansprüche anderer zurückzuweisen und eigene Belange wirkungsvoll zu vertreten. Zur Sozialkompetenz zählen wir auch das Akzeptieren berufsethischer Normen, ein Engagement für Schwächere, Gefährdete oder Benachteiligte sowie die Übernahme von Mitverantwortung für gesellschaftliche Verhältnisse.

Eine angemessen ausgeprägte Sozialkompetenz wirkt sich auch auf gutachtliche Stellungnahmen und die damit in Zusammenhang stehenden Aktivitäten eines SozArb positiv aus.

Auf einige der Auswirkungen sei hier hingewiesen:

– Angemessene Sozialkompetenz erleichtert dem SozArb die Gewinnung zuverlässiger, für die Beurteilung des Kindeswohls notwendiger Informationen.

– Sozialkompetenz fördert die „Kommunikation zwischen der Denkweise, Erkenntniswelt und Terminologie"[16] des SozArb einerseits und des Richters andererseits.

13 Rogers 1972, S. 417–458.
14 Tausch, S. 68 ff.
15 Buber, S. 51–56.
16 Thomae, 1967, S. 745.

- Sie hilft dem SozArb, den seinen Klienten gegenüber häufig aufkommenden Rollenkonflikt, gleichzeitig ihr Helfer und Gutachter zu sein[17], besser zu bewältigen.
- Eine befriedigende Sozialkompetenz befähigt den SozArb, „im Überschneidungsfeld von sozialen und rechtlichen Normen"[18] nicht nur als bloßer „Normenanwender" auszuhalten, sondern mit Hilfe von Problemimpulsen „Normbeeinflussung auf der Grundlage der Verfassung"[19] einzuleiten.

In der Ausbildung von SozArb/SozPäd stellt die Entwicklung von Sozialkompetenz ein ausdrückliches Lernziel dar, das freilich ohne die gleichzeitige Förderung von Sach- und Selbstkompetenz nicht befriedigend zu erreichen ist.

3.5.4 Kompetenzdefizit

Wenn trotz der nachgewiesenen allgemeinen Kompetenz SozArb nur selten qualifizierte gutachtliche Stellungnahmen abgeben, haben wir Grund zur Annahme, daß die spezifische Aufgabe, ein Gutachten zu erstellen, in der Ausbildung von SozArb bislang oft in einer wenig zufriedenstellenden Weise eingeübt wurde und somit ein spezieller Bereich der Sachkompetenz unterentwickelt blieb.

17 Vgl. Pfäfflin, S. 85.
18 Liebel/Uslar, S. 24.
19 Gastiger, S. 56.

4. Die Variablen gutachtlicher Stellungnahmen

Die in einer gutachtlichen Äußerung enthaltene Beschreibung eines Klienten und seiner Lebenssituation ist bei allem guten Willen des SozArb keine dokumentationsgetreue Wiedergabe der zu beurteilenden Wirklichkeit. Vielmehr wirken zahlreiche Faktoren, den eigentlichen Sachverhalt mitunter verzerrend, auf die später zu leistende Beurteilung ein. Einige von ihnen sollen im folgenden aufgewiesen werden, damit sie in der beruflichen Praxis angemessener berücksichtigt werden können.

4.1 Die Persönlichkeit des Sozialarbeiters und ihre Auswirkungen

Eine der Variablen, durch welche die Fremdbeurteilung beeinflußt wird, ist in der Persönlichkeit des stellungnehmenden SozArb selbst zu sehen. Einige der besonders häufig auftretenden persönlichkeitsbedingten Faktoren, die auf gutachtliche Stellungnahmen einwirken, werden im folgenden erörtert.

4.1.1 Einstellungen, Wissen, Fertigkeiten

Die von ihm im Laufe seines Lebens erworbenen, gerade für ihn charakteristischen Einstellungen zu sich selbst, zu Lebensfragen und Klienten sowie der Umfang und die Aktualität seines Wissens über Rechtsgrundlagen und psychologische/soziologische Gesetzmäßigkeiten beeinflussen die Qualität seiner gutachtlichen Äußerung ebenso wie die hierzu erforderlichen methodischen Fertigkeiten.

4.1.2 Rollenverständnis

Wenn sich der SozArb gutachtlich äußert, geschieht dies immer aus einem bestimmten Rollenverständnis heraus. Drei Extrempositionen sind hier zu beobachten: Der eine SozArb handelt in diesem Zusammenhang unreflektiert eher als Erfüllungsgehilfe des Gerichts; ein anderer sieht sich in der gleichen Tätigkeit primär als Ankläger einer zu verändernden Gesellschaft; der dritte versteht sich als Anwalt seines Klienten, den er zu schützen hat[1]. Zwischen diesen drei extremen Polen ist die Mannigfaltigkeit der Einstellungskombinationen

1 Kemper, ZblJugR 76, 478/480.

zu suchen, die in der Praxis das Rollenverständnis von SozArb ausmachen, die sich vor Gericht zu äußern haben.

4.1.3 Allgemeine Gesetzmäßigkeiten von Wahrnehmungsprozessen

Bereits bei der Sammlung der für den Sachverhalt relevanten Fakten sind allgemeine Gesetzmäßigkeiten von Wahrnehmungsprozessen im Spiel, die Einfluß auf die spätere Stellungnahme haben.

(1) In Sachen der FamG- und VormG-Hilfe hat der SA seine Aufmerksamkeit auf ausgesprochen komplexe inter- und intrapersonelle Vorgänge zu richten. Diese Vielfalt des zu Berücksichtigenden zwingt ihn, aus der Fülle der Erscheinungen ihm Bedeutsames auszuwählen (**Selektion**) und anderes zu vernachlässigen. Dieser Selektionsvorgang wird von übergreifenden Einstellungen, aktuellen Bedürfnissen, theoretischen Vorannahmen und beruflichen Erfahrungen des SozArb beeinflußt.

(2) Die so selektiv gewonnenen Fakten des Sachverhalts erfahren eine weitere ungewollte Bearbeitung dadurch, daß sie für den beurteilenden SozArb von unterschiedlicher individueller Bedeutung sind. Persönliche Vorerfahrungen und Wertungen des SozArb führen zu einer **Akzentuierung** der Wahrnehmungsinhalte, die nicht notwendigerweise eine der Problemstellung entsprechende sein muß.

(3) Schließlich werden die den jeweiligen Sachverhalt betreffenden Wahrnehmungen mit früheren entsprechenden Erfahrungen verglichen und den dem SozArb vertrauten Vorstellungsinhalten durch Analogiebildung und Kategorisierung zugeordnet. Dieser Vorgang der **Integration** von neu Wahrgenommenem in bisher Gewußtes führt besonders dann zu Wahrnehmungsverzerrungen und damit zu unzulänglicher Fremdbeurteilung, wenn der SozArb ungenaue, mehrdeutige oder von seiner bisherigen Erfahrung stärker abweichende Informationen verarbeiten soll – und das womöglich noch unter Zeitdruck[2].

4.1.4 Spezielle Gesetzmäßigkeiten der Personwahrnehmung und -beurteilung

Neben diesen mehr allgemeinen Gesetzmäßigkeiten von Wahrnehmung sind in der Beurteilung von Mitmenschen noch die spezielleren der Personenwahrnehmung und Personenbeurteilung zu beobachten.

---

2 vgl. Allport, S. 505 ff.

(1) In Anlehnung an *Kaminski* ist festzuhalten, daß unser „Bild vom anderen" unterschiedlich ausfällt, je nachdem in welchem **Zusammenhang** wir es gewinnen. Als „Privatperson" betrachten wir einen Mitmenschen anders, als wenn wir ihm von Berufs wegen gegenübertreten.

(2) Die in bezug auf die gutachtliche Äußerung gegebenen **Fragestellungen** tun ein übriges, die Aufmerksamkeit von der gesamten beobachtbaren Wirklichkeit weg zu Teilaspekten zu lenken und damit die Beurteilung zu beeinflussen.

(3) In der Regel hat ein SozArb aufgrund von Aktenstudium, Gesprächen mit Kollegen oder bisheriger Arbeit mit dem Klienten über dessen Person und psychosoziale Situation **Vorinformationen,** die ihn unbewußt oder ausdrücklich zu Hypothesenbildungen über den Klienten veranlassen. Auch sie modifizieren das Bild vom anderen.

(4) Während des ersten Hausbesuchs oder Erstgesprächs im JA ist auf den **„primacy-Effekt"** [3] zu achten. Das heißt: die Reihenfolge, in der die Eindrücke über Menschen und ihre Lebenssituation gewonnen werden, bestimmt zum Teil, wie man einen Klienten sieht. Dabei kommt Ersteindrücken eine besondere Bedeutung zu. Sie sind am nachhaltigsten meinungsbildend, obwohl sie oft nicht nur unzulänglich, sondern ausgesprochen falsch sind.

(5) **Sympathie** oder **Antipathie** gegenüber Klienten sind Wirkgrößen der Personenwahrnehmung, die in gutachtlichen Äußerungen nicht ignoriert werden können, ohne ihnen wenigstens teilweise zu erliegen. Vor allem erlebte oder vermutete Ähnlichkeit des SozArb mit seinem Klienten löst Gefühle der Sympathie aus.

(6) **Erlebte** oder tatsächlich bestehende **Nähe** des SozArb zum Klienten und seiner Situation bewirkt, daß der SozArb eher eine bejahende Einstellung einnimmt, zu positiveren, milderen bzw. nachsichtigeren Beurteilungen kommt **(leniency-Effekt)** und für Wahrnehmungen in diesem Problembereich empfänglicher wird (z. B: Ein SozArb, selbst erst vor Monaten geschieden, soll in einer Angelegenheit nach § 1671 BGB Stellung nehmen). Erlebte Distanz löst gegenteilige Reaktion aus. Der „leniency-Effekt" ist auch dann bei einem SozArb zu beobachten, wenn dieser damit rechnet, sich bei einer negativ ausfallenden Beurteilung rechtfertigen zu müssen. Diese Tendenz der „milden" Beurteilung taucht ferner auf, wenn ein SozArb befürchten muß, eine ungünstige Beurteilung von Klienten könnte indirekt sein eigenes Tun ungünstig beurteilen (z. B.: Klienten wird das elterliche Sorgerecht entzogen, „weil" die bisherige Arbeit des SozArb/SozPäd mit ihnen erfolglos blieb).

3 Luchins in: Mann, S. 147.

(7) In die Nähe des leniency-Effekts rückt in mancher Hinsicht die Tendenz zu mittleren Beurteilungsäußerungen (**central tendency**), die bei einem SozArb besonders dann aufkommen kann, wenn er vor die Aufgabe gestellt ist, zu extremen Verhaltensweisen Aussagen zu machen (z. B. Beurteilung von Brutalität eines Vaters in der Erziehung seines Kindes). In solchen Situationen neigen Beobachter leicht dazu, Aussagen über derart extremes Verhalten zu umgehen bzw. es nicht in seiner tatsächlichen Ausgeprägtheit zu beurteilen[4].

Eine Ausnahme machen hierin betont autoritäre Persönlichkeiten[5].

(8) Von den die Persönlichkeitsbeurteilung beeinträchtigenden Faktoren ist der „**halo-Effekt**" (halo = Heiligenschein) wohl der bekannteste. Gemeint ist die Tendenz, „sich in der Beurteilung oder Beobachtung einer einzelnen Persönlichkeitseigenschaft vom Gesamteindruck oder von einer anderen hervorstechenden Eigenschaft beeinflussen zu lassen"[6]. (Z. B.: Eine Frau stellt gem. §§ 1634 II, 1696 BGB den Antrag, das Umgangsrecht ihres geschiedenen Mannes einzuschränken. Wenn der SozArb die Frau zuvor als warmherzige, treusorgende Mutter erlebt hat, fällt es ihm nun schwerer, eventuell sich dahinter verbergende Racheimpulse zu erkennen, als bei einer Frau, die er insgesamt als ausgeprägt kühl, distanziert und betont rational erlebt hat.) Das heißt, weil eine Person einige als „wertvoll" erachtete Eigenschaften zeigt, werden ihr vom Beobachter noch andere „gute" zugeschrieben und umgekehrt (wer lügt, der stiehlt).

Nach *Symonds* erliegen wir einem Gesamteindruck vom Klienten u. a. dann leicht, wenn die in der Beurteilung zu berücksichtigenden Einzelmerkmale

1. schwer beobachtbar oder schlecht beschreibbar sind,
2. wenn der Beurteiler nur wenig über sie weiß,
3. wenn die gefragten speziellen Eigenschaften nicht hinreichend präzise definiert sind,
4. wenn sie eine hohe moralische Bedeutung haben[7].

(9) Hat ein SozArb in der Zusammenarbeit mit dem Klienten einen überwiegend positiven Gesamteindruck gewonnen und wird er dann vom Klienten in seinen Erwartungen enttäuscht, so bewirkt ein derartiger **Enttäuschungseffekt**, daß der SozArb das ihn nun enttäuschende Verhalten dieses Klienten negativer bewertet als bei einem anderen, in den er „geringere" Erwartungen setzte.

---

4 vgl. dazu Kemper, ZblJugR 1977, 411/413.
5 s. u. Abschnitt (12).
6 v. Cranach/Frenz, S. 282.
7 vgl. Hasemann, S. 827.

(10) Während der halo-Effekt eines SozArb darin besteht, daß er positive oder negative Verhaltensmerkmale als in der Persönlichkeit seines Klienten verankert ansieht, entstehen bei ihm Fehlbeurteilungen in Form des **logical error** durch die Annahme, „daß bestimmte Merkmale ganz allgemein und immer untereinander gekoppelt seien"[8]. So kann es z. B. dazu führen, daß er einen als sehr aggressiv erlebten Klienten zugleich auch als einen energiegeladenen einschätzt.

(11) Ähnlich wie ein Arzt oder Psychologe kann ein SozArb durch **Rollenkollisionen** in der Beurteilung seines Klienten beeinträchtigt werden. Eine Rollenkollision kann für einen SozArb dann entstehen, wenn er längere Zeit familientherapeutisch mit Eheleuten arbeitete, die er nun nach Scheidung etwa im Zusammenhang mit einer Umgangsrechtsregelung beurteilen soll. Der Rollenkonflikt, einerseits Berater, andererseits Beurteiler zu sein, wird noch verstärkt, wenn dieser SozArb genötigt ist, auch nach der Scheidung mit den Partnern zu arbeiten, damit diese mit ihrer neuen Situation besser umgehen können.

(12) Neben den bisher erörterten Faktoren, die Beobachtung und Beurteilung von Klienten und ihrer Situation beeinflussen, sind noch einige zu nennen, die häufiger bei **autoritär strukturierten Persönlichkeiten** ermittelt wurden. Diese Untersuchungen[9] lassen vermuten, daß SozArb mit ausgeprägt autoritären Persönlichkeitsanteilen starke, z. T. moralisierende **Bewertungstendenzen** in Beobachtung und Beurteilung ihrer Klienten einfließen lassen. Eher als wenig autoritäre SozArb neigen sie zu **Projektionen**, einer Tendenz, Persönlichkeitseigenschaften, die man selbst besitzt, anderen zuzuschreiben oder zumindest bei ihnen unverhältnismäßig ausgeprägt wahrzunehmen.

In engem Zusammenhang damit steht ihre Neigung, gutachtliche Stellungnahmen vorurteilshafter als ihre Kollegen abzufassen. Schon die Zugehörigkeit eines Klienten zu einer vom SozArb abgelehnten Gruppe kann solche **Vorurteile** wirksam werden lassen. Die Zugehörigkeit z. B. zu einer anderen Schicht als der des SozArb, zu einer fremdartigen Rasse, einer anderen Religion, einer anderen Kultur oder auch bloß einer bestimmten Altersgruppe kann für sie Auslöser für vorurteilsvolle Beurteilungen werden.

Sie fallen ferner auf durch eine Intoleranz gegenüber der Mehrdeutigkeit menschlichen Verhaltens (**Ambiguitätsintoleranz**). Durch stereotype, wenig differenzierte, voreilige Urteilsbildung versuchen sie, dem aus der Mehrdeutigkeit der beobachteten Merkmale entstandenen Druck zu entgehen, was meistens auf Kosten der sachdienlichen Beurteilung des Klienten geschieht.

8 Hasemann, S. 827.
9 z. B. Adorno.

Insbesondere die hier angesprochenen Befunde über Auswirkungen einer autoritären Persönlichkeit lassen erkennen, in welchem Ausmaß die Persönlichkeitsstruktur des SozArb in gutachtlichen Stellungnahmen wirksam wird.

Daher kann man *Thomae* zustimmen, der mitunter die Gefahr gegeben sieht, „daß die Beobachtung und Beurteilung von Kindern und Jugendlichen (und Erwachsenen, Anm. d. V.) mehr die Eigenart und Einstellung der Beobachter als die der Beobachteten und Beurteilten widerspiegeln [10]".

(13) Die für diesen Bereich der Arbeit so dringend erforderliche „soziale Sensitivität [11]", wird keineswegs durch die **subjektive Überzeugtheit** eines SozArb garantiert, sie zu besitzen. Vielmehr zeigen Befunde der psychologischen Diagnostik (*Merz*), der Vorurteilsforschung (*Adorno*) sowie spezielle Untersuchungen über gutachtliche Äußerungen von SozArb (*Simitis*), daß eher das Gegenteil anzunehmen ist: SozArb, die unkritisch überzeugt sind, völlig hinreichende Beurteilungen der Klienten und ihrer psychosozialen Situation abzugeben, liefern den Richtern eher unqualifizierte Entscheidungshilfen.

Den Idealzustand von interpersoneller Sensitivität dürfte ein SozArb erreicht haben, wenn er zu einer **Empathie** im Sinne *Rogers* fähig ist, für den diese Fähigkeit darin besteht, daß jemand imstande ist, „den inneren Bezugsrahmen eines anderen genau wahrzunehmen... so, als ob man selbst der andere wäre, ohne aber jemals den 'als-ob'-Zustand zu verlassen" [12]. Bei dieser Weise der Einfühlung handelt es sich eher „um einen Prozeß, weniger um einen Zustand" [13] in der Persönlichkeit des SozArb.

Aber auch wenn eine so optimale Voraussetzung in der Persönlichkeit des SozArb gegeben ist, wird er sich nur bedingt „objektiv" gutachtlich äußern können. Denn neben den Besonderheiten der Person des Beurteilenden fließen solche der Beurteilungssituation, des Beurteilungsgegenstandes sowie der zu beurteilenden Person mit ein, die im folgenden näher untersucht werden sollen.

4.2 Beobachtungs- und Beurteilungsprozesse als Interaktion

In der Tatsache, daß Beobachtungs- und Beurteilungssituationen ein interaktionelles Geschehen sind, ist eine weitere umfangreiche Variable gutachtlicher Stellungnahmen zu sehen.

10 Thomae 1976, Vorwort zur 10. Aufl.
11 Mann, S. 153.
12 Rogers 1959, S. 210 – 211.
13 Rogers 1976, S. 36.

24

4.2.1 Wechselseitige Wahrnehmungsprozesse und ihre Auswirkungen

„Interaktion ist eine Art von aufeinander bezogenem Handeln, das davon ausgeht, daß jeder der Beteiligten in sein Handeln das Wissen um das Wissen des anderen einbaut"[14].

Gutachtliche Stellungnahmen im Rahmen der VormGH/FamGH beziehen sich nicht auf Sachen, sondern auf Personen und können nur dann angemessen angefertigt werden, wenn der SozArb durch Hausbesuche und Gespräche im JA mit den betroffenen Klienten unmittelbaren Kontakt aufnimmt. Die hierbei gewonnenen Erkenntnisse sind daher nicht in erster Linie Ergebnisse einer Objektwahrnehmung, sondern einer **Personwahrnehmung**. Zwischen beiden Arten der Wahrnehmung liegt insofern ein wesentlicher Unterschied, als „Personen Handlungszentren darstellen, die deshalb mit uns in Beziehung treten und die Art unserer Wahrnehmung beeinflussen können ... (Daher) sprechen wir von ‚interpersoneller Wahrnehmung‘, wenn zwischen den Personen eine Beziehung besteht und wenn die wahrgenommene Person auf die Gestalt der Wahrnehmung Einfluß nimmt"[15]. Insofern werden gutachtliche Äußerungen durch **Interaktionsprozesse** beeinflußt.

Nach Befunden von *Tagiuri* und *Petrullo* kann der SozArb allein durch die „eigene Anwesenheit und sein Verhalten in der Wahrnehmungssituation die Perzeptionsmerkmale der Person, die er beurteilen will, selbst verändern"[16]. Allein die Wahrnehmung oder Vermutung des Klienten also, beobachtet bzw. beurteilt zu werden, ändert in der Regel sein Verhalten. Indem der SozArb diese Veränderung wahrnimmt oder dem Klienten gegenüber unterstellt, hat das wiederum Rückwirkungen auf sein Verhalten in der Beobachtungs- und Beurteilungssituation. Diese Vorgänge zeigen: Die vom SozArb herbeigeführte „Beurteilungssituation enthält eine **doppelte Interaktion** ...." (zwischen SozArb und Klient), „in der jeder die Rolle des Beurteilenden übernimmt"[17] und sein Verhalten dadurch ändert. Auf derartige, interaktionell bedingte Einflüsse auf das Verhalten des SozArb/SozPäd wurde bereits unter 4. 1 hingewiesen. Die Richtung der Verhaltensänderung des Klienten in der Beurteilungssituation ist zunächst ungewiß. Oft zeigen Klienten in Gesprächen mit SozArb/SozPäd im Rahmen der VormGH/FamGH eine Veränderung in Richtung auf sozial erwünschtes Verhalten oder solches, das vom Klienten als sozial erwünscht angesehen wird.

---

14 Mueller/Thomas, S. 55.
15 Mueller/Thomas, S. 157.
16 zitiert nach Mann, S. 139.
17 Mann, S. 139.

Beispiel: Geschiedene Eltern, die miteinander um das Sorgerecht für ihre Kinder streiten, zeigen sich in Beurteilungssituationen ihren Kindern gegenüber u. U. toleranter, fürsorglicher, interessierter, als es sonst der Fall ist. Oder: Eheleute, die ein Kind adoptieren wollen, betonen nicht selten, nach der Berufstätigkeit der Frau gefragt, nachdrücklicher als notwendig, daß die Frau im Falle einer Annahme eines Kindes ihre Berufstätigkeit „sofort" aufgeben werde.

In beiden Beispielen werden „Schlußfolgerungen" **(Inferenzprozesse)** sichtbar, die durch Gegebenheiten der Wahrnehmungssituation ausgelöst werden. *Mueller/Thomas*[18] nennen sechs Arten von Inferenzprozessen, die in die Personwahrnehmung einfließen:

(1) *Motorische Nachahmung und damit verbundene Gefühle.*

Beispiel: Der SozArb imitiert verkürzt die niedergedrückte Haltung des depressiven Klienten und erlebt an seiner eigenen Haltung, wie sich in ihm eine niedergedrückte Stimmung anbahnt[19].

(2) *Zeitliche Generalisierung.*

Beispiel: Wir beobachten ein Kind bei einer Aufgabe, die ihm schwerfällt, die es aber zu Ende führt. Wir schließen daraus, daß es ausdauernd ist. „Wir nehmen an, daß das Verhalten, das wir im Augenblick beobachten, auch in späteren Situationen auftreten wird"[20].

(3) *„Übertragung von Eigenschaften"*[21].

Beispiel: Ein Klient fühlt sich von einem SozArb mißtrauisch und von oben herab behandelt. Es wird ihm kaum bewußt, daß er früher einmal entsprechende Erfahrungen mit einem anderen SozArb gemacht hat, der manche Ähnlichkeiten mit dem „neuen" besitzt.

(4) *Einbeziehen einer Persönlichkeitstheorie.*

Beispiel: Der SozArb hört, „daß Eltern eines Jungen sich haben scheiden lassen, als der Junge drei Jahre alt war...". Es wundert ihn nun nicht mehr, „daß der Junge, inzwischen 15, oft so unverantwortlich handelt...". Der SozArb folgert ein solches Verhalten „aufgrund der Freudschen Theorie der Über-Ich-Entwicklung"[22].

(5) *„Metaphorische Generalisierung".*

Beispiel: Ein SozArb sieht eine Klientin mit vollen, weichen Lippen und hält sie für sinnlich. Aus der angenommenen Funktion der Lippen (Küssen) schließt er von ihren vollen Lippen auf ein volles, u. U. ausschweifendes Liebesleben[23].

---

18 Mueller/Thomas, S. 136 f.
19 vgl. a. a. O., S. 136.
20 a. a. O., S. 137.
21 a. a. O., S. 137.
22 a. a. O., S. 137.
23 vgl. a. a. O., S. 137.

(6) Rollenbezogene Wahrnehmung.

Beispiel: Ein Klient sieht im Gespräch im SozArb nicht den Menschen, Herrn X, sondern registriert ihn „verkürzt" als „Amtsperson", als seinen „Berater", als „parteiischen Komplizen" u. dgl.[24].

Wie die Beispiele schon andeuten, kommt es sowohl beim SozArb als auch beim Klienten zu solchen „Schlußfolgerungen", die in der Regel wenig bewußt werden.

Ergänzend wäre noch darauf hinzuweisen, daß die Gefahr unkontrollierter „Schlußfolgerungen" und anderer wechselseitiger Einflußnahmen zwischen SozArb und Klienten in dem Maße wächst, in dem die Beteilgten konfliktträchtige Persönlichkeiten im Sinne der Neurosenlehre sind. *Beckmanns* Arbeiten zur Übertragungsforschung[25] zeigen deutlich, daß nicht nur für Klienten, sondern auch für die beteiligten SozArb Probleme von Übertragung und Gegenübertragung entstehen können. Die Gültigkeit einer aus derartigen Interaktionen erwachsenden Stellungnahme wird dann sehr fraglich.

4.2.2 Einstellungen und ihre Auswirkungen

Um das sich in Beobachtungs- und Beurteilungssituationen abspielende interaktionelle Geschehen besser unter Kontrolle halten zu können, sind vom SozArb nicht nur die oben genannten wechselseitigen Wahrnehmungsvorgänge, sondern auch noch einige besondere Einstellungen und ihre Auswirkungen zu beachten. Bedeutsame Einstellungen des SozArb wurden bereits unter 4. 1 angesprochen. Hier soll auf einige **Einstellungen von Klienten** hingewiesen werden, die auf Beobachtung und Beurteilung Auswirkungen haben können.

(1) *Einstellungen des Klienten zum zu beurteilenden Problem und dessen Hintergrund.* Eltern, deren Sorgerecht wegen Scheidung gemäß § 1671 BGB zu regeln ist, werden sich in eine diesbezügliche Beobachtungs- und Beurteilungssituation anders einlassen können, je nachdem ob sie ihre Trennung gut verarbeiten konnten oder ob sie sich dadurch noch immer persönlich betroffen, verletzt oder überfordert fühlen. Allein schon das unterschiedliche Ausmaß an Ich-Beteiligung im Verhalten der beiden beispielhaft genannten Klientengruppen bedingt ein unterschiedliches interaktionelles Geschehen während der Beurteilungssituation.

(2) *Einstellungen des Klienten zur Tatsache, beurteilt zu werden.* Auch diesbezüglich sind unterschiedliche Einstellungen der Klienten in der Praxis zu beobachten. Während der eine Klient den Hausbesuch des SozArb/SozPäd und

---

24 vgl. a. a. O., S. 137.
25 Beckmann S. 1242 – 1256.

das Gespräch mit ihm als eine Chance ansieht, zu seinem Recht zu kommen, empört sich der andere offen oder verdeckt gegen die Zumutung, „kontrolliert" und „beurteilt" zu werden.

(3) *Einstellungen des Klienten zu den möglichen Folgen der Beurteilung.* Hier dürften vor allem angstbesetzte Erwartungen eine Rolle spielen, die oft mit den oben angedeuteten Einstellungen zum Problem und dessen Hintergrund verquickt sind. Die Angst z. B., aufgrung einer Entscheidung nach § 1634 BGB sein Kind demnächst nicht mehr sehen zu dürfen, kann dann die Beurteilungssituation ebenso entstellend beeinflussen wie etwa die Angst adoptivwilliger Eheleute, ihren Adoptionsantrag abgelehnt und – aus welchen Gründen auch immer – kein Kind vermittelt zu bekommen.

(4) *Einstellung des Klienten zur Person des beurteilenden Sozialarbeiters.* Anspielungen auf Alter, Geschlecht und sozioökonomischen Status des Soz Arb/SozPäd sind beispielsweise einige der „Aufhänger", an denen sich die Beurteilungssituation modifizierende Einstellungen der Klienten festmachen lassen.

Beispiele:
– „Was wissen Sie als Mann schon, wie das für mich als Mutter ist, wenn . . ." (Geschlecht)
– „Fräulein, sind Sie denn eigentlich schon verheiratet? . . . haben Sie denn Kinder . . .?" (Alter, Kompetenz)
– „Das muß mein Hausarzt doch schließlich besser beurteilen können, ob Petra die Besuche beim Vater schaden oder nicht." (Status).

4.2.3 Auswirkungen von Zielsetzungen

Außer den allgemeinen Gesetzmäßigkeiten interpersoneller Wahrnehmung und den individuellen Einstellungen von SozArb und Klienten sind drittens die mehr oder weniger deutlich faßbaren speziellen Zielsetzungen der Beteiligten zu beachten, weil auch sie das interaktionelle Geschehen in Beobachtungs-und Beurteilungssituationen beeinflussen.

Gibt der SozArb z. B. durch die Art seiner Gesprächsführung zu erkennen, daß der Gesprächspartner ihn weniger als Klient, sondern in erster Linie als **Informant** interessiert, wird sich das auf die Art der Interaktion entsprechend auswirken. Ähnliches gilt, wenn der Klient erkennen kann, daß der SozArb auf **bestimmte** Informationen abzielt.

Ein besonderes Ziel des SozArb in solchen Situationen wird sein, aus widersprüchlichen Informationen den tatsächlichen Sachverhalt herauszufinden. Damit kann der SozArb jedoch seiner Zielsetzung entgegenstehende Ziele der Klienten berühren. Das ist z. B. dann der Fall, wenn ein Elternteil nach Scheidung das Sorgerecht über die gemeinsamen Kinder fordert, um sich dadurch am ehemaligen Partner zu rächen, ihn unter Druck zu setzen oder ihn zu verletzen. Ähnliches gilt beispielsweise auch dann, wenn Eheleute sich um die Adoption eines Kindes bewerben, sich dabei ins beste Licht rücken und zu verdecken suchen, daß dieses Kind helfen soll, eine brüchige Ehebeziehung zu festigen.

Gegensätzliche Zielvorstellungen solcher Art lösen, zumal wenn sie verheimlicht bleiben sollen, Interaktionen aus, die für den Beobachtungs- und Beurteilungsprozeß in der Regel wenig förderlich sind.

4.2.4 Die Beurteilung der Glaubhaftigkeit von Klientenaussagen

Das interaktionelle Geschehen in Beobachtungssituationen ist nicht nur ein Hindernis für eine zuverlässige Erfassung des Sachverhalts, sondern zugleich auch das Medium, durch das u. a. die Glaubhaftigkeit von Klientenäußerungen überprüft werden kann.

Undeutsch[26] weist darauf hin, daß in einer Beurteilungssituation nicht die Glaubwürdigkeit des Klienten schlechthin Gegenstand der Prüfung ist, sondern stets nur seine in Wort und Ausdrucksverhalten sichtbar werdende Aussage zum jeweiligen konkreten Teilaspekt des Sachverhalts. Eine angemessene Beurteilung der Glaubhaftigkeit von Klientenaussagen wird dem SozArb am ehesten gelingen, wenn er sich durch die Interaktion im Gespräch mit dem Klienten nicht einen „allgemeinen Eindruck" von der Glaubhaftigkeit der Klientenaussagen zu verschaffen sucht, sondern gezielt seine Aussagefähigkeit, Aussagetüchtigkeit und Aussageehrlichkeit einzuschätzen sucht.

Die **Aussagefähigkeit** des Klienten hängt ab von seinen Voraussetzungen, relevante Vorgänge differenziert wahrzunehmen, der Wahrnehmung weitgehend entsprechend im Gedächtnis zu speichern und im Bedarfsfall die Erinnerungen wiederzugeben.

Auch bei hinreichender genereller Aussagefähigkeit braucht im konkreten Fall die spezielle **Aussagetüchtigkeit** nicht gegeben zu sein. Entwicklungsstand, überwertige Ängste oder Bedürfnisse, intellektuelle Minderbegabung u. a. können die Aussagetüchtigkeit für einen ganz bestimmten Sachverhalt entsprechend einschränken, wenn nicht ganz aufheben.

Beispiel: Ein dreieinhalbjähriges Kind erlebt im elterlichen Schlafzimmer des öfteren nachts den Sexualverkehr zwischen Vater und Mutter, ohne Geräusche und Bewegungen sinnvoll einordnen zu können. Einige Monate danach, anläßlich einer Sorgerechtsregelung gemäß § 1672 BGB nach seinen inneren Beziehungen zu den Eltern exploriert,

---

26 S. 26 – 184.

schildert das Kind den Vater als einen Mann, der nachts der Mutter oft Gewalt angetan habe.

Die **Aussageehrlichkeit** wiederum ist deutlich von der Aussagefähigkeit und Aussagetüchtigkeit zu unterscheiden. Auch sie ist in Bezug auf jeden Aussagebereich einzeln und nicht generell auf die Person bezogen einzuschätzen. Sie kann innerhalb ein und desselben Gesprächs beim Klienten zu dem einen Fragenkomplex gegeben sein und zu einem anderen nicht. Die hierzu von *Undeutsch* referierten Befunde[27] zeigen, daß die Beachtung problembezogener ausgeprägter Bedürfnisse, Wünsche oder Befürchtungen der Klienten für die richtige Einschätzung der Aussageehrlichkeit bedeutsamer sind, als die Beachtung sogenannter Persönlichkeitseigenschaften wie „charakterliche Wohlanständigkeit" oder „Verwahrlosung". Die Art und Weise, wie SozArb und Klient in der Beobachtungs-/Beurteilungssituation miteinander in Beziehung treten, trägt mit zur Aussageehrlichkeit bei. Kennzeichen wahrheitsgemäßer und unwahrer Bekundungen von Klienten diskutiert *Undeutsch*[28] ausführlich. Auf diese Ausführungen wie auf andere Literatur, die sich mit der Glaubhaftigkeit von Zeugenaussagen befaßt, kann hier nur verwiesen werden[29].

4.2.5 Die Beachtung der „pragmatischen Axiome" der Kommunikationstheorie in der Beurteilungssituation

Die Beachtung dieser von *Watzlawick* u. a. postulierten „einfachsten Eigenschaften der Kommunikation"[30] ist in unserem Zusammenhang in zweifacher Hinsicht bedeutsam: erstens unterliegt auch das interaktionelle Geschehen der Beobachtungs-/Beurteilungssituation diesen Gesetzmäßigkeiten; zweitens bieten die fünf Axiome dem SozArb Anhaltspunkte, die problemträchtigen zwischenmenschlichen Beziehungen der Klienten gezielt anzusprechen und zu hinterfragen.

(1) Nach *Watzlawicks* erstem Axiom ist es in jedem Zusammensein von Menschen einfach eine **„Unmöglichkeit, nicht zu kommunizieren"**[31]. Das schließt nicht aus, daß ein Klient sowohl in seiner familiären wie in der Beurteilungssituation versucht, Kommunikation zu vermeiden.

Versuche, mit dem SozArb **nicht zu kommunizieren**, sind nicht nur im Schweigen, in der Ablehnung eines Gesprächsangebots oder im widerwilligen Sicheinlassen zu sehen. Auch die mannigfaltigen **Entwertungsversuche** gehö-

---

27 S. 79 – 92.
28 S. 125 – 167.
29 z. B. Arntzen 1970, Hallermann/Karger, Müller-Luckmann, Trankell.
30 S. 50.
31 a. a. O., S. 50.

ren dazu: Themawechsel, absichtliche Mißverständnisse, bei Äußerlichkeiten oder Nebensächlichkeiten bleiben, ins Wort fallen, ohne auf das vom Partner Gesagte einzugehen u. a. m. Ein extremer Versuch, Kommunikation zu verweigern, besteht in der **Symptombildung**: Dem Klienten wird übel, er bekommt Kopfschmerzen, er kann wegen Krankheit das notwendige Gespräch nicht führen, u. a. m.

Die Beachtung dieses ersten Axioms der Kommunikationstheorie hilft dem SozArb zu überprüfen, in welchem Umfange die Klienten kommunikationsfähig sind, über welche Inhalte sie eine Kommunikation vermeiden und auf welche Weise sie in der Regel versuchen, einer Kommunikation auszuweichen oder sie abzubrechen.

(2) Das zweite pragmatische Axiom verweist den SozArb darauf, daß er „in jeder Kommunikation (seiner Klienten) einen **Inhalts- und einen Beziehungsaspekt**"[32] finden wird. Der in einer Kommunikation enthaltene Beziehungsaspekt bestimmt, wie der Klient das auf der Inhaltsebene Geäußerte eigentlich verstanden wissen will.

Beispiel: Eine Frau, wegen einer strittigen Umgangsrechtsregelung nach § 1634 BGB mit einem SozArb im Gespräch, fragt ihn: „Finden Sie das auch richtig, was mein früherer Mann an Begründungen vorgebracht hat?" (Inhaltsebene). Auf der Beziehungsebene kann sie ihn damit fragen: „Auf welcher Seite stehst Du? Auf meiner Seite oder auf der meines Mannes?"

Sofern ein SozArb den Beziehungsaspekt in den Äußerungen der Klienten ignoriert, wird er nicht nur viele Informationen übersehen, sondern wahrscheinlich auch Schwierigkeiten bekommen, die Beobachtungs- und Beurteilungssituation für beide Seiten zufriedenstellend zu gestalten[33].

(3) Das dritte pragmatische Axiom besagt, daß für Menschen, die miteinander kommunizieren, scheinbar „ein ununterbrochener Austausch von Mitteilungen"[34] besteht, daß tatsächlich aber jeder von ihnen diese Mitteilungen individuell strukturiert (**Interpunktion von Ereignisfolgen**). Kommen die Gesprächsteilnehmer zu unterschiedlichen Strukturierungen der Mitteilungen, entstehen Kommunikationsstörungen und Beziehungskonflikte.

Beispiel: In der Ausübung seines Umgangsrechts spricht ein geschiedener Vater mit seiner von ihm getrennt lebenden 15jährigen Tochter über ihren Alltag daheim bei der geschiedenen Mutter. Je mehr er, allmählich enttäuscht, versucht, mit der Tochter ins Gespräch zu kommen, desto schweigsamer wird sie. Beide haben den Gesprächsinhalt an-

---

32 a. a. O., S. 53.
33 Zu den bedeutsamen Störungen auf diesem Gebiet − Konfusion von Inhalts- und Beziehungsaspekt, Entwicklung von Meinungsverschiedenheiten, Folgen der unausgesprochenen Ich-Du-Definitionen, der Beziehungsblindheit u. a. − vgl. Watzlawick, S. 79−91.
34 a. a. O., S. 57.

ders strukturiert: Die Tochter verschließt sich immer mehr den Fragen des Vaters, weil sie darin ein „Aushorchen" sieht; der Vater wird verärgert, weil er glaubt, seine Tochter ignoriere sein Interesse an ihrem alltäglichen Leben.

Die Beachtung dieses Axioms kann dem SozArb zum einen helfen, viele Konflikte zwischen den streitenden Parteien besser zu verstehen, zum anderen kann sie ihn davor schützen, in der Beurteilungssituation selbst in einen so verhängnisvollen Kreisprozeß mit dem Klienten zu geraten[35].

(4) Die Hinweise auf die unterschiedlichen Mitteilungsmöglichkeiten durch „**digitale und analoge Kommunikation**"[36] in Beobachtungssituationen berücksichtigen, heißt für den SozArb, seine Informationsquellen erweitern: Neben dem sprachlich Mitgeteilten (digitale Kommunikation) berücksichtigt er auch all das, was er in diesem Zusammenhang an Ausdruckhaftem in Stimme, Mimik, Gestik u. a. (analoge Kommunikatikon) bei den Klienten wahrnehmen kann. Sofern sich analoge Kommunikation aus erlebnisunmittelbarem Ausdrucksverhalten ergibt, wird diese auch für die Beurteilung der Glaubhaftigkeit von Klientenaussagen bedeutsam. Dabei ist jedoch zu bedenken, daß analoge Kommunikation stets mehrdeutig ist und es dann zum großen Teil vom SozArb und dem bei ihm ausgelösten Eindruck abhängt, ob er den Kommunikationsinhalt einigermaßen zutreffend erfassen kann.

(5) *Watzlawicks* Hinweise auf „**symmetrische und komplementäre Interaktionen**"[39] − fünftes pragmatisches Axiom − sind für den SozArb wiederum sowohl für das Verständnis konflikthafter Beziehungen der Klienten untereinander als auch für Vorgänge in der Beobachtungs- und Beurteilungssituation bedeutsam. Insbesondere bei Fragen zu §§ 1741 ff., 1671 und 1672 BGB wird er darauf zu achten haben, welche komplementäre, d. h. ergänzende Funktion dem gewünschten bzw. umkämpften Kind von den Adoptiveltern bzw. Eltern zugesprochen wird und ob sie auch in erforderlicher Weise zu symmetrischen Beziehungen fähig sind, in denen das Kind als gleichwertiger eigenständiger Partner akzeptiert wird.

In Beobachtungs- und Beurteilungssituationen werden sich „symmetrische Eskalationen" zwischen SozArb und Klienten auf die Güte der gutachtlichen Stellungnahme ebenso störend auswirken wie eine „starre Komplementarität"[38].

Symmetrische Eskalationen sind dann gegeben, wenn SozArb und Klient im Gespräch weniger mit der Lösung von Sachfragen als vielmehr mit der Abklärung von Geltungsansprüchen beschäftigt sind.

35 vgl. Watzlawick, S. 92 − 96.
36 Watzlawick S. 61 − 68.
37 a. a. O., S. 68 ff.
38 vgl. Watzlawick, S. 103 f.

Beispiel: Klient: „Das geht Sie gar nichts an." SozArb: „Dann muß ich dem Familien-gericht eine entsprechende Mitteilung machen!"

Von **starrer Komplementarität** z. B. kann man sprechen, wenn ein depressiv strukturierter SozArb, um sich seine „Helferrolle" erhalten zu können, Klien-ten in die „Rolle des Hilfsbedürftigen" drängt und diese die Rolle auch anneh-men, obwohl sie zu einer gewissen Selbständigkeit fähig wären[39].

Betrachtet man so die Aussagen der Kommunikationstheorie, so findet man nicht nur Hinweise auf mögliche Störungen, die in Beobachtungs- und Beur-teilungssituationen aufkommen können. Sie zeigen mit gleicher Deutlichkeit, daß solche Situationen und was in ihnen erfahrbar wird stets das Interaktions-ergebnis von Klient und SozArb sind. Sie verweisen ferner darauf, daß die als Ergebnis solcher Interaktionen verfügbaren Informationen immer auch situa-tionsgebunden und damit bis zu einem gewissen Grade ausschnitthaft und da-her nur vorsichtig zu verwerten sind. Übereinstimmend mit anderen Autoren[40] zeigen *Watzlawick* u. a., wie bedeutsam es für den SozArb und sei-ne gutachtliche Stellungnahme werden kann, in Beobachtungs- und Beurtei-lungssituationen zwischen dem vom Klienten Gesagten und dem dabei von ihm Gemeinten zu unterscheiden.

4.3 Besonderheiten des Beurteilungsgegenstandes und ihre Auswirkungen

4.3.1 Die Komplexität psychosozialer Vorgänge

Gutachtliche Stellungnahmen in der VormGH/FamGH haben von ihrer Ziel-setzung her nur in geringem Umfange zur Abklärung materieller Verhältnisse beizutragen. Nach dem Willen des Gesetzgebers bleibt es ihre Hauptaufgabe, die zum Wohle eines Kindes notwendigen psychosozialen Gegebenheiten auf-zuweisen. An diesem Akzent in der Aufgabenstellung ändert sich auch dann nichts, wenn manche SozArb sich lieber über die Wohnverhältnisse und die wirtschaftliche Sicherheit der zu Beurteilenden auslassen. Dieses Vorgehen deutet nur wieder einmal mehr darauf hin, wie schwer es ist, psychosoziale Gegebenheiten überhaupt, und solche, die für das Kindeswohl erforderlich sind, im besonderen zu erfassen und darzustellen.

Diese Schwierigkeit ergibt sich sowohl aus der Komplexität der Aufgabenstel-lung als auch aus der Eigenart des Psychischen. Will der SozArb Erleben und Verhalten seiner Klienten vollständig beschreiben, so muß er zunächst die ver-schiedenen **Einzelaspekte** ihrer seelischen Wirklichkeit beachten, wie da sind:

39 Näheres vgl. Watzlawick, S. 68 − 70 und 103 − 113.
40 z. B. Argelander, Harris.

- ihre **Wahrnehmungsfunktionen** (deren Entwicklungsstand, Grad der Differenziertheit, Ausmaß an Aufmerksamkeitsspanne u. a. mehr)
- ihre **Vorstellungswelt** (mit ihren Phantasien und Erinnerungen)
- ihre **Denkvorgänge** (Höhe und Eigenart der Intelligenz, produktives oder reproduktives Denken u. a. mehr)
- ihre **Lernfähigkeit** (die Bereitschaft, sich Neuem zu öffnen, es in bisheriges Verhalten mit einzubeziehen u. a. m.)
- ihre **Gefühlswelt** (Erlebnisfähigkeit, Grundstimmung, besondere Gefühle u. a.)
- ihre **Bedürfnisse** (wie sie umgehen mit primären Bedürfnissen, welche sekundären bei ihnen sich ausbildeten usw.)
- ihre **Aktivität** (nach welchen Bedürfnissen ausgerichtet, in welcher Stärke, welcher Verlaufsform gegeben)
- ihre **Steuerung des Verhaltens** (von Einsichten, langfristigen Zielsetzungen, affektiven Bindungen u. a. bestimmt)

Und selbst mit dieser Aufzählung von Einzelaspekten des Psychischen ist noch nicht alles genannt. Es kommt des weiteren dazu, daß verschiedene psychische Funktionen und Kräfte erst dann annähernd richtig erfaßt und beschrieben werden, wenn man sie nicht isoliert betrachtet, sondern ihr in der Situation gegebenes **jeweiliges Zusammenspiel** mitberücksichtigt. Erschwerend wirkt außerdem, daß diese vielen Einzelaspekte psychischer Wirklichkeit und ihr Zusammenspiel jetzt nicht nur innerhalb einer Person bedingt und zu beobachten sind, sondern daß gerade die **Abhängigkeit und Veränderbarkeit dieser Vorgänge durch die Beziehung der Klienten zu anderen Menschen** für unsere Stellungnahmen bedeutsam werden und daher zusätzlich zu erfassen sind. Schließlich hat der SozArb zu registrieren, welche psychischen Prozesse und Strukturanteile der zu Beurteilenden gestört sind, durch wen oder was aus der sozialen Umwelt diese **Beeinträchtigungen** verursacht wurden und in welchem Ausmaß sie ein normabweichendes Verhalten darstellen. Damit nicht genug, soll der SozArb überblicken, inwieweit diese Verhaltensauffälligkeiten für die Gefährdung des **Kindeswohls im Sinne des Gesetzes** bedeutsam sein können. Schließlich soll er **auf Ansätze hinweisen** können, die geeignet sind, die Gefährdung einzudämmen oder zu beheben.

Aus diesen wenigen Andeutungen dürfte bereits erkennbar sein, daß allein die Eigenart des Hauptgegenstandes der Stellungnahme – das menschliche Erleben und Verhalten – etwas ist, das die Qualität von Beurteilungen in ganz anderer Weise beeinflußt als etwa die Beurteilung von hinreichenden Wohn- oder Einkommensverhältnissen.

4.3.2 Die Unschärfe des Begriffs „Kindeswohl"

Ist das Erfassen und Beurteilen von menschlichem Erleben und Verhalten, eingebettet in ein bestimmtes soziales Umfeld mit den ihm eigenen Kräften, an sich schon ein schwieriges Unterfangen, das stets nur annäherungsweise gelingen kann, so wird dieses noch schwieriger, wenn ein **bestimmtes** Erleben und Verhalten, wie das im Begriff „Kindeswohl" unterstellte, Gegenstand der Beurteilung werden soll.

Die nicht endenwollende Kette von Veröffentlichungen zum Thema Kindeswohl[41] zeigt, daß hiermit offensichtlich ein sehr wichtiger Aspekt menschlichen Seins angesprochen ist, den die soziale Arbeit zu schützen hat. Die Flut einschlägiger Literatur macht daher aber auch deutlich, daß der Inhalt des Begriffs „Kindeswohl" für alle Beteiligten nicht befriedigend und erschöpfend umschrieben ist[42].

Daraus ergibt sich für den SozArb/SozPäd die Schwierigkeit, für sich definieren zu müssen, welche psychosozialen Gegebenheiten er für das Kindeswohl als relevant erachtet. Je weniger er diesen Begriff in konkretes Erleben und Verhalten übersetzen und seine „Definition" begründen kann, um so subjektiver werden die Aspekte sein, die er zur Beurteilung dieses Problems heranzieht.

Ohne den Anspruch auf Vollständigkeit erheben zu wollen, bringen wir als Orientierungshilfe in Kap. 6 einige Konkretisierungsvorschläge, die sich uns aus der Berücksichtigung einschlägiger wissenschaftlicher Erkenntnisse und Rechtsprechung ergaben.

4.3.3 Probleme der Mitteilung von psychosozialen Sachverhalten

Unterstellt man, daß Gültigkeit und Zuverlässigkeit der Beobachtungen und Beurteilungen nicht wesentlich durch Besonderheiten der Persönlichkeit des SozArb, das Verhalten des Klienten, die Beurteilungssituation und den Beurteilungsgegenstand beeinträchtigt wurden, so besteht dennoch die Frage, inwieweit das vom SozArb angemessen Wahrgenommene und zutreffend Beurteilte adäquat dem Richter übermittelt wird. „Kriterium für Erfolg oder Mißerfolg einer Informationsübertragung ist das Verhältnis von gesendeter und empfangener Information"[43]. Ob sich die mit der Stellungnahme des SozArb

---

41 vgl. dazu S. 5.
42 vgl. S. 5.
43 Hartmann, S. 76.

gesendete Information mit der vom Richter empfangenen deckt, hängt von verschiedenen Faktoren ab.

Ein Faktor ist die **Verständlichkeit** der gutachtlichen Stellungnahme. Mit *Nietzsche* ist mitunter beim Stellungnehmenden zu registrieren: „Er hat eine Menge für sich gedacht, und jetzt fehlt ihm die Geschicklichkeit, diese Gedanken zu äußern"[44]. Auch unsere Erfahrungen mit Studenten und SozArb aus der Praxis zeigen uns, daß die Beachtung des sprachlichen Ausdrucks in der Erörterung psychosozialer Gegebenheiten von großer Bedeutung ist.

Zu guter Informationsübermittlung kommt es ferner, wenn SozArb und Richter den in den Stellungnahmen auftauchenden Wörtern und Begriffen den **gleichen Bedeutungsgehalt** unterlegen. Zwei Arten von „Bedeutung" sind hierbei zu beachten:

(1) SozArb und Richter verstehen unter einem Begriff, z. B. „Hospitalismus", **explizit** ein und dasselbe (denotative Bedeutung).

(2) Bei SozArb wie Richter klingt **implizit** Vergleichbares an; z. B. beim Wort „Hospitalismus" etwa Gefühle des Mitleids, größeres Verständnis für abweichendes Verhalten o. ä. (konnotative Bedeutung).

Decken sich in dieser Weise denotative und konnotative Bedeutung von Aussagen bei SozArb und Richter, so ist ein hohes Maß an zutreffender Informationsvermittlung erreicht. Wie in Kap. 4.4.1 noch auszuführen sein wird, kann man das jedoch nicht als selbstverständlich voraussetzen.

Hinzu kommt noch, daß die einzelnen Begriffe in der gutachtlichen Stellungnahme in einem bestimmten **Zusammenhang** (Kontext) auftauchen. Dieser muß bei einer guten Informationsübermittlung vom Richter so gesehen werden können, wie ihn der SozArb gemeint hat. Auch hier ist mit Schwierigkeiten zu rechnen[45].

Ein Problem ganz anderer Art besteht darin, für die Beschreibung menschlichen Erlebens und Verhaltens überhaupt **zutreffende Begriffe** zu finden. Die vielen Befunde aus der Persönlichkeitsforschung zeigen, daß auch von da her einer vollständigen Erfassung, Beschreibung und Beurteilung des Menschen Grenzen gesetzt sind.

---

44 in: Hartmann, S. 76.
45 Vgl. dazu Hartmann, S. 70 – 85.

4.4 Der Richter als Adressat

Zu den Variablen, die gutachtliche Stellungnahmen von SozArb beeinflussen, ist auch der Richter zu zählen. Für *Sodhi* ist es eine „Binsenwahrheit, daß unsere Urteile nicht allein durch soziale Kräfte beeinflußt werden, die in Vis-à-vis-Gruppen selbst entstehen, (wie das beispielsweise im Gespräch des SozArb mit dem Klienten der Fall ist), ... sondern auch durch unser Wissen darüber, wie geachtete Personen ... über den Urteilsgegenstand denken"[46]. Das können in unserem Falle Kollegen oder der JA-Leiter und vor allem der Richter sein.

Wie die Vorstellungen des SozArb über den Richter als Adressaten seiner Stellungnahme diese beeinflussen, hängt u. a. vom Selbstverständnis des SozArb/SozPäd ab. In der Praxis finden sich SozArb, die erst in der Konfrontation mit Kollegen spüren, daß sie sich zu sehr als Erfüllungsgehilfen des Gerichts verstehen, und solche, die wissen, daß sie Mitarbeiter einer eigenständigen Fachbehörde sind.

4.4.1 Mögliche Unterschiede zwischen juristischen und sozialwissenschaftlichen Arbeitsansätzen

Je nach den Schwerpunkten, die sich der SozArb in seinem Studium und der beruflichen Praxis setzte, können unterschiedliche Denkweisen und Einstellungen (vgl. S. 38) zu Verständigungsschwierigkeiten zwischen SozArb und Richter führen. Der im Rahmen der VormGH/FamGH tätige SozArb sollte prüfen, ob derartige Unterschiede zwischen einer mehr formal-juristischen und sozial-pädagogischen Einstellung und Vorgehensweise seine Kommunikation mit dem Richter beeinträchtigen. Er tut gut daran, sich in diesem Zusammenhang auch die Art der Ausbildung des Richters zu verdeutlichen, um sich dadurch besser auf ihn einstellen zu können.

4.4.2 Die Ausbildung des Richters

Der Richter hat, um seine Funktion ausüben zu können, Rechtswissenschaft studiert. Noch bis vor einigen Jahren bedeutete eine solche Ausbildung, daß man sich ca. vier Jahre lang an einer Hochschule ausschließlich mit dem Recht, und hier wiederum überwiegend mit der Rechtsanwendung befaßte und anschließend mindestens zweieinhalb Jahre im juristischen Vorberei-

---

46 Sodhi, S. 368.

Unterschiedliche Denk- und Arbeitsansätze von SozArb und Richtern[47]

Betont juristische Aspekte	Betont sozial-pädagogische Aspekte
1. Richter wollen mit ihrem Tun bestehende Ordnung zwischenmenschlicher Beziehungen wahren.	1. SozArb versuchen, den Bedürfnissen des Individuums gerecht zu werden.
2. Die Arbeit von Richtern ist weitgehend öffentlich.	2. Die Arbeit von SozArb/SozPäd mit dem Klienten hat – besonders im klinischen Bereich – oft Intimcharakter.
3. Tatbestandsmerkmale drängen Richter eher in eine normative Betrachtungsweise.	3. Kausale und finale Betrachtungsweise steckt dem SozArb den Rahmen seines Handelns ab.
4. Vorwürfe von manchen Richtern, Sachverständige und SozArb würden sich Entscheidungskompetenz anmaßen.	4. Vorwürfe von SozArb, Richter sähen nur den Paragraphen und nicht den davon betroffenen Menschen.
5. Grenzwertdenken bestimmt den Richter (ist der Klient verantwortlich oder nicht? Krank: ja oder nein?)	5. Phänomenbezogenes Denken bestimmt den SozArb (Was bedeutet es für den Klienten? Was löst es bei ihm aus? usw.)
6. Richter muß bewußt werten.	6. SozArb/SozPäd versucht bewußt, Wertungen zu umgehen.
7. Gespräche mit den Parteien zur Beobachtung und Beurteilung eines Menschen in seiner familiären Situation sind für den Richter Mittel zum Zweck (Klärung des Sachverhalts).	7. Gespräche mit Klienten zur Beobachtung und Beurteilung sind für den SozArb/SozPäd etwas, das über bloße Informationsgewinnung hinausgeht (z. B. Orientierung, Entlastung für die Klienten, d. h. neben psychodiagnostischem auch psychohygienischer Aspekt).
8. Der Richter muß „Wahrheitsfindung" betreiben.	8. Der SozArb kann immer nur Aussagen über „Wahrscheinlichkeiten" machen, sofern er von psychosozialen Voraussetzungen und Auswirkungen spricht.

tungsdienst die Umsetzung des Rechts auf die Praxis lernte. Kontakte mit den Sozialwissenschaften hatte man höchstens, sofern man sich persönlich dafür interessierte. – In den meisten Studienordnungen der Universitäten und Gesamthochschulen hat sich dies in den letzten Jahren etwas geändert. Die Einführung von Grundlagenfächern, Pflichtfächern und Wahlfachgruppen hat

---

47 Vgl. dazu Liebel/v. Uslar, S. 11 – 20.

dazu geführt, daß den Studenten im Rahmen der Wahlfachgruppen in den Bereichen, wo die Berührung mit den Sozialwissenschaften unübersehbar ist (z. B. Kriminologie, Jugendstrafrecht, Strafvollzug), Lehrveranstaltungen mit sozialwissenschaftlichem Einschlag angeboten werden. Die Möglichkeit des Juristen, sich im Verlauf des Studiums mit Denkansätzen und Handlungsweisen von Sozial- und Verhaltenswissenschaften vertraut zu machen, garantiert jedoch noch keineswegs, daß SozArb mit Vormundschafts- und Familienrichtern heute keine Kommunikationsschwierigkeiten hätten: Erstens könnte sich eine größere Vertrautheit der Juristen mit den Sozial- und Verhaltenswissenschaften allein aufgrund geänderter Studienordnungen bestenfalls bei jüngeren Richtern auswirken. Zweitens gilt auch nach geänderten Studienordnungen, daß sich die überwiegenden Ausbildungsinhalte und Lernerfahrungen von Richtern und SozArb in Theorie und Praxis notwendigerweise so stark unterscheiden, daß berufsspezifisch andersartige Weisen der Auseinandersetzung mit ein und demselben „Gegenstand" (sprich Klient/Partei) begünstigt werden.

Im beruflichen Alltag wiederholt sich für SozArb in ihrer Interaktion mit Richtern nicht selten etwas, was einigen von ihnen bereits während ihres Studiums, besonders in den Anfangssemestern der FH, widerfahren ist: sie erlebten im Recht (Richter) etwas (jemanden), das (der) in seinen Strukturen (Denkstrukturen) anders ist als ein großer Teil der Wissenschaften, die er zu studieren hatte (sie selber).

Eine sich in solchen Erfahrungen abzeichnende reflektierte oder unreflektierte Polarisierung von Rechtswissenschaft als Sollenswissenschaft einerseits und Sozial- bzw. Verhaltenswissenschaften[48] andererseits ist jedoch weder kommunikationsfördernd noch berechtigt, zumal wenn man bedenkt, daß die Rechtswissenschaft selbst eine Sozialwissenschaft ist[49]. In welcher Weise der Richter in seiner richterlichen Entscheidungsfindung auch sozial- und verhaltenswissenschaftlich relevanten Gesetzmäßigkeiten unterliegt, erörtert *Weimar* ausführlich.

So wichtig es für SozArb bei ihren Stellungnahmen sein kann, die durch Ausbildung und Beruf geprägte, für Richter spezifische Denk- und Vorgehensweise zu berücksichtigen, so bedeutsam dürfte auch die Beachtung von Gemeinsamkeiten sein, die SozArb in der Kommunikation mit Richtern voraussetzen können. Eine dieser Gemeinsamkeiten ist im Bereich der Familie die Gerichtetheit auf die Sicherung oder Förderung des körperlichen, geistigen und seelischen Wohls der mit Konflikten belasteten Familienangehörigen.

---

48 Vgl. v. Savigny, zitiert nach Lautmann, S. 30.
49 Lautmann, S. 27 f.

4.4.3 Rechtsanwendung durch den Richter

Die Anwendung des abstrakten Rechts auf konkret zu entscheidende Fälle erschöpft sich nicht in der dem Laien handwerklich anmutenden Vorgehensweise der Subsumtion. Diese ist zwar eine Technik, die der Rechtsanwender beherrschen muß. Mit ihrer Hilfe allein ist aber keine Rechtsfindung möglich. Um dies zu erkennen, bedarf es eines Blicks auf die Struktur unserer Normen.

(1) Zum einen enthalten sie wertungsfreie **Tatsachenbegriffe** (z. B. „gesetzliche Empfängniszeit", § 1592 BGB; „Verwandschaft", § 1589 BGB; „nichteheliche Vaterschaft", § 1600 a BGB). Vom Begriff im strengen Sinn läßt sich nur dort sprechen, wo es möglich ist, ihn durch die vollständige Angabe der ihn kennzeichnenden Merkmale eindeutig zu definieren[50]. Ein Begriff ist durch eine Definition in der Weise festgelegt, daß er auf einen konkreten Vorgang oder Sachverhalt „nur dann und immer dann" anzuwenden ist, wenn in ihm sämtliche Merkmale der Definition anzutreffen sind[51]. Unter Tatsachenbegriffe können Sachverhalte logisch subsumiert werden[52].

(2) Zum zweiten enthalten unsere Normen **Typenbeschreibungen** (z. B. Verrichtungsgehilfe, § 831 BGB, eine Person, die zu einer anderen Person in einem bestimmten sozialen Verhältnis steht, vermöge dessen sie deren Weisungen (mehr oder weniger) zu folgen hat; „Gleichgültigkeit" und „anhaltend gröbliche Pflichtverletzung", § 1748 BGB). „Die in der Beschreibung des Typus angegebenen Merkmale ... brauchen nicht sämtlich vorzuliegen; sie können insbesondere in unterschiedlichem Maße gegeben sein. Sie sind häufig abstufbar und bis zu einem gewissen Grade gegeneinander austauschbar. Für sich allein genommen haben sie nur die Bedeutung von Kennzeichen oder Indizien. Entscheidend ist erst ihre jeweilige Verbindung in der konkreten Erscheinung" ... „Es kommt darauf an, ob die als „typisch" angesehenen Merkmale in solcher Zahl und Stärke vorhanden sind, daß der Sachverhalt „im ganzen" dem Erscheinungsbild des Typus entspricht. Der Typus wird nicht definiert, sondern beschrieben. Unter die Typenbeschreibung kann man nicht subsumieren" (im eigentlichen Sinne); „man kann aber mit ihrer Hilfe beurteilen, ob eine Erscheinung dem Typus zugerechnet werden kann oder nicht"[53]. Diese Verbindung von Einzelaspekten zu einem Gesamtbild beruht darauf, daß der Gesetzgeber ihm eine bestimmte Rechtsfolge als angemessen zugedacht hat. Der Rechtsanwender muß also nach der sog. ratio legis fragen,

---

50 Larenz, S. 194.
51 Larenz, S. 200. Die Möglichkeit der Analogie ist hier außer Betracht gelassen.
52 Fieseler, der auf S. 20 feststellt, die Subsumtion sei kein logischer Vorgang, benutzt den Begriff der Subsumtion nicht nur für Tatsachenbegriffe, sondern auch für Typenbeschreibungen und ausfüllungsbedürftige Wertungsmaßstäbe. Insofern stimmt seine Aussage.
53 Larenz, S. 200/201.

d. h. danach, welchen Bereich der Gesetzgeber dieser Rechtsfolge unterordnen wollte. Dies wiederum hängt von dem leitenden Wertgesichtspunkt ab, der den Gesetzgeber dazu bewogen hat, an diesen Typus gerade diese Rechtsfolge zu knüpfen[54]. Die Zuordnung zum Typus erfordert, diesen leitenden Wertgesichtspunkt mit in den Blick zu nehmen. Sie ist daher, anders als die Subsumtion unter einen Begriff, ein Verfahren wertorientierten Denkens[55].

(3) Schließlich enthalten unsere Gesetzesvorschriften **ausfüllungsbedürftige Wertungsmaßstäbe** (z. B. „Treu und Glauben", § 242 BGB; „angemessene Frist", „billiges Ermessen", „unzumutbare Härte", (§ 1565 BGB). Hierher gehört auch die uns interessierende Formulierung „Kindeswohl". Diese Maßstäbe enthalten jeweils einen spezifischen Rechtsgedanken, der sich zwar jeder begrifflichen Definition entzieht, aber durch allgemein akzeptierte Beispiele verdeutlicht werden kann. Sie erhalten ihre inhaltliche Ausfüllung durch das allgemeine Rechtsbewußtsein der zur Rechtsgemeinschaft Verbundenen, das sowohl durch Tradition geprägt, wie in ständiger Neubildung begriffen ist. Gleichsam als „Sprachrohr" dieses allgemeinen Rechtsbewußtseins betrachten sich die Gerichte.

Bei der Konkretisierung ausfüllungsbedürftiger Wertungsmaßstäbe handelt es sich nicht um einen „irrationalen" Vorgang, sondern um einen solchen auf der Basis wertorientierten Denkens. Dies soll im folgenden gezeigt werden.

Unterstellen wir, der Vormundschafts-/Familienrichter wird mit einem Geschehen konfrontiert, das an einer Norm gemessen werden soll, die den Maßstab „Kindeswohl" enthält. Er wird dann wissen, daß die Rechtsprechung – je nach der Vorschrift, um die es sich handelt – eine Reihe von Aspekten entwickelt hat, die im allgemeinen zu berücksichtigen sind. Dennoch wird er Schwierigkeiten bei der Urteilsfindung haben; denn das Kindeswohl, das einen „unbestimmten Rechtsbegriff mit normativem Charakter"[56] darstellt, bedarf stets einer Wertung, um angewandt werden zu können. Wie vollzieht sich nun diese Wertung? Werte sind nicht in der gleichen unmittelbaren Weise gegeben wie Gegenstände der Wahrnehmung. Eine Bewertung ist vielmehr eine Sache der Erkenntnis. Dabei ist die eigene Anschauung des Rechtsanwenders nur ein Glied in der Reihe vieler gleichberechtigter Wertungen. Die eigene Wertung ist also nur Bestandteil des Erkenntnismaterials, nicht letztgültiger Erkenntnismaßstab[57]. Die eigene Wertung wird aus verschiedenen Quellen gespeist, die rational häufig gar nicht faßbar sind. Zum einen spielt alles hinein, was der Richter erfahren und gelernt hat; zum anderen das, was man = die

54 Larenz, S. 201.
55 Larenz, S. 202.
56 Engisch, S. 109.
57 Engisch, S. 125/126.

Gesellschaft (wirklich oder vermeintlich) von ihm erwartet; schließlich auch das, was er gefühlsmäßig durchsetzen möchte[58]. Zu dieser eigenen – mehr persongebundenen – Wertung kommt die Einbeziehung anderer – mehr fachgebundener – Wertungen hinzu. Als solche kommen in Betracht: Allgemeine (d. h. in der Verfassung und den von ihr getragenen Rechtsgrundsätzen) Wertungsmaßstäbe in der Rechtsordnung und Fallvergleichung[59].

Bei der letzteren handelt es sich darum, daß der Richter sich an Entscheidungen orientiert, die als fraglos empfunden werden oder durch eine längere Rechtsprechung gesichert sind. In jeder dieser Entscheidungen ist der in dem Maßstab gemeinte Rechtsgedanke zu einem bestimmten Fall in Bezug gesetzt und dadurch für diesen Fall – das heißt aber: für alle Fälle gerade dieser Art – mit zusätzlichem Inhalt erfüllt, „konkretisiert"; jede gelungene Konkretisierung trägt, als beispielgebend, zur weiteren Konkretisierung des Maßstabes bei, ohne daß dieser Prozeß jemals „am Ende" wäre[60].

Der Jurist, der sich also im konkreten Fall mit dem ausfüllungsbedürftigen Wertungsmaßstab „Kindeswohl" auseinandersetzen muß, wird ihn mit eigener Wertung, allgemeinen rechtlichen Wertungsmaßstäben und Fallvergleichung auszufüllen suchen. Dabei kommt der Fallvergleichung – obgleich Gerichtsentscheidungen nur dann, wenn sie vom BVerfG oder Landesverfassungsgericht stammen, Gesetzeskraft haben – eine überaus große Bedeutung zu. Jeder Richter, besonders der an überlasteten Untergerichten, ist dankbar, wenn er einen ähnlich gelagerten Fall entdeckt, mit dessen Hilfe er seinen eigenen Fall entscheiden kann.

Neben diesen drei Wertungsquellen steht nun gleichrangig als weitere Erkenntnisquelle die Anhörung des JA. Dieses soll in seiner Eigenschaft als Fachbehörde bewerten. Aus dem zuvor Ausgeführten ergibt sich, daß die Bewertung des JA eine ganz andere sein muß als die des Juristen. Jedoch muß dem SozArb des JA klar sein, wie der Richter bewertet und welches Gewicht die gutachtliche Stellungnahme des JA in diesem Zusammenhang hat.

---

58 Fieseler, S. 20.
59 Beispiele nach Larenz, S. 217: Billigkeit gem. §§ 315, 847 BGB meint einen beiden gerecht werdenden Ausgleich zwischen den Vertragspartnern bzw. Schädiger und Geschädigten. Dieser Gedanke liegt zugrunde, wenn der Jurist sagt, Chancen und Risiken, Vorteile und Lasten müßten in einem ausgewogenen Verhältnis stehen, kollidierende, aber schutzwürdige Interessen ausgeglichen werden.
60 Larenz, S. 203.

4.4.4 Verfahrensrechtliche Kompetenz des Richters

Im Zusammenhang mit gutachtlicher Tätigkeit des JA ist Gutachtensgegenstand fast ausschließlich die Frage, ob eine bestimmte Regelung dem Wohle des Minderjährigen dient. Dieses geschriebene (z. B. § 1666 BGB) oder ungeschriebene Tatbestandsmerkmal des Kindeswohls (z. B. § 1 II EheG) ist nicht ausfüllbar mit reinen Tatsachen. Wie der Richter es konkretisiert, wurde in Kap. 4.4.3 ausgeführt. Das JA dagegen füllt es mit Hilfe seiner Sach- und Fachkunde im Bereich der Psychologie, Pädagogik, Soziologie ... Das Ergebnis dieser Arbeit ist **einer** der Faktoren, die auf die Entscheidungsfindung des Richters einwirken. Zwar verpflichtet das Gesetz den Richter in § 48a JWG und in den anderen genannten Vorschriften[61], das JA zu hören. Inwieweit das Ergebnis der Anhörung jedoch in der Entscheidung des Richters Berücksichtigung findet, ist eine ganz andere Frage.

Formaljuristisch gilt folgendes: Versäumt es der Richter ausnahmsweise – was in der Praxis wohl selten vorkommen wird –, dem JA die Möglichkeit der Stellungnahme zu geben, so begründet dieses Unterlassen einen Verfahrensfehler, der das JA zur Einlegung der Beschwerde berechtigt[62, 63].

Entspricht der Richter in seiner Entscheidung nicht dem Vorschlag des SozArb, so gibt dies für sich genommen dem JA nicht das Recht, ein Rechtsmittel einzulegen. Behauptet das JA jedoch, die Interessen des Minderjährigen seien nicht gewahrt, weil der Richter der gutachtlichen Stellungnahme nicht gefolgt sei, so begründet dies ein Beschwerderecht. Wie dieses im einzelnen aussieht (einfache, sofortige, befristete Beschwerde) richtet sich nach dem Gegenstand des Verfahrens[64].

Inwieweit der Richter bei unangreifbarer Beachtung der Verfahrensvorschriften (d. h. er hört an, er geht in seiner Entscheidung formal auf die gutachtliche Stellungnahme ein, er lehnt deren Ergebnis aber aus inhaltlich nicht nachprüfbaren Gründen ab) sich jedoch wirklich von der Stellungnahme leiten läßt, wird von der Einstellung des Richters zu den Sozialwissenschaften und zur Sozialarbeit abhängen.

---

61 S. 5 f.
62 So OLG Hamm v. 14. 1. 66 ZblJugR 1966, 203 = FamRZ 66, 241 = NJW 66, 1126; OlG Celle v. 14. 10. 60, DVBl 61, 95; KG v. 13. 10. 77, FamRZ 79, 69; Jans/Happe, § 48 a Anm. 2 B a; FrankfKo, § 48 a Anm. 2. 3.
63 Ob diese auf § 20 I FGG (so die Angaben in FN 59) oder nur auf § 57 I Nr. 9 FGG zu stützen ist (so Krug, § 48 Anm. 3; Gräber, § 48 Anm. 25 A), wird nicht einheitlich beantwortet. Für die praktische Sozialarbeit spielt die Frage keine wesentliche Rolle.
64 Vgl. zu den Rechtsbehelfen FrankfKo, § 48 a Anm. 4 bei den jeweiligen Verfahren.

4.5 Institutionsbedingte Einflüsse

4.5.1 Die organisatorisch-rechtliche Einordnung von SozArb/SozPäd

SozArb/SozPäd als Mitarbeiter eines JA oder der Adoptionsvermittlungsstelle eines freien Trägers[65] sind Angehörige (Beamte, Angestellte) der öffentlichen Verwaltung bzw. Angestellte der Kirchen oder privater Organisationen, die Jugend- und Sozialhilfe leisten.

Als Angehörige der öffentlichen Verwaltung sind sie in eine bürokratisch-hierarchische Struktur eingegliedert und unterstehen öffentlichem Dienstrecht (Beamtenrecht, BAT). Als Mitarbeiter eines freien Trägers unterliegen sie arbeitsrechtlichen Bestimmungen. Jedenfalls üben alle SozArb/SozPäd, die im Rahmen der VormGH/FamGH gutachtliche Stellungnahmen abgeben, ihren Beruf in abhängiger Tätigkeit aus. Das bedeutet, daß sie bei ihrer Arbeit nur insoweit eine pädagogisch/methodische Freiheit für sich in Anspruch nehmen können, als ihre Vorgesetzten diese nicht durch Richtlinien oder Einzelanordnungen einschränken. Darüber hinaus sind sie selbstverständlich an die bestehenden Gesetze und evtl. Aufträge der Gerichte, für die sie tätig werden, gebunden.

4.5.2 Die faktische Einordnung von SozArb/SozPäd

(1) Jede Institution, sei sie öffentlicher oder privater Art, entwickelt im Laufe ihres Bestehens eine **Eigendynamik** und ein **Selbstverständnis**, denen sich der einzelne Mitarbeiter nur schwer entziehen kann. Das führt dazu, daß sich der jeweilige SozArb/SozPäd einerseits in dieses Gefüge einbringt und damit eine Art persönlicher Sicherheit für seine Arbeit erwirbt, daß er aber andererseits auch in gewisser Weise „betriebsblind" wird und dadurch die Offenheit für die sich wandelnden Bedürfnisse der Klienten zuweilen verliert. Das letztere sei mit einem Beispiel aus unseren eigenen Erfahrungen belegt.

Beispiel: Eine Studentin, die an einem unserer Gutachtenseminare teilgenommen hatte, arbeitete im Teilzeitpraktikum bei einem großen freien Träger in der Jugendgerichtshilfe. Die gutachtlichen Stellungnahmen ihrer Praxisstelle beschränkten sich herkömmlich darauf, Werdegang und derzeitige Situation[66] der zu begutachtenden Personen wiederzugeben und einen (mehr oder weniger) begründeten Entscheidungsvorschlag zu ma-

---

65 Dies ist der einzige Fall, in dem SozArb/SozPäd eines freien Trägers verantwortlich gutachtlich tätig werden dürfen. Im übrigen können freie Träger allenfalls im Rahmen des § 18 JWG Aufgaben des öffentlichen Trägers übertragen erhalten. Für evtl. Gutachten freier Träger muß der öffentliche Träger die Verantwortung übernehmen. Vgl. zu den Einzelheiten S. 128.
66 Vgl. dazu S. 65 ff.

chen. Da sie es als wichtig erkannt hatte, auch einen psychosozialen Befund, eine psychosoziale Diagnose und eine belegbare Beurteilung abzugeben, versuchte sie, das Gelernte in ihrer Praxisstelle umzusetzen. Prompt bekam sie Schwierigkeiten mit dem Leiter der Einrichtung: Weder habe der Verband die Zeit, noch sei es seine Aufgabe, zu diesen Bereichen Aussagen zu machen. Das Gericht sei bisher immer mit ihrer Arbeit zufrieden gewesen. Notfalls könne es ja Sachverständige einschalten.

Offensichtlich sah sich diese Institution also nur als verlängerter Arm des Gerichts, der dem Richter eine Arbeit abzunehmen hat, die dieser bei erforderlichem Einsatz ohne zusätzliche Fachkenntnisse auch selber hätte leisten können. Daß der freie Träger als Facheinrichtung darüber hinaus auch im Rahmen der Gerichtshilfe spezifische andere Aufgaben hat, war dem Leiter wohl noch nicht deutlich geworden.

(2) Eine weitere Beeinflussung der Arbeit des einzelnen SozArb/SozPäd durch die Institution besteht darin, daß das, was er tut — auch ohne spezielle Anweisungen der Hierarchie — durch die Arbeit seiner Mitarbeiter (Team) und derer, die schon vor ihm da waren (Übernahme bisher geübter Praxis), geprägt wird. In beiden Fällen findet eine **Lenkung** des einzelnen und eine **Begrenzung** seiner pädagogisch/methodischen Möglichkeiten statt, gegen die sich insbesondere der jüngere SozArb/SozPäd, der gerade aus der Ausbildung kommt, schwer zur Wehr setzen kann.

(3) Auf Seiten der anderen (insbesondere der älteren) Mitarbeiter wird diese Lenkung und Begrenzung zuweilen gar nicht wahrgenommen. Sie folgen einer **Tradition** und wollen sich nicht eingestehen, daß die Änderung bisheriger Übung bei ihnen zu einer großen **Verunsicherung** führt (vgl. das oben berichtete Beispiel aus der Praxis, in dem der Leiter wohl auch aufgrund eigener Unsicherheit so reagiert hat). Tradition gibt Sicherheit, Sicherheit fördert die Routine, und Routine erleichtert die Arbeit. Ob sie noch befriedigt und ob sie vor allem dem betroffenen Klienten gerecht wird, der kein Routinefall sein will und darf, wird dabei zuweilen nicht mehr gefragt.

(4) Wie schon in der Einleitung erwähnt, gibt es wenige Anleitungen zur Erstellung gutachtlicher Stellungnahmen in der Gerichtshilfe, und häufig kommen die Absolventen bar jeglicher Kenntnis auf diesem Gebiet in die Praxis. Was bleibt da anderes übrig, als auf die „bewährte" Erfahrung zurückzugreifen und den Neuling in der herkömmlichen Weise zu schulen. So wird die nicht selten **negative Praxis** zum **Modell**, das dazu beiträgt, daß fragwürdige Praktiken von Generation zu Generation ungeprüft weitergeschleppt werden.

(5) Ein weiterer, Stellungnahmen beeinflussender Faktor ist der des **Zeitdrucks**, unter dem Sozialarbeit und Sozialpädagogik häufig geleistet werden muß. Wenn man sich die **Fallzahlen**, von denen die Praxis berichtet[67], ansieht,

---

67 Gesicherte Erkenntnisse zu diesem Gebiet gibt es bisher nicht. Die vor Jahren begonnenen Untersuchung der KGSt ist bisher nicht abgeschlossen worden.

so muß man gestehen, daß es schwer ist, unter solchen Bedingungen gute Stellungnahmen abzugeben. Häufig ist es nicht nur die Zeit, die zum Abfassen des Gutachtens fehlt, sondern schon die, sich mit den Klienten zuvor gründlich zu beschäftigen und bereits bei der anamnestischen Arbeit mit der nötigen Sorgfalt vorzugehen.

(6) Als letzter Punkt in diesem Zusammenhang sei der der **eigenen Vorarbeit und der Zuarbeit Dritter** genannt. Wie noch an anderer Stelle detailliert auszuführen sein wird[68], ist es von eminenter Bedeutung, Fakten und die Bewertung von Fakten auseinanderzuhalten. Dies ist nicht nur für die Nachprüfbarkeit von Äußerungen des SozArb/SozPäd durch den Richter wichtig, sondern auch für die Fortschreibung eines „Falles". Beschäftigt sich ein SozArb/SozPäd über einen längeren Zeitraum mit einem Klienten, so ist eine sorgfältige **Aktenführung**[69] nötig. Aktenführung bedeutet nicht, wertende oder schlußfolgernde, Eindrücke festzuhalten, sondern die diesen Eindrücken zugrunde liegenden Tatsachen und Ereignisse aufzuschreiben. Vermerkt der SozArb z. B. in seiner Protokollnotiz, daß das Kind aggressiv sei, so kann er diese Einschätzung in seiner gutachtlichen Stellungnahme im Rahmen seines psychosozialen Befundes durchaus verwerten. Er muß aber darüber hinaus in seiner Schilderung von Werdegang und derzeitiger Situation darlegen, worauf er diese Charakterisierung stützt. Es wären daher Ausführungen angebracht wie: „Bei meinem Hausbesuch am ... sah ich, wie K auf Aufforderungen seiner Mutter mit Schimpfworten antwortete, wie er seinem kleinen Bruder fortwährend Spielsachen wegnahm und ihn stieß und wie er den Hund der Familie mit einem Stock ärgerte. Bei meinem Hausbesuch am ... ließ er zwar den Hund und den Bruder in Ruhe; auf Bitten seiner Mutter reagierte er aber wieder verärgert, mit Türenschlagen und Fußstampfen." Möglich ist es ja, daß der Richter einen bestimmten Sachverhalt durchaus anders einschätzt. Eine andere Sichtweise kommt nicht nur für den Richter in Betracht, sondern auch für den SozArb/SozPäd, der einen Fall von einem anderen Mitarbeiter übernimmt, oder bei der Beurteilung der Situation durch Außenstehende. Teilt z. B. die Lehrerin dem SozArb mit, daß der Junge „oberflächlich" sei, so weiß dieser nicht, wieso. Vielleicht würde er das dieser unzulänglichen Chrakterisierung des Jungen zugrunde liegende Verhalten ganz anders beurteilen. Teilt die Lehrerin jedoch Detail-Sachverhalte mit, steht es dem SozArb frei, u. U. zu einem Befund zu kommen, der von dem der Lehrerin abweicht.

Wird bei der Aktenführung überwiegend mit Begriffen aus der Befund-Sprache[70] gearbeitet, so kann dies u. U. zu einer nur schwer korrigierbaren

---

68 s. u. S. 61 ff.
69 Vgl. hierzu das Buch von Timms, dessen Originaltitel zutreffend „Recording in Social Work" heißt. Der deutsche Titel ist dagegen irreführend. Siehe auch Nentzel, NDV 1971, 261/263.
70 s. S. 81.

Stigmatisierung des Klienten führen. Nach einer bestimmten Zeit gilt das Kind eben nur noch als aggressiv, ohne daß man noch feststellen kann, wie man zu diesem Urteil gekommen war.

5. Allgemeine Merkmale eines Gutachtens im Bereich der Sozialarbeit

Im folgenden sollen Grundzüge einer gutachtlichen Stellungnahme in der Sozialarbeit vorgestellt werden. Durchsichtigkeit, Nachvollziehbarkeit und Nachprüfbarkeit der Aussagen des SozArb durch den Adressaten, hier also durch den Richter, lassen sich dadurch fördern, daß ein folgerichtiger Aufbau der Stellungnahme beachtet wird:

1. Einleitung
2. Vorgeschichte und derzeitige Situation
3. Befund
4. Diagnose/Prognose
5. Zusammenfassende Beurteilung
6. Entscheidungsvorschlag[1].

Bevor wir diese Elemente einer gutachtlichen Stellungnahme detailliert vorstellen (Kap. 5.4), wollen wir zunächst auf einige Schwierigkeiten hinweisen, die sich aus der Notwendigkeit zu strukturieren ergeben (5.1). Ferner sollen Bedenken der Praxis gegenüber ausdrücklich strukturierten Stellungnahmen, wie den von uns angeregten, Beachtung finden (5.2). Anschließend zeigen wir, wie aus bestimmten Bereichen der sozialen Arbeit und der Gerichte das Bedürfnis nach deutlicher strukturierten gutachtlichen Äußerungen laut wird (5.3) und wie unsere Vorschläge (5.4) diesen Bedürfnissen entsprechen.

Im Überblick könnte unser Strukturierungsvorschlag etwa wie auf S. 49 skizziert dargestellt werden.

5.1 Strukturierungsprobleme

Strukturierungsprobleme werden in der Praxis oft bereits in der Auswahl und sinnvollen Anordnung der vielen Aspekte innerhalb eines Gutachtenelementes (also in Vorgeschichte, Befund usw.) sichtbar, ferner auch in der angemessenen Zuordnung dieser Elemente zueinander („Aufbau" einer gutachtlichen Äußerung).

1 Vgl. Thomae 1967, S. 743–767.

Strukturierungsvorschlag

INFORMATIONEN	INFORMATIONEN	INFORMATIONEN	
aus: Anamnese, Exploration, Verhaltensbeobachtung	durch: Kollegen, Kindergarten, Schule, Polizei, Angehörige u. a.	durch: Aktenmaterial aus anderen Vorgängen	Quellen

EINLEITUNG
nennt Personalien der Betroffen, Gegenstand der Stellungnahme, Erkenntnisquellen

VORGESCHICHTE
hat problemrelevante Einzelereignisse bis zum Zeitpunkt der Stellungnahme zum Inhalt

(Psychologie und Recht)

PSYCHOSOZIALER BEFUND
enthält das, was aufgrund der Vorgeschichte als relativ konstante psychosoziale Gegebenheiten der Klienten angesehen werden kann

Fakten

(Psychologie)   +

DIAGNOSE/PROGNOSE
umfaßt Klassifikation und Erklärung bisherigen bzw. Vorwegnahme künftigen Erlebens und Verhaltens der Klienten in einem bestimmten Lebensraum

Zuordnung/ Erklärung

(Psychologie)   +

ZUSAMMENFASSENDE BEURTEILUNG
besteht aus dem Abwägen der Erkenntnisse aus Befund, Diagnose und Prognose im Hinblick auf die Problemstellung

Bewertung

(Psychologie und Recht)   =

ENTSCHEIDUNGSVORSCHLAG
ist entwickelt aus der zusammenfassenden Beurteilung; abgeleitete „am wenigsten schädliche Alternative" für die Klienten aus der Sicht des SozArb/SozPäd

Ergebnis

(Psychologie und Recht)

49

5.1.1 Die Komplexität psychosozialer Gegebenheiten

Wenn gemäß §§ 1666, 1671 und 1672 BGB Fragen des elterlichen Sorgerechts, gemäß § 1634 BGB Probleme des Umgangsrechts der Eltern mit ihren Kindern zu regeln sind oder nach §§ 1741 BGB ff. über eine Annahme als Kind zu entscheiden ist und SozArb eines JA sich hierzu äußern sollen, so haben die ihren Stellungnahmen zugrunde liegenden Sachverhalte bei aller Unterschiedlichkeit miteinander gemeinsam, daß sie für alle Beteiligten in der Regel lebensbedeutsam und außerordentlich **komplex** sind.

In allen genannten Fällen gilt es, innerseelische Voraussetzungen (psychische Struktur) und Vorgänge (psychische Prozesse) der Betroffenen, die Beziehungen der Betroffenen zueinander (Interaktion/Kommunikation) und die sich daraus ergebenden Auswirkungen sowie ihr Eingebundensein in ihr übriges soziales Umfeld differenziert zu erfassen und angemessen zu berücksichtigen. So liegt es schon in der Eigenart der zu beurteilenden Gegebenheiten, daß sie ausgesprochen vielschichtig sind und damit auch schwer überschaubar werden. Die verwirrende Komplexität der Fakten wird noch größer, wenn es sich bei den Betroffenen um Klienten handelt, die schon in der zweiten Generation vom JA erfaßt sind. Die Komplexität des einer solchen Stellungnahme zugrunde liegenden Sachverhalts drängt nach einer **Strukturierung** der Informationen und Einsichten.

5.1.2 Gefahren bei Strukturierungsversuchen

Ein solches Strukturieren ist sinnvoll und notwendig, birgt aber die Gefahr in sich, nicht mehr den vollständigen Sachverhalt wiederzugeben. Auf einige der in der Praxis zu beobachtenden **Gefahren** soll im folgenden hingewiesen werden:

(1) Immer wieder finden sich in der Praxis gutachtliche Äußerungen von Soz Arb, denen man anmerken kann, daß sie von einer **einzigen wissenschaftlichen Theorie**, z. B. von einer tiefenpsychologischen, entscheidend strukturiert wurden. Der Rückgriff auf eine Theorie als Orientierungshilfe, zumal auf eine einzige, führt leicht zu einer Einengung der Betrachtungsweise und u. U. zu einer verzerrten Darstellung des zu Beurteilenden.

(2) Noch problematischer sind solche Ordnungsversuche, die aus einer mehr **privaten Theorie** des SozArb erwachsen. Das ist z. B. dann der Fall, wenn dessen subjektive Vorstellungen und Werthaltungen in bezug auf Kinder, Kindeserziehung, Partnerschaft, Ehe oder Familie die Auswahl, Zuordnung und Be-

wertung der Fakten bestimmen[1a]. Besonders in generalisierenden oder typisierenden Äußerungen wie etwa „Kinder entwickeln sich am besten bei der Mutter" oder „die Mädchen bekommt am besten die Mutter, die Jungen der Vater" werden derartig subjektive Bezugssysteme sichtbar.

(3) Eine Strukturierung der Vorgänge nach **Dominanzen** im Erleben und Verhalten der Betroffenen vorzunehmen, ist ein dritter und ebenfalls nicht unproblematischer Versuch, der Komplexität des zu vermittelnden Sachverhalts Herr zu werden. Werden auffällige, dominante Verhaltensweisen von Klienten Ausgangspunkt der Fragestellung und Grundlage der Beurteilung, dann ist die Gefahr einer subjektiven Betrachtungsweise nicht zu übersehen. Was dem SozArb auffällt, hängt zu einem beträchtlichen Teil ja von seiner Weise, soziale Wirklichkeit wahrzunehmen, ab. Die Beachtung vorwiegend dominanter Verhaltensweisen führt leicht dazu, daß nicht deutlich sichtbares Verhalten des Klienten übersehen wird, obwohl es für die Beurteilung des Sachverhalts von großer Bedeutung sein kann.

Beispiel: Im Falle einer Stellungnahme zu § 1671 BGB kann dem SozArb die „Einsatzbereitschaft, Fürsorglichkeit und Selbstlosigkeit" einer Mutter für ihr Kind auffallen. Die diesem tatsächlich beobachtbaren ausgeprägten Verhalten eventuell zugrunde liegenden Erziehungsunsicherheiten oder Bindungswünsche der Frau werden dabei u. U. übersehen.

(4) In dem Bemühen, den o. g. Gefahren nicht zu erliegen, versuchen manche SozArb, sich an **vorgegebene Muster** einer gutachtlichen Stellungnahme zu halten. Wir fanden in der Praxis des öfteren einen Ordnungsversuch mit folgender Zweiteilung:

I. Gegenwärtige Beziehungen des Klienten zu
   - Familie
   - Arbeit
   - Freizeit
   - Soziale Bindungen
   - Finanzen
   - Institutionen

II. Entwicklung des Klienten während
   - frühester Kindheit
   - früher Kindheit
   - Spielalter
   - Schulalter

Dieses Muster legt dem SozArb nahe, von den konkreten Lebensbezügen des Klienten im Hier und Jetzt auszugehen und sein heutiges Erleben und Verhal-

---

1a Für den Bereich der JGH bestätigt durch Winter- v. Gregory, Neue Praxis 1979, 437/443 ff.

ten mit seiner Entwicklung erklärend und/oder beurteilend in Beziehung zu setzen. Auf den ersten Blick mag ein solcher Ordnungsversuch geeignet erscheinen, den genannten Gefahren zu begegnen, die durch den Rückgriff auf eine Theorie, auf subjektive Wertsysteme oder auf dominante Auffälligkeiten bei Strukturierungsversuchen entstehen können.

Nach diesem Muster aufgebaute Gutachten zeigen freilich, daß die Entwicklung des Klienten oft wieder nur unter phasenspezifischen Gesichtspunkten der Tiefenpsychologie, bei Vernachlässigung sonstiger Erkenntnisse der Entwicklungspsychologie, betrachtet wird und die inhaltlich sehr bestimmte Ausgliederung des Beziehungsgeflechts dazu verleiten kann, daß des Klienten Verhalten **zu diesen Bereichen** Gegenstand der Erörterung wird und nicht so sehr das zu beurteilende **Problem**, das sich u. a. auch **in diesen Bezügen** manifestieren kann. Hinzu kommt, daß eine beispielhafte Aufzählung inhaltlicher Gesichtspunkte in diesem Zusammenhang geeignet ist, eine gewisse Vollständigkeit der zu beachtenden Aspekte zu suggerieren. Dies führt leicht dazu, die vom Problem her erforderlichen, im Schema aber nicht aufgeführten Gesichtspunkte zu vernachlässigen.

5.1.3 Prinzipien für Strukturierungsansätze

Von diesen Überlegungen aus meinen wir, eine Strukturierung des Sachverhalts, seine Darstellung und Beurteilung sollte von den jeweils zu beurteilenden **Betroffenen und deren Problemsituation** her vorgenommen werden. Wir sind der Ansicht, daß „Aussage(n) über bestimmte Handlungssysteme, über Handlungsformen und -richtungen und die das Handeln regulierenden Systeme"[2] der Betroffenen, unter Berücksichtigung des zu beurteilenden Problems, einen günstigeren Strukturierungsansatz als die bisher skizzierten darstellen. Bezugspunkte eines derartigen Strukturierungsversuchs können dann Fragen etwa folgender Art werden:

- Was macht die aktuelle Lebenssituation der Betroffenen aus?
- Welche Verhaltensweisen sind für die Betroffenen charakteristisch?
- Durch welche übergreifenden Anliegen wird ihr Verhalten bestimmt?
- Wie geht jeder der Betroffenen mit sich und seiner aktuellen Lebenssituation um?
- Was für Beziehungen bestehen zwischen dem einzelnen und den übrigen Betroffenen?
- In welcher Weise trug und trägt jeder der Betroffenen zum Konflikt bei?
- Wie wirkt der Konflikt auf die einzelnen zurück?

2 Thomae 1976, S. 65.

- Auf welche – für jeden Betroffenen charakteristische – Art setzen sich die einzelnen mit der Konfliktsituation auseinander, und über welche Möglichkeiten verfügen sie, mit ihren Problemen umzugehen?
- Was von alledem ist rechtlich relevant?

Zur Erfassung und Beurteilung der in den §§ 1666, 1671, 1672, 1634 und 1741 BGB angesprochenen unterschiedlichen psychosozialen Probleme sind noch konkretere Fragen notwendig. Sie werden auf S. 86 ff. erörtert.

Eine in der angedeuteten Weise strukturierte gutachtliche Stellungnahme kann ebenfalls nicht auf psychologische, soziologische oder sozialmedizinische **Theorien** verzichten. Diese Theorien besitzen jedoch in diesem Zusammenhang eine andere, nämlich **begrenzte Funktion**, z. B. nur für die psychosoziale Diagnose/Prognose und/oder zusammenfassende Beurteilung der Situation. Außerdem können **mehrere Theorien** berücksichtigt werden. Daten der Vorgeschichte z. B. können hier aus tiefenpsychologischer, lerntheoretischer und kommunikationstheoretischer Sicht gesammelt und erörtert werden. Was durch Erkenntnisse aus der einen Theorie nicht geleistet werden kann, ist somit durch die anderen Theorien ergänzbar.

Wenn die gutachtlichen Äußerungen des SozArb ihre „kommunikative Funktion"[3] erfüllen sollen, ergeben sich bestimmte Prinzipien für den Aufbau der Stellungnahmen. Daher führen auch unsere Überlegungen und Erfahrungen zu einem bestimmten **Gutachtenmuster**.

Die von uns aufgewiesenen Gefahren der Orientierung an festen „Mustervorschlägen" dürften bei unserem Vorschlag dadurch reduziert werden, daß in erster Linie **formale Gesichtspunkte** und nicht inhaltliche das „Muster" bestimmen und wir dort, wo wir auch inhaltliche Aspekte nennen, auf die notwendige Flexibilität und Konkretisierung verweisen.

Auch die Beachtung von markanten, bedeutsamen, für die Betroffenen charakteristischen Verhaltensweisen **(Dominanzen)** ist durch unseren Vorschlag nicht zu umgehen. Anders als in manchen anderen Strukturierungsversuchen sind sie hier jedoch nicht der rote Faden der gutachtlichen Äußerung, sondern nur **Teil** der zusammenfassenden Beurteilung.

Unser Ansatz der Gestaltung von gutachtlichen Stellungnahmen kann auch nicht verhindern, daß eine nach diesem Muster verfaßte Äußerung eines SozArb subjektiv gefärbt ist. Er scheint uns jedoch geeignet zu sein, **subjektive Sichtweisen** auf ein Minimum zu **reduzieren**. Wo sie dennoch einfließen, werden sie leichter als Subjektivismen erkennbar.

3 Thomae 1967, S. 745.

5.2 Einwände der Praxis gegen eine deutlich strukturierte gutachtliche Stellungnahme

In der Begegnung und Zusammenarbeit mit SozArb, die Stellungnahmen abzugeben haben, wurden mitunter Einwände gegenüber ausgeprägt strukturierten gutachtlichen Äußerungen laut. Besonders vier Einwände sind unseres Erachtens so bedenkenswert, daß wir sie hier vorstellen.

(1) Formale Zuständigkeit

Verschiedentlich wurde von den Vertretern der Praxis Befremden darüber laut, daß unsere Entwürfe gutachtlicher Äußerungen **zu juristischen Fragen Stellung nehmen.** Dies sei nicht Aufgabe des SozArb, sondern des Richters oder im Vorfeld der Entscheidung des Notars[4]. Selbstverständlich ist es zutreffend, daß der Richter es ist, der Recht zu sprechen hat und daß es nach dem Gesetz dem Notar zusteht, alles, was er zu beurkunden hat (Anträge, Einwilligungen), auf seine juristische Fehlerfreiheit hin zu überprüfen. Das schließt aber nicht aus, daß der SozArb sich des juristischen Rahmens, der auch ihm gesteckt ist, bewußt ist (wozu lernt der Student der Sozialarbeit/Sozialpädagogik sonst Recht?) und daß er dies dem Richter deutlich macht. Darüber hinaus heißt es, sich etwas vorzumachen zu behaupten, man könne die entscheidungsrelevanten Fakten (Vorgeschichte und derzeitige Situation) sammeln, ohne dabei das Recht im Auge zu haben.

Beispiel 1: Junge Eltern, die beide voll berufstätig sind, kümmern sich werktags so gut wie gar nicht um ihr Kleinkind. An den Abenden und Wochenenden gehen sie fast immer ihren Vergnügen nach und nehmen dabei auf das Kind keine Rücksicht. Kontaktversuche des Kindes stoßen sie zurück. – SozArb/SozPäd, die nur mit diesem Sachverhaltsausschnitt arbeiten, könnten auf den Gedanken kommen, ein Verfahren nach § 1666 BGB anzuregen, da die Eltern das Kind im Sinne dieser Vorschrift vernachlässigen. Des Rechts kundige SozArb/SozPäd dagegen werden wissen, daß nur die Vernachlässigung rechtsrelevant ist, die eine Gefährdung des Kindeswohls zur Folge hat (Kausalität). Daher wird es zu berücksichtigen sein, daß solche Eltern die noch relativ junge Großmutter ins Haus nehmen und diese das Kind gut versorgt, so daß es in seiner Entwicklung keinen Schaden nimmt.

Beispiel 2: Eine ledige Mutter hat ihr Neugeborenes gleich nach der Geburt in eine Pflegefamilie gegeben mit dem Ziele späterer Adoption. Als sie nach 8 Wochen ihre Einwilligungserklärung gem. § 1747 BGB abgeben soll, ist sie unauffindbar. Mehrmonatige Nachforschungen des JA unter Einschaltung der Meldebehörden bleiben erfolglos. Nach einem Jahr regt das JA trotzdem die Stellung des Annahmeantrags an. Der des Rechts kundige SozArb/SozPäd weiß, daß er die Mutter intensiv gesucht hat, um die Adoption ggf. über § 1747 IV BGB auch ohne Einwilligung des leiblichen Elternteils durchführen zu können und daß er die Stellung des Antrags erst dann anregt, wenn er

---

4 S. u. S. 77.

54

das Tatbestandsmerkmal „Aufenthalt dauernd unbekannt" als erfüllt ansieht. Warum soll der SA dann nicht aussprechen dürfen, daß seiner Meinung nach die juristischen Erfordernisse erfüllt sind?

Ebenfalls im Zusammenhang mit der Zuständigkeit wurde von einigen Vertretern der Praxis die Sorge laut, eine Stellungnahme von SozArb in den hier zu behandelnden Rechtssachen, die eine zusammenfassende Beurteilung und gar einen Entscheidungsvorschlag beinhalte, **greife der Entscheidung des Richters vor** und sei daher so nicht vertretbar. – Auch dieser Einwand beinhaltet eine wichtige Erfahrung, nämlich die, daß das JA dem Gericht gegenüber in erster Linie eine helfende Funktion ausübt, nämlich zur Erhellung eines Problems von seinem besonderen Kenntnisstand her beizutragen. Auch wenn man ein derartiges Selbstverständnis von Gerichtshilfe akzeptiert, läßt sich nicht bestreiten, daß sich SozArb in ihren gutachtlichen Äußerungen stets von reflektierten oder unreflektierten Zielvorstellungen leiten lassen. Wenn sie ihre Stellungnahmen mehr oder weniger auf Vorgeschichte und psychosozialen Befund beschränken, übersehen oder leugnen sie diese Tatsache. Wird diese Zielvorstellung in einer zusammenfassenden Beurteilung und vor allem in dem Entscheidungsvorschlag sichtbar, so ist sie von den übrigen Teilen der Stellungnahme her hinsichtlich ihrer Folgerichtigkeit überprüfbar. Außerdem kann kritisch festgestellt werden, inwieweit die Fakten in Vorgeschichte und psychosozialem Befund in ihrer ganzen Vielschichtigkeit vorgestellt oder zu einseitig auf den (impliziten) Entscheidungsvorschlag hin ausgewählt wurden.

Hinzu kommt, daß nach vorliegenden empirischen Befunden[5] VormGe sich in hohem Maße, wenn nicht dem Wortlaut so doch der Sache nach, an Entscheidungsvorschlägen von JÄ orientieren. Dabei scheint es sogar unwichtig zu sein, wie die Entscheidungsvorschläge nahegelegt werden.

Schließlich hat auch die Rechtsprechung[6] wiederholt geäußert, daß die Aufgabe des JA nicht lediglich in der Sammlung von Fakten bestehe, sondern daß es sich zu den zu ergreifenden Maßnahmen zu äußern habe.

(2) Sachkompetenz

Vor allem Berufsanfänger vertraten die Ansicht, eine Stellungnahme in der Form, wie wir sie unter 5.4 vorschlagen, benötige ein abgeschlossenes Studium in **Psychologie, Sozialmedizin oder Soziologie**, wenn nicht gar in allen dreien zugleich. Auch bei manchem erfahrenen Praktiker, der schon einen zeitlich größeren Abstand zu seiner theoretischen Ausbildung hat, mögen bisweilen latente Unsicherheiten durch so ein Modell ausgelöst werden. – Wir

---

5 Simitis u. a.
6 BGH v. 21. 5. 1954, FamRZ 54, 219 = ZblJugR 54, 236 = SjE E 14, 123; OLG Hamm v. 11. 3. 64, zitiert in OLG Hamm v. 11. 8. 67, NJW 68, 454; BayObLG v. 27. 8. 65, DAVorm 66, 8.

teilen die Auffassung dieser Kollegen, daß JÄ manchmal zu Fällen Stellung nehmen müssen, in denen SozArb fachlich überfordert sind. In solchen Fällen ist sicher ein **Sachverständigengutachten** eines Mediziners, Psychologen etc. angebracht, das wir keineswegs als überflüssig ansehen, das unserer Meinung nach eher zu selten angeregt wird. Eine folgerichtig und detailliert strukturierte Stellungnahme verlangt so viel an fachlichem Wissen, daß der sich damit befassende SozArb eventuelle Wissenslücken nicht mehr übersehen oder umgehen kann. Er steht dann vor der Entscheidung, sein Wissen aufzufrischen oder mangels Kompetenz die Berufung eines Sachverständigen anzuregen.

(3) Zeitaufwand

Manche SozArb melden Bedenken gegenüber einem Gliederungsvorschlag wie dem unseren an, weil er ihnen zu zeitaufwendig erscheint. Tatsächlich erfordert eine derartige Stellungnahme zunächst mehr Zeit als jene Form der Stellungnahmen von JÄ, die wir in unserer Tätigkeit als Gerichtsgutachter in Originalakten zu sehen bekamen. Bedenkt man die immer wieder angeführte Arbeitslast, die SozArb tragen, so muß man sich mit Recht fragen, ob ihnen ein Mehr an Arbeit noch zumutbar ist, ja ob ein Gutachtenmuster nicht eher Zeit einsparen helfen sollte.

Unsere Erfahrung aus einschlägigen integrativen Seminarveranstaltungen macht uns jedoch deutlich, daß der anfänglich nicht unbeträchtliche Zeitaufwand durch **Übung** bald erheblich reduziert werden kann. Hinzu kommt, daß sicher nicht jeder Fall eine gleich ausführliche Bearbeitung erfordert, Erfahrungen aus der Gestaltung differenzierter Stellungnahmen jedoch auch **einfachere Stellungnahmen** verbessern können. Ferner zeigt sich, daß der Zeitaufwand für die Erarbeitung einer gutachtlichen Äußerung in direktem Zusammenhang mit der Qualität der **Aktenführung** steht. Genaue Zeit-, Orts- und Personenangaben, vor allem aber Notizen über konkrete Verhaltensbeobachtungen bei Hausbesuchen oder Gesprächen im JA sowie Gesprächsnotizen, die die Äußerungen der Klienten noch erkennen lassen, helfen, bei der Erarbeitung von Stellungnahmen Zeit zu gewinnen. Wenn daher der Hinweis auf zu großen Zeitaufwand laut wird, ist vielleicht auch die Frage zu überprüfen, ob u. U. nicht auch die Akten qualifizierter geführt werden müßten.

(4) Menschenwürde

Gelegentlich wurden auch Bedenken geäußert, die sich gegen die Begutachtung von Klienten überhaupt richten. Hier handelt es sich um die Befürchtung, ein solches Tun mache den zu Beurteilenden zu einer Sache, zu einem Objekt. Der SozArb werde der Persönlichkeit des Klienten und seiner Menschenwürde damit nicht gerecht. Jede Beurteilung eines anderen sei subjektiv, begrenzt und damit falsch. Die Einmaligkeit eines Menschen lasse sich in einer

Stellungnahme, die zwangsläufig nicht mehr als ein Klischee sein könne, nicht angemessen darstellen.

Auch dieser Einwand trifft u. E. einen bedenkenswerten Umstand in der Praxis, nämlich den, daß tatsächlich manche **Beurteilung** eine versteckte, wenn nicht gar offene **Verurteilung** des Klienten sind. Er zeigt, wie gefährlich es ist, wenn man in einer gutachtlichen Äußerung zwischen Beschreibung und Beurteilung einerseits und Beurteilung und persönlicher Bewertung andererseits nicht zu unterscheiden vermag. Dieser Einwand ist vor allem gegenüber jenen Stellungnahmen angebracht, die wegen ihrer Kürze und Unstrukturiertheit dem Leser nicht gestatten, den Beurteilungsprozeß des Schreibers nachzuvollziehen, die aber durch ihre definitiven und stark wertenden Aussagen dem Adressaten ein ausgesprochen sicheres d. h. zutreffendes Bild vom Klienten suggerieren.

Auch die geäußerten Bedenken gegen eine **klischeehafte Beurteilung** von Betroffenen werden sicher von jedem verantwortungsbewußten SozArb voll geteilt. Nach unseren Beobachtungen hatten jedoch die SozArb, die die o. g. Einwände vorbrachten, einige Schwierigkeiten, den wesentlichen Unterschied zu erfassen, der zwischen einer klischeehaften und einer strukturierten Stellungnahme, die gerade Klischees vermeiden helfen kann, besteht. Ferner zeigte sich bei diesen Gesprächspartnern, durchweg Berufsanfänger in der Sozialarbeit, eine deutliche Unsicherheit, notwendige Entscheidungen selbständig zu fällen. Außerdem fanden sich Hinweise darauf, daß Lücken in theoretischem Wissen und praktischer Erfahrung eine solche Einstellung begünstigten. Einige von ihnen argumentieren aus der Einstellung heraus, man könne Klienten nur durch gemeinsame Gespräche mit ihnen in ihren Problemen helfen. Dabei übersehen sie, daß gutachtliche Stellungnahmen in der Sozialarbeit nur dadurch ihre Rechtfertigung erfahren, daß sie zur Lösung von Problemen der Klienten beitragen.

5.3 Strukturierungsvorschläge aus Literatur und sozialer Praxis

5.3.1 Inhaltliche Anforderungen

Neben den eben angeführten Bedenken gibt es jedoch in Literatur wie in Arbeitsmaterialien der sozialen Praxis auch viele Vorschläge und Anregungen zu sinnvoll gegliederten Stellungnahmen. Manche der Beiträge haben untereinander zwar wenig gemeinsam hinsichtlich der Frage, was in eine gutachtliche Äußerung eines SozArb hineingehört und in welcher Weise sie sinnvoll zu gliedern ist; zusammengenommen jedoch finden sich in diesen Materialien alle-

Strukturanteile wieder, die wir im folgenden Kapitel ausführlich diskutieren wollen.

Anregungen aus der Praxis zu Stellungnahmen im Rahmen der VormGH/FamGH bieten u. a.

– der differenzierte „Entwurf einer Arbeitshilfe für die Feststellung der Eignung von Pflegefamilien" des Landes Württemberg-Hohenzollern vom 15. 8. 1978.
– die „Arbeitshilfe für die Prüfung von Pflegestellen" der Freien und Hansestadt Hamburg, o. J.
– die „Richtlinien für die Adoptionsvermittlung" der Arbeitsgemeinschaft der Landesjugendämter vom 28. 6. 1963 und
– die „Richtlinien für die Erstellung psycho-sozialer Diagnosen" des Kultusministeriums des Landes Niedersachsen vom 26. 8. 1976.

Aus der **Literatur** zur VormGH/FamGH wäre in diesem Zusammenhang auf die „Fallstudien aus der sozialen Arbeit" von *Siegismund/Tiesler* zu verweisen, deren psychosoziale Diagnose jedoch nicht primär für gutachtliche Äußerungen, sondern auch für die unmittelbare Arbeit am Klienten gedacht ist und von daher einen anderen Akzent erkennen läßt.

Wir selbst machten einen Vorschlag zur gutachtlichen Stellungnahme einer Adoptionsvermittlungsstelle[7].

Der Titel der deutschsprachigen Ausgabe von *N. Timms* Werk „Der Bericht in der sozialen Arbeit" läßt zunächst eine ähnliche Orientierungshilfe wie die von uns vorgeschlagene vermuten. Wie sich jedoch bereits aus dem englischen Originaltitel[8] ergibt, bietet dieses Buch ausschließlich eine Anleitung zu qualifizierter Aktenführung. Insofern ist es nur eine – allerdings wichtige – Hilfe für die Vorarbeit zu gutachtlichen Stellungnahmen und keine Anleitung zu deren Erstellung[8a].

Zum Problem gutachtlicher Stellungnahmen im Rahmen der **Jugendgerichtshilfe** finden sich vergleichsweise mehr Veröffentlichungen, Richtlinien und Mustervorschläge. Hier scheint die Bedeutung der gutachtlichen Äußerung des SozArb höher veranschlagt zu werden als im Rahmen der VormGH/FamGH.

So unterstreicht *R. Wagner*[9] ausdrücklich „die Bedeutung des Jugendgerichtshilfeberichtes in der Verhandlung vor dem Jugendrichter" und erwartet als

---

7 Arndt/Oberloskamp, ZblJugR 1977, 273.

8 „Recording in Social Work".

8a Noch weniger für unseren Sektor brauchbar sind die Bücher von *Kurth*, Das Gutachten, und von *Boerner*, Das psychologische Gutachten. Weitere Anregungen zur Aktenführung enthält Nentzel, NDV 1971, 261/263 ff.

9 JugWo 77, 280–288.

Richter von der Jugendgerichtshilfe einen „gutachlichen Bericht" (S. 281), der weitgehend das beinhalten soll, war wir unserem Vorschlag nach den Gutachtenteilen **Psychosozialer Befund, Diagnose/Prognose, Zusammenfassende Beurteilung** zuordnen würden[10].

Walter[11] äußert zwar die Ansicht, SozArb seien in der Regel überfordert, eine vollständige gutachtliche Stellungnahme abzugeben; er erwartet von ihnen in einem JGH-Bericht jedoch einen über die Einzeltatsachen der **Vorgeschichte** hinausgehenden **psychosozialen Befund**, in dem „eine Reihe von Einzelerscheinungen unter gleichbleibendem Blickwinkel zusammenschauend gesehen wird"[12], darüber hinaus eine **psychosoziale Diagnose**, „indem bestimmte Ereignisse als zum Kausalzusammenhang des beobachteten Entwicklungsablaufs gehörig erkannt werden"[13]. Der **Entscheidungsvorschlag** des SozArb im Rahmen seiner Stellungnahme ist für *Walter* eine Selbstverständlichkeit. Eine der Stellungnahme vorausgehende und sie **begründende zusammenfassende Beurteilung** scheint *Walter* auf den ersten Blick abzulehnen. Schaut man genauer hin, so wird deutlich, daß der Autor nicht in einer qualifizierten zusammenfassenden Beurteilung an sich, wohl aber „in der **schlüssigen Begründung**[14] eines am Ende des Berichts niedergelegten Entscheidungsvorschlags"[15] eine Gefahr der Verzerrung und Fehlbeurteilung des Sachverhalts durch den SozArb gegeben sieht.

Walter verweist noch auf andere typische Fehler in gutachtlichen Äußerungen von SozArb und macht dadurch deutlich, wie wichtig eine einwandfreie Stellungnahme für den Richter sein kann. Als besondere Probleme nennt er die „Selektion der Nachforschungen", die noch vor der „Selektion des Erheblichen vom Unwesentlichen" einsetzt, die angemessene „Wiedergabe von Eindrücken", „die Katalogisierung der wahrgenommenen Erscheinungen anhand bestimmter im Behördenjargon gebräuchlicher (meist moralisierender) Stereotypen", die unkritische Vermengung von Beschreiben und Bewerten und die Neigung, „alle Daten ‚stimmig‘ zu machen, obgleich sie einem unvoreingenommenen Betrachter eigentlich als widersprüchlich erscheinen müßten"[16].

Der Bericht der Jugendgerichtshilfe (JGH), die für *Roestel*[17] „das sozialpädagogische Gewissen des Jugendgerichts"[18] ist, hat in diesem Bereich einen hohen Stellenwert. Nach *Roestel* soll der Bericht des SozArb dem Richter nicht

---

10 Vgl. besonders S. 281, 284 – 286.
11 Walter, ZblJugR 1973, 485.
12 A. a. O., S. 490.
13 A. a. O., S. 490 f.
14 Hervorhebung durch die Verfasser.
15 A. a. O., S. 490.
16 Vgl. a. a. O., S. 489.
17 UJ 1965, 543 – 547.
18 A. a. O., S. 543.

nur „die Möglichkeit ... geben, sich im Gespräch in den Jugendlichen und seine etwaige Problematik hineinzuversetzen ..., sondern er soll ihn auch sozusagen unauffällig dazu **zwingen**, sich „am Leitseil" des JGH-Berichts entsprechend vorzubewegen[19].

Roestel hält ein so anspruchsvolles Unterfangen des SozArb für möglich, wenn dieser seine Stellungnahme wie folgt aufbaut[20]:

1. „Zunächst ist über die Familie des Angeklagten zu berichten ...
2. „Das äußere Leben, der Lebensgang des Angeklagten ist darzustellen, und zwar zunächst ohne eigene Stellungnahme ...", d. h. **Trennung von Vorgeschichte bzw. Befund** und **Diagnose bzw. Beurteilung.**
3. „Bisherige Maßnahmen" (Teil der **Vorgeschichte).**
4. „Eigene **Beurteilung**[20a]" von Verhalten des Klienten und
5. seiner Verantwortungsreife bzw. seines Entwicklungsstandes.
6. „Der **Vorschlag**[20a] ... für die zu treffende Maßnahme. "

Bleibt für *Roestel* trotz der erwähnten Wertschätzung der Bericht des SozArb letztlich doch nur ein Interviewleitfaden für den Richter, so besteht nach *H. Ullrichs* Ausführungen[21] „kein Zweifel mehr darüber, daß den Berichten ... mehr als nur die Rolle eines personalstatistischen Fragebogens zukommt"[22]. Indem die Stellungnahme des SozArb „eine umfassende Ermittlung der Lebens- und Familienverhältnisse, des Werdegangs und all der Umstände, die zur Beurteilung der seelischen, geistigen und charakterlichen Eigenart ... (des Klienten) ... dienen können"[23] wiedergibt, wird ein solcher „gutachtlicher Bericht"[24] „zu einer sozialpädagogischen Topographie"[25].

Mit Nachdruck betont *Ullrich,* daß eine so verantwortungsvolle Aufgabe nicht mit irgendwelchen Fragebögen oder Vordrucken, sondern nur durch die eigenständige Arbeit qualifiziert ausgebildeter SozArb/SozPäd zu leisten sei. Für *Ullrich* ist die Forderung nach einer umfassenden und dementsprechend anspruchsvollen Stellungnahme auch insofern wichtig, als dadurch dem Richter mehr Möglichkeit geben wird, die Aussagen des SozArb nachzuvollziehen und zu überprüfen.

Vielleicht mag der eine oder andere SozArb im Hinblick auf eine solche Forderung „kopfschüttelnd an die in seinem Amt 'übliche' 'kurze' Berichterstattung denken und darauf hinweisen, daß sein .. Richter mit dieser Methode zu-

19 A. a. O., S. 543 f.
20 Vgl. dazu a. a. O., S. 544 ff.
20a Hervorhebung durch die Verf.
21 ZblJugR 1969, 185 – 191.
22 A. a. O., S. 186.
23 A. a. O., S. 186.
24 Wagner, a. a. O. (FN9), S. 281.
25 Ullrich, S. 186.

frieden sei"[26]. Dem kann man – so *Ullrich* – nur entgegenhalten, daß wir noch lange nicht überall solche Richter haben, wie sie das moderne Recht voraussetzt.

5.3.2 Formale Kriterien

Orientierunghilfen zur Gestaltung des Jugendgerichtshilfeberichtes findet der SozArb u. a. auch in den diesbezüglichen Anregungen der Länder Hessen und Berlin sowie in dem Gliederungsvorschlag der Kommunalen Gemeinschaftsstelle für Verwaltungsvereinfachung (KGSt).

Vergleicht man diese Gliederungsvorschläge und den des Landes Niedersachsen zur Erstellung psychosozialer Diagnosen mit dem von uns vorgelegten Konzept (siehe die Synopse auf S. 62, 63), so finden sich viele Gemeinsamkeiten hinsichtlich der Auswahl der für eine gutachtliche Äußerung bedeutsamen Aspekte und teilweise Unterschiede in der Anordnung dieser Elemente zu einem zusammenhängenden Bericht. Warum wir eine Stellungnahme zum Teil anders strukturieren, soll unter 5. 4. begründet werden.

5.4 Ein Strukturierungsvorschlag für gutachtliche Äußerungen

Im folgenden von der Struktur einer gutachtlichen Stellungnahme zu reden, ist insofern berechtigt, als die einzelnen Bestandteile eines Gutachtens nicht beliebig weggelassen, hinzugefügt oder isoliert betrachtet werden können. Vielmehr stehen sie entsprechend einer bestimmten **Ordnung** miteinander in **Beziehung.** Jeder Teil einer strukturierten gutachtlichen Äußerung besitzt eine spezifische Funktion für das Ganze. Erst die Betrachtung des Ganzen führt den Leser (Richter) zum vollen Nachvollzug der vom SozArb intendierten Aussage. Eine bloß additive Verknüpfung von Informationen, Einsichten und Wertungen wäre das extremste Gegenstück dazu. Auch wenn so etwas bisweilen noch in der Praxis auftaucht, halten wir ein derartiges Vorgehen für so unqualifiziert, daß es hier nicht weiter diskutiert werden soll.

Vielleicht mögen **Zweifel** aufkommen, ob tatsächlich jede gutachtliche Stellungnahme derart **differenziert**, wie hier vorgeschlagen, abzugeben ist. In der Praxis dürften wohl Komplexität und Gewichtigkeit des Problems das Ausmaß an Detailliertheit einer Stellungnahme bestimmen. Die **Prinzipien**, um die es hier geht, werden jedoch in jeder verantwortbaren Stellungnahme zu finden sein. Einschränkungen gelten evtl. für Sorgerechtsregelungen gem. §§ 1671, 1672 BGB, wenn es sich um eine einverständliche Scheidung bzw. Trennung

---

26 A. a. O., S. 187.

Vergleich verschiedener Strukturierungsvorschläge

Vorschlag der Verfasser dieses Buches	Gliederung der Jugendgerichtshilfeberichte nach einem Vorschlag der Kommunalen Gemeinschaftsstelle für Verwaltungsvereinfachung (KGSt)[27]	Gliederungsvorschlag nach den „Berliner Richtlinien für die Jugendgerichtshilfe"[28]	Gliederung eines Jugendgerichtshilfeberichts nach den Richtlinien des Landesjugendamtes Hessen (1957)[29]	Richtlinien für die Erstellung psychosozialer Diagnosen (PSD) des Landes Niedersachsen[30]
1. Einleitung	1. Personalien der Jugendlichen 2. Eltern des Jugendlichen 3. Geschwister des Jugendlichen 4. Rechtsstatus des Jugendlichen 5. Quellen dieses Berichtes	1. Personalien des Täters, der Familienangehörigen, Wohnungsangaben 2. Vorbelastungen (Strafverfahren mit Aktenzeichen) 3. Angabe der Quellen, auf die sich der Bericht stützt	A. Ermittelte Tatsachen Einleitung	1. „Kopf" der PSD 2. Anlaß ...
2. Vorgeschichte und derzeitige Situation	6. Bisherige Straftaten 7. Bisherige Erziehungsmaßnahmen 8. Verhältnisse in Elternhaus und Umgebung 9. Bisherige Entwicklung 10. Einkommen des Jugendlichen 11. Freizeitinteressen 12. Stellung zur Tat	4. Familiensituation 5. Entwicklungsgang des Täters 6. Stellungnahme des Täters zur Straftat	I. Die Mitwelt des Täters II. Die Umwelt des Täters III. Der Täter Unterpunkte 1 – 7	...Anlaß 3. Anamnese und Problembeschreibung

3. Psychosozialer Befund	(fehlt)	7. Zusammenfassende Beurteilung: – Gesamtbeurteilung des Täters	III. Der Täter Unterpunkte 8–15	(z. T. in Problembeschreibung angedeutet)
4. Diagnose/Prognose	(nur ansatzweise gegeben)	– Hinweise auf mögliche Ursachen der Fehlentwicklung und ihren Grad	B. Beurteilung I. Die Gesamtentwicklung des Täters VII. Soziale Prognose	4. Interpretation 5. Prognose
5. Zusammenfassende Beurteilung	13. Zusammenfassende Beurteilung ...	– strafrechtliche Verantwortungsreife gem. § 3 JGG – Zurechnungsfähigkeit gem. § 20 StGB – Voraussetzungen zur Anwendung des § 105 JGG bei Heranwachsen – Vorliegen schädlicher Neigungen und in welchem Ausmaß	II. Die allgemeine Zurechnungsfähigkeit III. Die Jugendzurechnungsfähigkeit IV. Die Reife V. Vorliegen einer Jugendverfehlung VI. Sind in der Tat schädliche Neigungen des Täters hervorgetreten? In welchem Ausmaß?	(fehlt)
6. Entscheidungsvorschlag	... und Anregung zur Urteilsfindung	(in Zusammenfassender Beurteilung enthalten)	C. Vorschlag zur Behandlung des Täters	6. Vorschläge

27 Sozialwesen in NW Bd. 3, S. 190–192.
28 UJ 1959, 336 = HdbchJugR, Ausgabe 1976f., Fl 2.
29 HdbchJugR, Ausgabe 1950ff., Gruppe 15, S. 267.
30 Nds MBl. Nr. 42/1976, S. 1681–1683.

handelt und für das JA keine Anhaltspunkte dafür vorliegen, daß der Elternvorschlag dem Kindeswohl zuwiderläuft. Auf keinen Fall sollte der SozArb deshalb auf eine strukturierte gutachtliche Äußerung verzichten, weil er eventuell befürchtet, ausführliche Stellungnahmen würden von **eiligen Richtern** doch nicht gelesen. Gerade für einen Richter, der sehr unter Zeitdruck steht, ist eine strukturierte Äußerung hilfreich. Wenn er sich unbedingt mit einer Kurzinformation begnügen will, findet er sie in der zusammenfassenden Beurteilung und dem Entscheidungsvorschlag des SozArb. Es bleibt dem Richter aber noch immer die Möglichkeit gewahrt, sich eine so gründliche Einsicht in die Zusammenhänge des anstehenden Problems zu verschaffen, wie der SozArb sie aus seiner Nähe zu den Klienten kennt, indem er nachträglich noch Vorgeschichte, psychosozialen Befund und Diagnose/Prognose liest. Ob es dazu kommt, hängt eventuell auch von der Qualität des Teiles „Zusammenfassende Beurteilung" ab.

Ein weiterer Grund für eine deutlich strukturierte Stellungnahme ist die bei ihr notwendig gegebene strikte **Trennung von Information** über Fakten, deren **Erklärung** (Deutung) und ihrer **Beurteilung**. Zumindest erleichtert ein derartiger Strukturierungsansatz die Unterscheidung dieser qualitativ grundverschiedenen Vorgänge.

5.4.1 Die Einleitung der gutachtlichen Äußerung

Sie beginnt mit der Nennung von **Adressaten** und **Absender**. Im Betreff wird – unter Bezugnahme auf die einschlägigen Paragraphen – das zu beurteilende **Problem** eingeführt. Dann folgen die **Personalien** der von der gutachtlichen Stellungnahme betroffenen Personen[31]. Abschließend werden in diesem Teil die **Quellen** genannt, die dem stellungnehmenden SozArb zur Verfügung standen. Was dazu zählt, deckt sich inhaltlich mit den in der Vorgeschichte verarbeiteten Informationen[32]. Die Gliederung der Quellenangaben kann entweder nach chronologischen Gesichtspunkten oder nach betroffenen Personen vorgenommen werden[33].

Mit diesen einleitenden Feststellungen soll dem Richter ein erster rascher Überblick über das anstehende Problem, die davon betroffenen Personen und die hier herangezogenen Informationsquellen ermöglicht werden.

---

31 Bei gutachtlichen Stellungnahmen zur Frage der Ersetzung der Einwilligung gem. § 1748 BGB ist auf die Wahrung des Inkognitos zu achten. Da der Ersetzungsbeschluß den leiblichen Eltern zugestellt werden muß, ist es besser, schon in der gutachtlichen Stellungnahme über die Adoptiveltern nur verfremdet zu berichten, d. h. jedenfalls die Personalien verschlüsselt oder abgekürzt wiederzugeben.
32 S. dazu S. 65 ff.
33 Zur Sprache s. u. S. 79 ff.

Um dem Richter in besonders schwerwiegenden Fällen augenfällig zu machen, daß die im psychosozialen Befund enthaltenen Aussagen belegbar sind, kann es manchmal vorteilhaft sein, die einzelnen Informationsquellen in der Einleitung numerisch zu kennzeichnen und diese Ziffern später als Hinweis auf Belegstellen zu verwenden[34].

Bei der Aufzählung von Informationsquellen ist darauf zu achten, daß nicht eigene Mitteilungen an eine andere Dienststelle, nur weil sie ein das anstehende Problem berührender aktenkundiger Vorgang sind, als Erkenntnisquelle berücksichtigt werden[35].

5.4.2 Vorgeschichte und derzeitige Situation

(1) Inhalt

Die Vorgeschichte beinhaltet all die vielen dem SozArb verfügbaren Einzelinformationen, die möglichst konkret situatives Erleben und Verhalten der Betroffenen sowie deren Weise der Auseinandersetzung mit dem zu beurteilenden Problem widerspiegeln. Sie umfaßt daher u. a.:

- Informationen des SozArb, die er selbst durch **Anamnese**, problemorientierte **Exploration** und gezielte **Verhaltensbeobachtung** der Betroffenen während Hausbesuch oder Gespräch im JA gewinnen konnte.

- **Mitteilungen** zum Problemverhalten der Klienten durch **nicht Betroffene** (z. B von Nachbarn, Verwandten, Polizei, Kindergarten usw.).

- **Erkenntnisse** aus Gesprächen mit **Kollegen**, die schon früher mit Mitgliedern der Familie(n) zu arbeiten hatten.

- Bereits **vorhandene Stellungnahmen** zu Familienmitgliedern oder deren Problemverhalten.

- **Äußerungen von Sachverständigen** (z. B. Ärzten, Lehrern, Psychologen), die der SozArb einholte oder schon vorfand.

- Problemrelevante **Aktennotizen** aus anderen Vorgängen.

(2) Form

In der Vorgeschichte geht es also primär um das Zusammentragen von **Einzelerfahrungen**. Diese Informationen in ihrer verwirrenden Mannigfaltigkeit werden überschaubarer, wenn sie in der zeitlichen Abfolge der Ereignisse, am Hauptproblem orientiert wiedergegeben werden. Auch eine Gliederung der

34 Vgl. S. 153 f. und S. 157 ff.
35 Vgl. S. 184.

Aussagen nach den betroffenen Personen, unter Berücksichtigung chronologischer Gesichtspunkte, erleichtert den Überblick.

Wenn eine Familie schon längere Zeit vom JA betreut wird oder das Problem schon zu umfassenderen rechtlichen Auseinandersetzungen geführt hat, besteht in der Regel die Notwendigkeit, bereits vorhandene Berichte, Stellungnahmen und Sachverständigengutachten auszuwählen und zu kürzen, um Wiederholungen ein und derselben Quelle zu vermeiden und die Vorgeschichte nicht zu umfangreich werden zu lassen. Bei der Auswahl bzw. Kürzung von Informationen, die nicht vom SozArb stammen, ist darauf zu achten, daß **möglichst konkrete Angaben** und Verallgemeinerungen (Befund) nur dann, wenn die Information sonst entfallen müßte, in die Vorgeschichte aufgenommen werden.

Durch Hinweise wie „Bei meinem Hausbesuch am . . ." oder „Nach Angaben von Frau X soll . . ." wird der Richter darauf aufmerksam gemacht, inwieweit die Informationen vom SozArb selbst gewonnen oder von anderen Personen eingebracht wurden, was für die Beurteilung der Sicherheit dieser Mitteilungen bedeutsam wird. Der Bezug auf eine konkrete Situation oder eine bestimmte Äußerung einer Person macht außerdem deutlich, daß die in der Vorgeschichte zusammengetragenen Einzelangaben zunächst nur **situative** Befunde von **relativem** Wert sind und jede für sich alleine genommen noch keine grundsätzliche Aussage über Personen und ihr Verhalten zuläßt. Durch die Verwendung des Konjunktivs kann die Relativierung der Angaben noch verstärkt werden.

Im allgemeinen ist es sinnvoll, bei Wiedergabe unstreitiger Tatsachen (z. B. aktenkundiger Zeitpunkt der Eheschließung) und der vom SozArb selbst gemachten Beobachtungen die indikativische Aussageform[36] zu wählen. Das Situative eigener Beobachtungen wird am besten in einer Vergangenheitsform des Indikativs wiedergegeben. Diese sprachliche Form ist auch dann zutreffend, wenn Fremdbeobachtungen unter ausdrücklicher Bezugnahme auf die Quelle Erwähnung finden (z. B.: „Laut Mitteilung von Dr. S. fanden sich in der Untersuchung am 24. 3. 80 am Körper des Mädchens kaum verheilte Platzwunden, die von Schlägen herrühren sollen."). Fehlt in der Wiedergabe solcher Beobachtung Dritter der ausdrückliche Bezug zur Quelle, wodurch diese Aussage ja relativiert wird, sollte der Konjunktiv Perfekt verwendet werden oder eine Umschreibung mit modalen Hilfsverben.

(3) Ziel

Bringt der SozArb auf diese Weise dem Richter Vorgeschichte und derzeitige Situation zur Kenntnis, so ermöglicht er seinem Adressaten einen der Pro-

---

36 Zu Sprache s. u. S. 79 ff.

blemstellung entsprechend **detaillierten Einblick** in die **komplexen** intrapsychischen und psychosozialen Gegebenheiten der Betroffenen. Ferner vermag der Richter sich durch diesen Teil der gutachtlichen Stellungnahme eine genauere Vorstellung über die **Entwicklung** der Betroffenen, ihre wechselseitigen Beziehungen bis zum gegenwärtigen Zeitpunkt und das daraus entstandene Problem zu machen. Schließlich bieten die Angaben über Vorgeschichte und derzeitige Situation dem Richter eine Grundlage, den psychosozialen Befund des SozArb, seine zusammenfassende Beurteilung und den Entscheidungsvorschlag von hier her zu überprüfen.

(4) Fehlerquellen

Die Qualität der Vorgeschichte ist eine entscheidende Voraussetzung für den Wert der gutachtlichen Äußerung überhaupt. Deshalb gilt es, bei der Abfassung der Vorgeschichte u. a. folgenden Gefahren vorzubeugen:

– Ausklammern von Widersprüchlichem.

Beim Sammeln und Anordnen der Informationen finden sich gehäuft solche, die einen gemeinsamen Trend erkennen lassen, und einige wenige, die in das Bild nicht passen wollen. Hier ist es wichtig, die vereinzelten, zum Gesamtbild nicht gut passenden oder dazu ausdrücklich in Widerspruch stehenden Hinweise nicht zu übersehen oder wegzulassen, sondern ausdrücklich aufzunehmen und in psychosozialem Befund und den übrigen Teilen der Stellungnahme zu verwerten.

– Abhängigkeit von Autoritäten.

Sofern Sachverständigenäußerungen vorliegen, neigen SozArb mitunter dazu, die Aussagen einer Fachautorität auch dann unkritisch zu übernehmen, wenn selbst einem Laien die Fehlerhaftigkeit der Äußerung erkennbar ist. Abhängigkeit von Autoritäten beobachteten wir besonders dann, wenn SozArb medizinische Befunde in Entwicklungsberichten, sowie psychologische oder medizinische Sachverständigengutachten zu berücksichtigen haben.

Beispiel: In den Gefälligkeitsgutachten eines Hausarztes und des von ihm mit einbezogenen Kollegen wird übereinstimmend ausgesagt, die von der Kindesmutter bei ihrer Tochter Hannelore beobachtete Nervosität, Gereiztheit und geringe Belastbarkeit seien eine Folge der seelischen Überforderung des Kindes, die durch die Besuche des getrennt lebenden Vaters entstünden. Dem Vater sei daher das Besuchsrecht zu entziehen. Hannelores Verhalten falle nicht aus der Norm gleichaltriger Kinder. Das Kind bedürfe keiner besonderen medizinischen oder psychotherapeutischen Hilfe.

In diesem Falle dürfte die Äußerung der Fachleute nicht einfach übernommen werden. Vielmehr ist hier das angesprochene Verhalten des Kindes, gleichzeitig aber auch der Widerspruch der gutachtlichen Äußerung zu registrieren.

Auf die Suggestionskraft des geschriebenen Wortes sei in diesem Zusammenhang noch einmal ausdrücklich hingewiesen.

– Befund statt Vorgeschichte.

Eine Schwierigkeit bei der Formulierung der Vorgeschichte besteht für manche darin, die dort aufzuführenden Einzelvorkommnisse dem Richter auch tatsächlich als solche kenntlich zu machen. Nicht selten schleichen sich dann Formulierungen ein, sprachlich durch die Präsensform begünstigt[37], die wegen ihres hohen Maßes an Verallgemeinerung eher in den psychosozialen Befund gehören.

Beispiel: „... dabei zeigte sich, daß die Mutter unfähig ist, ihr Kind zu erziehen", statt „sie gab dem anhaltenden Drängeln des Kindes nach und holte ihm eine Tafel Schokolade."

Möglichst konkrete Verhaltensbeschreibungen[37a] sind eine der Hilfen, der Verallgemeinerungstendenz vorzubeugen.

– Bewertung statt Beschreibung.

Eine andere Schwierigkeit besteht offensichtlich darin, in der Vorgeschichte Vorkommnisse rein beschreibend wiederzugeben und nicht vorschnelle Bewertungen einfließen zu lassen. Das eben genannte Beispiel macht das bereits deutlich. Dieser Gefahr kann man begegnen, indem man adjektivische Wendungen (... „sie ist unfähig ...") oder substantivische Wendungen („... ihre Unfähigkeit, ein Kind zu erziehen ...") vermeidet und dafür die Verbform bevorzugt („... sie gab dem Drängen des Kindes nach ...").

Einige Hinweise aus der Persönlichkeitsforschung zeigen, daß das gehäufte Auftauchen von wertenden Aussagen in Beschreibungen mit einer stärker autoritären Persönlichkeisstruktur des Schreibers in Zusammenhang steht. Die Bewertung sollte aus der Vorgeschichte herausgehalten werden. Sie hat in der zusammenfassenden Beurteilung einen begrenzten Platz.

– Deutung statt Beschreibung.

Auch das Erklären, Klassifizieren und Deuten von Vorkommnissen ist in der Vorgeschichte zu meiden. Ein zu frühes Einsetzen von diagnostischem Tun hindert den Richter, zunächst einmal möglichst offen den Sachverhalt zur Kenntnis zu nehmen. Statt dessen wird der Leser dazu gedrängt, die Einzelereignisse aus dem Blickwinkel einer bestimmten Theorie heraus wahrzunehmen. Der Adressat wird ferner daran gehindert, sich ein eigenständiges Bild vom Ganzen zu verschaffen, da bereits von wenigen Einzelsituationen aus Erklärungsansätze für das Gesamtverhalten der Persönlichkeit angeboten werden. Eine solche Aufgabe scheint uns erst auf der Grundlage des psychosozialen Befundes[38] leistbar.

---

37 Vgl. S. 81.
37a Daß es daran fehlt, bestätigt Winter-v.Gregory, Neue Praxis 1979, 437/441.
38 S. u. 69 ff.

(5) Zusammenfassung

Die Vorgeschichte hat die Funktion, das für die gutachtliche Stellungnahme erforderlich Material sinnvoll geordnet zur Verfügung zu stellen. Dazu ist eine auf Wesentliches reduzierte, möglichst konkrete, auch Widersprüchliches berücksichtigende Wiedergabe problemrelevanter Einzelereignisse sowie der besonderen Umstände, unter denen diese beobachtet wurden, notwendig. Verallgemeinernde, bewertende oder deutende Aussagen sollten zugunsten bloß beschreibender, informierender Formulierungen unterbleiben. Der Einfluß der Sprache ist zu beachten[38a].

5.4.3 Der psychosoziale Befund

5.4.3.1 Der Inhalt des psychosozialen Befundes

Auf den ersten Blick mag beim oberflächlichen oder sachunkundigen Leser der Eindruck entstehen, der psychosoziale Befund sei nichts anderes als eine (und damit unnötige) Wiederholung der Vorgeschichte. Im Einzelfall mag ein solcher Eindruck sogar berechtigt sein. Dies trifft zum Beispiel zu, wenn die Vorgeschichte schlecht erstellt wurde, indem die einzelnen Begebenheiten so verallgemeinernd wiedergegben sind, daß sie Befundcharakter erhielten, obwohl er ihnen unter diesen Voraussetzungen nicht zusteht[39].

Tatsächlich ist der psychosoziale Befund ein notwendiger eigenständiger Teil einer gutachtlichen Stellungnahme. Denn ausgehend von den vielen in der Vorgeschichte gesammelten Einzelereignissen sind im psychosozialen Befund die **relativ konstanten Weisen des Erlebens und Verhaltens der Klienten, ihre charakteristischen sozialen Bezüge sowie deren typische Formen der Auseinandersetzung mit dem zu beurteilenden Problem herauszuarbeiten.** Nur die weitgehend konstanten Verhaltensweisen der Klienten und die sich daraus ergebenden ähnlich wiederkehrenden Problemsituationen können für die diagnostisch-prognostische Überlegung, eine zusammenfassende Beurteilung und den sich daraus eventuell ergebenden Entscheidungsvorschlag bedeutsam werden.

Von relativ konstantem Verhalten kann frühestens dann gesprochen werden, wenn Informationen aus wenigstens zwei oder drei voneinander unabhängigen Quellen auf gleiches oder ähnliches Verhalten verweisen. Eine **Längsschnittkonstanz** (Persistenz) kann man annehmen, wenn im Leben eines Menschen (z. B. durch Fremd- und Selbstanamnese) zu verschiedenen Zeitpunkten in

---

38a S. u. S. 79 ff.
39 Vgl. auch Beispielgutachten S. 163 ff. und Anmerkungen 4 – 8 auf S. 166.

ähnlichen Situationen gleiche oder ähnliche Verhaltensweisen zu finden sind. Eine **Querschnittkonstanz** (Konsistenz) ist dann gegeben, wenn in einem bestimmten Zeitraum gleiches oder ähnliches Verhalten eines Menschen in Situationen mit unterschiedlichem Aufforderungscharakter beobachtbar ist.[40] Zu ein und demselben Verhaltensbereich des Klienten können in der Vorgeschichte mitunter **gegensätzliche Verhaltensweisen** sichtbar geworden sein; z. B. kann die Zuwendung des Vaters zum Kind in manchen Situationen fürsorglich, in manchen ausgesprochen aggressiv sein. Derartige Diskrepanzen im Verhalten sind in den psychosozialen Befund ausdrücklich aufzunehmen. Sie geben Aufschluß über die „Schwankungsbreite der Persönlichkeit in einem Verhaltensbereich"[41]. Erwähnt der SozArb hierbei noch die besonderen Umstände, unter denen das eine (z. B. fürsorgliche) und unter denen das andere (z. B. aggressive) Verhalten eines Klienten in der Regel auftritt, so wird dadurch die später zu leistende zusammenfassende Beurteilung erleichtert.

Verhaltensweisen, die **problemrelevant, aber nur vereinzelt belegbar** sind, finden im psychosozialen Befund ebenfalls Beachtung. Durch entsprechend vorsichtige Formulierungen muß der SozArb jedoch dem Leser erkennbar machen, daß diese Verhaltensweisen nicht Teil eines gesicherten Befundes sind, wohl aber für die Beurteilung bedeutsame Hinweise bzw. Denkanstöße bieten können.

Auch wenn üblicherweise zu erwartende oder zu beobachtende **Verhaltensweisen fehlen**, sollte das im psychosozialen Befund berücksichtigt werden.

Beispiel: Anläßlich der Neuregelung des Umgangsrechts nach Scheidung vermag in einer Exploration ein Elternteil von ihm selbst und vom ehemaligen Partner begangene Fehler zu sehen und dazu selbstkritisch Stellung zu beziehen. Der andere Elternteil setzt sich nur mit den Fehlern des Partners auseinander. Einen eigenen Anteil an der gestörten Beziehung bemerkt er auch dann nicht, wenn ihn der SozArb behutsam, aber gezielt darauf anspricht.

Auf die in diesem Beispiel fehlende selbstkritische Haltung wäre in einem psychsozialen Befund hinzuweisen.

Es versteht sich von selbst, daß der **Inhalt** des psychosozialen Befunds, wenn er der Individualität der zu Beurteilenden gerecht werden soll, von Fall zu Fall **variieren** wird. Unterschiedliche Akzente in der Befunderstellung ergeben sich außerdem aus der Besonderheit der jeweils zu beurteilenden Problemsituation. Eine Stellungnahme zu Fragen des Entzugs des elterlichen Sorgerechts z. B. macht andere Inhalte des psychosozialen Befunds erforderlich als eine gutachtliche Äußerung anläßlich einer Annahme als Kind.

---

40 Vgl. dazu auch Thomae 1967, S. 747 f.
41 Heiß, S. 990.

5.4.3.2 Gliederungsmöglichkeiten des psychosozialen Befundes

Schwieriger noch als die Frage nach dem Inhalt ist die, wie ein psychosozialer Befund gegliedert werden soll. Es widerspricht der Einmaligkeit der Betroffenen und ihrer Lebenssituation, die sie betreffenden Daten in ein starres Schema zu pressen. Es gilt noch einmal darauf hinzuweisen, daß Auswahl und Zusammenstellung der Einzelbefunde (Einzelbeobachtungen bzw. Einzelinformationen) stets eine reflektierte oder – was weitaus problematischer ist – unreflektierte Gewichtung dieser Einzelsituationen beinhalten. Der SozArb sollte sich daran „erinnern, daß soches Wägen kein Messen, sondern immer nur ein Schätzen sein kann"[42]. Wie ein SozArb einen psychosozialen Befund zusammenstellt, hängt zu einem großen Teil von seinen persönlichkeitstheoretischen Kenntnissen und seinen Einstellungen dazu ab.

Ausgehend von Thomaes Anregungen zum Inhalt einer gutachtlichen Äußerung[43], erscheint uns eine Gliederung der Inhalte in etwa folgender Reihenfolge sinnvoll zu sein:

(1) Aussagen über das **körperliche Erscheinungsbild** der Klienten; ggf. mit Hinweisen auf Entwicklungsstand, Gesundheitszustand, Besonderheiten im körperlichen Bereich wie Mißbildungen, Behinderungen etc.

(2) Aussagen über die **Aktivität** der Klienten; u. a. mit Hinweisen darauf, wie ausgeprägt sie ist, wie sie sich äußert, von welchen Bedürfnissen, Zielsetzungen sie bestimmt wird.

(3) Aussagen über **Fähigkeiten und Fertigkeiten** der Klienten; u. a. mit Hinweisen auf Intelligenzbeschaffenheit, andere Begabungen, praktische u. a. Fertigkeiten, die für die Lebensbewältigung eingesetzt werden und für die Beurteilung der Problemsituationen wichtig sind.

(4) Aussagen über **Orientierungs-** und **Regulierungsbemühungen** der Klienten; d. h. u. a. Hinweise darauf, welchen Einfluß Selbst- und Fremdbild auf das Verhalten der Betroffenen haben, inwieweit übergreifende oder nur naheliegende Zielsetzungen verhaltensbestimmend sind, inwiefern affektive Bindungen, Anpassungs- und Steuerungstendenzen wirksam werden und wie differenziert Klienten sich mit einer Situation befassen.

(5) Aussagen über für den Klienten bedeutsame **soziale Gegebenheiten** (z. B. Ehe, Familie, Freundeskreis, Beruf, wirtschaftliche Verhältnisse, Wohnsituation) und seine zu beurteilende **Problemsituation**.

---

42 Heiß, S. 987.
43 Thomae 1967 und 1976.

(6) Aussagen über **bevorzugte „Formen der Auseinandersetzung mit der Umwelt"**[44], d. h. u. a. Hinweise darauf, ob und wie von dem Klienten leistungsbezogenes, sich anpassendes, abwehrendes, ausweichendes oder aggressives Verhalten in bezeichnender Weise eingesetzt wird[45].

5.4.3.3 Die Funktion des psychosozialen Befundes

Die qualitativen Anforderungen an den psychosozialen Befund, wie sie in den Ausführungen zu Inhalt und Form dieses Teils der gutachlichen Stellungnahme angedeutet wurden, ergeben sich aus dessen Funktion. Sie besteht darin, auf der Vorgeschichte als Basis aufbauend, dem Richter ein relativ gesichertes Bild von der Gesamtsituation der Betroffenen zu liefern und damit die zusammenfassende Beurteilung sowie den Entscheidungsvorschlag nachprüfbar bzw. nachvollziehbar zu machen. Seine Funktion ist erfüllt, wenn der psychosoziale Befund den „Istzustand" des Klienten, d. h. dessen relativ konstante intra- und interpersonalen Bezüge in ihren sozialen Bedingtheiten und die sich daraus ergebende Problemsituation, möglichst klar erkennen läßt.

Sprachlich wird dieser Istzustand am treffendsten durch Aussagen im Indikativ Präsens ausgedrückt[46].

5.4.3.4 Ansatzpunkte unzulänglicher Befunderstellung

In der Praxis der Befunderstellung werden immer wieder typische Fehler sichtbar, die die Funktion des psychosozialen Befundes beeinträchtigen[47]. Auf einige charakteristische Gefahrenpunkte soll hier hingewiesen werden.

– **Faszination der Informationen.** Wenn SozArb mit zu beurteilenden Klienten längere Zeit arbeiten, bekommen sie oft einen tiefen Einblick in die durch die Konfliktsituation ausgelösten Nöte, Ängste und erlebten Ausweglosigkeiten ihrer Klienten. Mitunter werden sie auch unmittelbare Zeugen heftiger Auseinandersetzungen zwischen den Betroffenen. Hier gilt es, sich „von allen Faszinationen durch Informationen über spezifische Milieueinflüsse, auffällige Kindheitserlebnisse, prägende Erlebnisse der späteren Zeit"[48] einerseits und durch unmittelbares Erleben der Konfliktsituation andererseits so weit wie möglich freizuhalten. Andernfalls besteht die Gefahr, im Befund einseitig Akzente zu setzen.

---

44 Thomae 1967, S. 749.
45 Vgl. Thomae 1968, S. 366–400.
46 Zur Sprache s. u. S. 81.
47 Vgl. dazu die Beispielgutachten S. 157 ff., 172 ff. sowie 190 ff.
48 Thomae 1967, S. 748.

- **Suggestionskraft** von Stellungnahmen sogenannter Autoritäten. Die Gefahr, eine einmal schriftlich fixierte Aussage über einen Menschen unkritisch zu tradieren, wurde bereits oben [49] angesprochen. Sie besteht auch für die Befunderstellung. Neben der Sachkompetenz scheint vor allem der soziale Status der Sachverständigen dazu beizutragen, daß ihre Aussagen von SozArb mitunter unkritisch in den eigenen Befund übernommen werden.

- **Beachtung von Dominanzen.** Ein psychosozialer Befund, dessen Gliederung sich aus den dominanten Verhaltensweisen der Klienten „ergibt", mag für den Leser zwar geschlossen, eindrucksvoll oder „stimmig" erscheinen, wird aber dadurch leicht einseitig und subjektiv.

- **Beachtung von Konflikthaftem.** Manche SozArb richten ihre Aufmerksamkeit nur auf das Konflikthafte in den Klienten und ihren sozialen Beziehungen. Sie übersehen dadurch die noch „funktionierenden " Persönlichkeitsanteile, Verhaltensweisen oder Beziehungsformen. Diese Einstellung auf das „Gestörte", „Defekte" ist ebenfalls eine Einseitigkeit im Erfassen der psychosozialen Wirklichkeit und beeinträchtigt nicht nur den Befund, sondern später auch die von ihm her vorzunehmende Beurteilung der Problemlage.

- **Einfluß tradierter Informationen.** Wenn aufgrund jahrelanger Arbeit mit Klienten umfangreiches Aktenmaterial angewachsen ist, wird zu überprüfen sein, ob der Jetztzustand im psychosozialen Befund erfaßt ist oder ob stärker vor Jahren Zutreffendes den Befund bestimmt.

- **Wiederholung der Vorgeschichte.** Bisweilen macht es SozArb Schwierigkeiten, Vorgeschichte und psychosozialen Befund zu trennen, dann zum Beispiel, wenn Schilderungen von Einzelsituationen als solche in den Befund aufgenommen werden und ihn dadurch mit prägen, obwohl er nur relativ Konstantes widerspiegeln sollte [50].

- **Befund mit Diagnose.** Soll der psychosoziale Befund seine Funktion erfüllen, darf er nicht mit diagnostischen Aussagen vermischt werden. Vorzeitiges Deuten, Erklären oder Klassifizieren von Verhaltensweisen verleitet, sich mit einem vereinfachten und damit unzulänglichen Befund zufrieden zu geben (man hat ja bereits seine „Erklärung" für das Problem). Außerdem sind solche Verquickungen von Befund und Diagnose nicht selten „Kurzschlüsse" im Sinne der mehrfachen Bedeutung des Wortes: von wenigen Einsichten über einen Klienten (etwa: mehrjähriger Heimaufenthalt eines Kindes und derzeitige Erziehungsprobleme) wird kurzerhand auf nur eine Ursache geschlossen (z. B. Hospitalismusfolgen) und dadurch eine u. U. genauere Beurteilung des Problems verhindert.

49 S. 67.
50 Vgl. S. 69.

– **Befund und Bewertung.** Ein besonderes Problem in der Befunderstellung ergibt sich aus der Verwendung wertender Eigenschaftsbegriffe (z. B. „er ist ein eigensinniger Querulant, der nur ..."). Sie führen leichter zu einer Verurteilung als zu einer Beurteilung. Auf die etikettierende Wirkung von Stellungnahmen sei hier noch einmal hingewiesen.

– **Dosierung der Aussage.** Der unkontrollierte Gebrauch von Ausdrücken, sie sich auf die Intensität des geäußerten Verhaltens beziehen, beeinträchtigt ebenfalls die Qualität eines Befundes. Eine häufige Verwendung von Superlativen, gleichgültig ob sie sich auf sozial erwünschtes oder unerwünschtes Verhalten der Klienten beziehen, verweist auf wenig sorgfältige Gewichtung der einzelnen Vorkommnisse.

– **Verallgemeinerungstendenzen.** Geht es bei Dosierungsproblemen eher darum, die Intensität des Verhaltens angemessen auszudrücken, so beziehen sich Verallgemeinerungstendenzen auf deren Extensität, d. h. ein Verhalten wird als immer gegebenes hingestellt. Eine Aussage wie „Frau L. zeigt sich niemals imstande, persönliche Interessen zum Wohle ihres Kindes zurückzustellen" ist so umfassend, daß nur außerordentlich genaue Kenntnisse dieser Person und ihrer Lebensgewohnheiten eine solche Verallgemeinerung zulassen. In der Sozialarbeit dürften diese Voraussetzungen nur selten gegeben sein.

– **Schablonenbefund.** Da wir selbst einen Gliederungsvorschlag für den psychosozialen Befund [51] vorstellen, möchten wir noch einmal auf die Gefahr hinweisen, die in einer schablonenhaften Anwendung der Gliederungspunkte gegeben ist. Wenn wir uns aus didaktischen Gründen in den Beispielgutachten weitgehend an diese Gliederungspunkte hielten, soll damit nicht ein mechanisches Nachahmen empfohlen werden. Der Befund nach Schablone kann die Individualität der Klienten und die Besonderheit ihres Problems nicht wiedergeben.

5.4.4. *Die psychosoziale Diagnose und Prognose*

5.4.4.1 *Die Diagnose in der gutachtlichen Stellungnahme*

Die psychosoziale Diagnose bezieht sich auf das im psychosozialen Befund beschriebene relativ konstante Erleben und Verhalten der Klienten. Es sollen hier für diese relativ konstanten Gegebenheiten erstens **erklärende Ursachen** oder zweitens **Zuordungsmöglichkeiten** zu einem bestimmten „Verlaufstypus" [52] gefunden werden. Die aus Befund und Diagnose gewonnenen Er-

---

51 S. O. S. 49 ff.
52 Thomae 1967, S. 750; 1976, S. 76 f.

kenntnisse bieten dann die Voraussetzungen, im folgenden Teil die zusammenfassende „Beurteilung" vorzunehmen, die sich auf das juristisch relevante Problem bezieht.

Differenzierte diagnostische Bemühungen im Sinne von **Erklärungsversuchen** werden Erbfaktoren, organische Besonderheiten, Sozialisationseinflüsse unterschiedlichster Art, Kommunikationsformen, ehemalige und derzeitige Lebensbedingungen, epochale Einflüsse und vieles andere mehr als mögliche Ursachen berücksichtigen müssen. In dem diagnostischen Bemühen, weithin konstante Verhaltensweisen einem bestimmten Verlaufstypus zuzuordnen und auf diese Weise zu deuten, wird man sich an bestimmten klinischen, pathologischen oder entwicklungspsychologischen Verhaltensumschreibungen wie z. B. „Phobie", „Schizophrenie" oder „Pubertätserscheinung" orientieren müssen, eine Aufgabe, für die SozArb in der Regel nicht vorgebildet sind. Auf die damit verbundenen Gefahren leichtfertiger Etikettierung wurde bereits an anderer Stelle hingewiesen.

Diagnostische Versuche, relevantes Verhalten der Klienten von seinen Ursachen her zu erklären oder durch Zuordnung zu typischen Verlaufsformen zu deuten, stellen somit außerordentliche Ansprüche an das **Fachwissen** des SozArb. Spätestens an dieser Stelle wird er sich die Frage stellen müssen, ob er im konkreten Falle hinreichende Fachkompetenz besitzt, die Fakten des psychosozialen Befundes diagnostisch zu berücksichtigen, oder ob es wünschenswert erscheint, ein **Sachverständigengutachten** anzuregen. Es kann jedoch nicht Sache des SozArb sein, sich in jedem Falle dem durch den Gesetzgeber festgelegten Auftrag zu einer umsichtigen gutachtlichen Stellungnahme dadurch zu entziehen, daß er dem Gericht die Herbeiziehung eines Sachverständigen vorschlägt. So wird er von Fall zu Fall prüfen müssen, welche diagnostischen Fragen zu beantworten er befähigt ist und welche nicht.

Die **Zuordnung von Verhaltensweisen** der Klienten zu bestimmten Kranheitsbildern wird Sache des **Arztes** sein; desgleichen die Erklärung mancher Verhaltensweisen durch organisch bedingte Besonderheiten der Klienten. Der SozArb dürfte aber aufgrund seines Studiums hinreichende sozialmedizinische Kenntnisse haben, vorliegende Äußerungen medizinischer Sachverständiger in diesem Zusammenhang sachgemäß zu erwähnen und da, wo sie fehlen, den Richter auf mögliche Zusammenhänge hinzuweisen und eine entsprechende fachärztliche Abklärung anzuregen. Ähnliches gilt, wenn der SozArb komplexe Störungen der Persönlichkeitsentwicklung bekannten Formen zuordnen, ihr Ausmaß abschätzen und ihr Bedingungsgefüge erklären soll. In solchen Fällen wird er oft die Fachkompetenz eines **Psychologen** in Anspruch zu nehmen haben. Aber auch hier kann der SozArb auf entsprechende Erkenntnisse von psychologischen Sachverständigen hinweisen bzw. solche anzufordern anregen.

Abgesehen von solchen Einschränkungen bleibt dem SozArb eine große Anzahl von Fällen, in denen er sich aufgrund seiner theoretischen Kenntnisse, seiner praktischen Erfahrungen und der sehr konkreten Vertrautheit mit der Lebenssituation seiner Klienten eigenverantwortlich diagnostisch zu betätigen hat. Kenntnisse, die er während seines Studiums insbesondere aus dem Bereiche der Sozialmedizin, Soziologie und Psychologie erworben hat, werden ihm dabei helfen können. Einer vielseitigen Betrachtungsweise ist im diagnostischen Tun der Vorzug zu geben. Das heißt, der SozArb tut gut daran, auffälliges Verhalten z. B. nicht nur mit Hilfe einer tiefenpsychologischen Theorie zu erklären, sondern vor dem Hintergrund der gesamten Biographie eines Klienten und seiner besonderen Lebensumstände zu betrachten. Wenn er dabei noch entwicklungspsychologische, sozialpsychologische oder lerntheoretische Erkenntnisse berücksichtigt, wächst die Wahrscheinlichkeit, daß er in einer den Problemen angemessenen Weise diagnostisch arbeitet. Die Einbeziehung dieser Aspekte näher auszuführen sprengt den Rahmen dieser Darstellung.

5.4.4.2 Die Prognose in der gutachtlichen Stellungnahme

Vom SozArb werden im Zusammenhang mit diagnostischen Aussagen des öfteren auch solche über künftiges Verhalten der Klienten, insbesondere Aussagen über das künftige Wohl des Kindes erwartet. Der Vorhersagewert derartiger prognostischer Äußerungen ist von der Beachtung der Lebensumstände abhängig, die Erleben und Verhalten des Klienten zur Zeit oder demnächst bedingen oder bedingen können. In ein und demselben Fall sind unterschiedliche Prognosen denkbar, je nachdem, welche Lebensumstände für den Klienten bedeutsam werden.

Beispiel: Die Prognosen über die gesunde Entwicklung eines Kindes nach der Scheidung der Eltern müssen unterschiedlich ausfallen, wenn die Lebensverhältnisse bei Vater und Mutter qualitativ verschieden sind.

Daher ist es u. U. sinnvoll, mehrere Prognosen zu wagen und dabei hervorzuheben, welche Bedingungen sie jeweils voraussetzen. Daß es sich hierbei nicht um sogenannte „intuitive Prognosen" handeln kann, die nur „aus dem persönlichen Gefühl und der vermeintlichen Erfahrung, ja aus der ungeschulten Fähigkeit zur Einschätzung menschlicher Verhaltensweisen herausgestellt werden"[53], versteht sich von selbst. Vielmehr sollten sie weitgehend den Voraussetzungen entsprechen, die Schneider[54] für eine „klinische Individualprognose" umreißt. Solche Voraussetzungen sind für Schneider das Studium des Le-

---

53 Mey, S. 513.
54 S. 400.

benslaufs und der Familienverhältnisse der Klienten, gezielte Explorationen und andere psychodiagnostische Verfahren.

Mehr noch als für andere Teilbereiche einer gutachtlichen Stellungnahme gilt für diagnostische und prognostische Äußerungen, daß sie nur einen mehr oder weniger großen Wahrscheinlichkeitswert besitzen. Das sollte auch durch die Art der Formulierung zum Ausdruck kommen.

5.4.5 Die zusammenfassende Beurteilung

Im Vordergrund steht hier das rechtlich relevante Problem. Der SozArb faßt an dieser Stelle noch einmal die wichtigsten Erkenntnisse aus Vorgeschichte, psychosozialem Befund, Diagnose und Prognose zusammen und bringt sie mit den juristisch relevanten Aspekten, den Tatbestandsmerkmalen in Beziehung. Durch sie ist ihm der rechtliche Rahmen seiner gutachtlichen Äußerungen gesteckt. Die zusammenfassende Beurteilung richtet sich somit nicht mehr auf die vorher ermittelten Fakten als solche, sondern darauf, inwiefern sie zur Lösung des **rechtlich** bedeutsamen Problems beitragen können.

Das kann im konkreten Falle heißen:

- Was aus Vorgeschichte, Befund und Diagnose spricht dafür oder dagegen, dem Ehepaar X. das Sorgerecht über sein Kind Y zu entziehen oder auch nicht? (Bezug zu § 1666 BGB).

- Welche Erkenntnisse aus den ersten Teilen der gutachtlichen Stellungnahme begründen hinreichend, nach Scheidung der Mutter bzw. dem Vater oder keinem von beiden das elterliche Sorgerecht zu übertragen? (Bezug zu § 1671 BGB).

- Inwiefern sprechen die bis zu dieser Stelle gewonnenen Einsichten dafür, das Umgangsrecht eines Elternteils zu erweitern, zu beschränken oder gar ganz aufzuheben? (Bezug zu § 1634 BGB).

- Was sagen die vorhandenen Fakten und ihre Bewertung darüber aus, ob die Eheleute A für das Kind B als Adoptiveltern geeignet sind? (Bezug zu §§ 1741 ff. BGB).

Hier bei der zusammenfassenden Beurteilung darf der SozArb nicht nur, sondern muß er u. E. sogar auf Rechtsfragen eingehen[54a]. Zwar ist es richtig, daß nur der Richter die abschließende rechtliche Beurteilung vorzunehmen hat[55].

54a Hierzu bei JGH-Berichten Winter-v.Gregory, a.a.O. (FN 37a), S. 441.
55 So ein Schreiben des LJA Rheinland vom 21. 8. 79 an die Verfasser, in dem die Ergebnisse der Arbeitsgruppe einer Fortbildungsveranstaltung mitgeteilt werden. Die Gruppe hatte sich mit dem Vorschlag der Verf. in ZblJugR 1977, 273 auseinandergesetzt und beanstandet, daß dort die Adoption unter rechtlichen Gesichtspunkten geprüft worden war.

Der SozArb muß sich jedoch in einem rechtlichen Rahmen bewegen und bereits die Auswahl seiner Fakten unter diesem Gesichtspunkt treffen. Deshalb muß er auch aussprechen, daß s. E. dieses oder jenes Erfordernis erfüllt ist oder nicht oder nicht erfüllt zu werden braucht. Daß er dabei nicht zu strittigen Rechtsfragen abschließend Stellung nimmt, ist klar. In einem solchen Fall genügt es, die Fakten zu benennen und seine Rechtsmeinung wiederzugeben.

Beispiel: Die Bestellung eines Ergänzungspflegers wurde nicht veranlaßt, da wir mit der h. M. der Ansicht sind, daß dies bei einer Stiefkindadoption überflüssig ist.

Ein Strukturierungsvorschlag für diesen Teil der gutachtlichen Äußerung ist kaum möglich, da der Aufbau der zusammenfassenden Beurteilung wesentlich vom zu behandelnden Problem und dem dafür zur Verfügung stehenden Material abhängt. Einige Anregungen hierfür finden sich in den Beispielgutachten. Zur sprachlichen Form s. S. 82.

Eine umsichtig angelegte und vorsichtig formulierte zusammenfassende Beurteilung begründet in angemessener Weise den Entscheidungsvorschlag oder verweist auf die Notwendigkeit, Sachverständigengutachten einzubeziehen. Sie ist somit das Kernstück der vom Richter gewünschten Entscheidungshilfe.

Bei entsprechender Qualität dürfte die zusammenfassende Beurteilung auch manchen eiligen Richter motivieren, sich intensiver mit den übrigen Teilen der gutachtlichen Stellungnahme auseinanderzusetzen.

5.4.6 Der Entscheidungsvorschlag

Der Entscheidungsvorschlag ist **keine Vorwegnahme** der richterlichen Entscheidung durch den SozArb. Zu diesbezüglichen Einwänden und ihrer Entkräftung s. S. 55. Dieser Vorschlag ist die Konsequenz aus der zusammenfassenden Beurteilung aller Fakten, soweit sie für das zu behandelnde Problem rechtlich relevant sind. Es ist natürlich ein Vorschlag aus der Sicht des SozArb, die jedoch im Rahmen einer so differenziert aufgebauten Stellungnahme für den Richter nachvollziehbar und überprüfbar ist.

Der Entscheidungsvorschlag bezieht sich unmittelbar auf die juristische Fragestellung **(Subsumtion)**. Darüber hinaus kann er je nach Sachlage auf konkrete Maßnahmen hinweisen, die nach einer richterlichen Entscheidung u. U. noch notwendig werden, für die der SozArb aufgrund seiner örtlichen Kenntnisse weitere Empfehlungen aussprechen kann (z. B. wer in einem Falle nach § 1666 BGB ein geeigneter Vormund wäre).

Auch diese Anregungen machen deutlich, daß der Entscheidungsvorschlag (wie die gutachtliche Stellungnahme überhaupt) nur als eine **Hilfe** zur optimalen Entscheidungsfindung anzusehen ist.

5.5 Die Funktion der Sprache in gutachtlichen Äußerungen

5.5.1 Allgemeines

Für die Fertigung gutachtlicher Stellungnahmen im allgemeinen gilt, was bei allem schriftlich Abgefaßtem im beruflichen, insbesondere behördlichen Bereich zu beachten ist: Die Äußerung des SozArb/SozPäd für das Gericht muß leicht verständlich sein. Das wird vor allem durch eine einfache, klare Sprache erreicht, in der die Aussagen kurz, prägnant und folgerichtig formuliert sind. Schachtelsätze, Häufungen von Substantiven und schwerfällige Partizipialkonstruktionen sind zu vermeiden. Alles, was für das richtige Erfassen des Sachverhalts und seiner Beurteilung von Bedeutung ist, sollte in Hauptsätzen dargestellt, und nur Nebendinge sollten den Nebensätzen vorbehalten bleiben. Es sind Wörter zu verwenden, die allgemein verstanden werden. Fremde, landschaftlich gebundene, veraltete, neumodische, doppelsinnige, dem „Fachjargon" entlehnte Ausdrücke sollten nicht benutzt werden. Fachvokabular, soweit es Allgemeingut geworden ist, kann selbstverständlich Anwendung finden. Entstammen Begriffe dagegen speziellen Wissensgebieten, mit denen der Jurist nicht unbedingt vertraut ist, und sind sie unvermeidlich, so sollte man sie kurz erläutern.

5.5.2 Vorgeschichte und derzeitige Situation

Wiedergabe von Vorgeschichte und derzeitiger Situation dienen dazu, über tatsächliche Vorgänge zu informieren. Der Schreiber hat sich hier nicht nur jeder Parteinahme, sondern auch jeder Wertung, ja selbst jeglicher Akzentuierung zu enthalten. Nach der Lektüre dieses Abschnitts der gutachtlichen Stellungnahme muß der Leser in der Beurteilung noch völlig unbeeinflußt sein.

Die Vorgeschichte gehört dem Gebiet einer fast geschäftlichen Mitteilung an, die den Leser nur unterrichten soll. Es werden darin gewöhnliche Tatsachen, die abgeschlossen in der Vergangenheit liegen, chronologisch in allen Einzelheiten mitgeteilt; es wird der Verlauf von Vorgängen dargestellt, die miteinander zusammenhängen, aufeinanderfolgen, sich auseinander entwickelt haben. Chronologische Darstellung heißt **nicht**, daß der Schreiber kundtut, wann er die Fakten **erfahren** hat; entscheidend ist vielmehr, daß er sie − unabhängig von seiner Kenntnisnahme − in der historischen Abfolge wiedergibt. Dieses Prinzip darf jedoch dort durchbrochen werden, wo über verschiedene Personen und deren Werdegänge berichtet wird (z. B. Adoptivkind − Adoptiveltern). Innerhalb dieser Personenblöcke allerdings sollte die Chronologie eingehalten werden.

Die gegebene **Zeitform (Tempus)** für die Geschichtserzählung (Vorgeschichte) ist die erste Vergangenheitsform, das Imperfekt, und für die dieser vorausgehenden Ereignisse, die dritte Vergangenheitsform, das Plusquamperfekt. Die derzeitige Situation dagegen wird in der Gegenwartsform, dem Präsens, geschildert und die dieser vorausgehenden Ereignisse, die noch in die Gegenwart hineinwirken, in der zweiten Vergangenheitsform, dem Perfekt.

Beispiele:
(1) Nachdem der Schulleiter den Eltern mehrfach (u. a. am 3. 3. 1979, am 5. 5. 1979, am 15. 6. 1979) mitgeteilt hatte, daß der Junge dem Unterricht fernbleibe, verwies er ihn am Ende des Schuljahres der Schule.

(2) Die Eheleute wohnen jetzt in einer geräumigen Neubauwohnung (3 ZKDB), die sie sich ganz nach ihrem Geschmack eingerichtet haben.

Bei der Wahl der **Aussageweise (Modus)** ist zu unterscheiden, ob etwas wirklich oder nur vorgestellt (behauptet) ist. Der Schreiber darf etwas nur dann als wirklich darstellen und somit die Wirklichkeitsform, den Indikativ, benutzen,

1. wenn Tatsachen offenkundig sind

Beispiel: Das Kind ist am 1. 1. 1980 geboren (nachzuweisen durch Urkunden).

oder 2. wenn die Betroffenen sie einmütig als unstreitig behandeln

Beispiel: Aus Aussagen von Vater, Mutter und Lehrerin geht hervor, daß der Vater das Kind am 10. 3. 1980 geschlagen hat.

Trägt dagegen nur eine Seite etwas vor oder beruht eine Information auf einer Fremdbeobachtung, so muß dies in der Vorstellungsform, dem Konjunktiv, unter Angabe der Quelle berichtet werden. Dies kann in Haupt- (Indikativ) und Nebensatz (Konjunktiv) oder nur in konjunktivischen Hauptsätzen geschehen, oder es können modale Hilfsverben benutzt werden.

Beispiele:
(1) Die Nachbarin berichtete, der Vater habe das Kind am 3. 10. 80 geschlagen. Sie habe (nicht hätte!) an diesem Tag lautes Wehgeschrei gehört. Am nächsten Tag sei (nicht wäre!) Peter von ihrem Sohn mit einem blauen Auge gesehen worden.

(2) Nach Aussagen des Freundes von K soll dieser oft jähzornig gewesen sein.

Im Zusammenhang mit der Wahl von Konjunktivformen ist unter sprachlichen Gesichtspunkten hervorzuheben, daß Konjunktiv Imperfekt, Plusquamperfekt und Konditional nur dann anstelle des Konjunktiv Präsens, Perfekt und Futur treten, wenn diese mit dem Indikativ übereinstimmen.

Beispiel: Die Eheleute äußerten immer wieder, daß sie größten Wert auf eine repressionsfreie Erziehung legten (nicht: legen, aber auch nicht: legen würden!).

Ferner muß betont werden, daß auch in Nebensätzen die Konjunktivform zu verwenden ist, wenn der Nebensatz eine Meinung oder Behauptung der Person wiedergibt.

Beispiel: Sie – so die Lehrerin – sei im Hause der Eltern des Mädchens gewesen und habe dort einen Nachbarn getroffen, der vage von einem Freund der Tochter gesprochen habe (nicht sprach).

5.5.3 Der psychosoziale Befund

Dieser Abschnitt soll dem Leser die relativ konstanten Weisen des Erlebens und Verhaltens einer Person zum Jetztzeitpunkt vermitteln. Er ist grundsätzlich im Indikativ Präsens zu halten.

Beispiel: P zeigt das Bestreben, sich von der dominanten Mutter zu lösen.

In diesem Bereich empfiehlt es sich besonders, Hauptsätze zu benützen und insbesondere konjunktionale Nebensätze (weil, obwohl, indem) zu vermeiden. Diese verknüpfen nämlich vielfach Einstellungen, Verhaltensweisen, Reaktionen etc. und gehören daher in den diagnostischen Teil.

Beispiel: Frau H fühlt sich in ihrer häuslichen Umwelt nicht wohl. Sie hat keine sie befriedigenden Beziehung zu den Familienmitgliedern.
Nicht dagegen: Frau H fühlt sich in ihrer häuslichen Umwelt nicht wohl, da sie keine befriedigenden Beziehungen hat.

Anzumerken ist fernerhin, daß auch im Befund noch keine Parteinahme erfolgen darf und daher sprachliche Gestaltungsmöglichkeiten wie Hervorhebungen durch Inversion (Abweichen vom regelmäßigen Satzbau), Anwendung bekräftigender Formulierungen (mit Sicherheit, ohne weiteres, unter keinen Umständen) unterbleiben sollten. Eine fachliche subjektive Unsicherheit des Schreibers kann durch eine vorsichtige Formulierung zum Ausdruck gebracht werden.

Beispiel: Herr S **scheint** Petras Persönlichkeitsentwicklung durch positive Zuwendung zu fördern. Seiner Pflegemutter gegenüber **dürfte** Paul ausgesprochen ambivalente Gefühle besitzen. ... P. **neigt dazu,** plötzlich auftretenden Impulsen nachzugehen. ... Menschen seiner sozialen Mitwelt gegenüber begegnet er **eher** aggressiv.

5.5.4 Psychosoziale Diagnose

In diesem Teil der Stellungsnahme wird eine Klassifizierung und/oder Erklärung des relativ konstanten Erlebens und Verhaltens einer Person und ihrer Lebenssituation versucht. Dies läßt sich sprachlich durch konjunktionale Nebensätze (weil, indem, obwohl, da, dadurch daß) oder durch Hauptsätze, die mit entsprechenden Konjunktionen (daher, deshalb, trotzdem) eingeleitet werden, erreichen. Als **Tempus** und **Modus** ist weitgehend der Indikativ Präsens angemessen; es kommt aber, insbesondere in den begründenden Sätzen, die ja Ereignisse aus der Vergangenheit aufgreifen, auch der Indikativ Imperfekt in Betracht. Ferner kann die Tatsache, daß Erkenntnisse ungesichert sind, durch den Konjunktiv und das entsprechende Tempus ausgedrückt werden.

Beispiel: Die niedrige Frustrationstoleranz **dürfte** u. a. dadurch begünstigt worden sein, daß er ... Begrenzungen und Forderungen ausweichen **konnte** ... Die Ausbildung geschlechtsspezifischen Rollenverhaltens **war** ihm nicht möglich, da ihm eine geeignete männliche Bezugsperson **fehlte**.

Da es sich bei der Diagnose um Deutungsversuche handelt (eine absolute Sicherheit kommt nicht in Betracht), empfiehlt sich ein vorsichtiges, den Leser nicht einengendes Formulieren, wobei ein Stellungbeziehen jedoch erforderlich ist.

Beispiel: Seine Unselbständigkeit **dürfte** in der übermäßig behütenden Erzieherhaltung begründet sein. Erkenntnisse der Entwicklungspsychologie **legen die Annahme nahe**, daß ... Auswirkungen von Hospitalismusschäden ... insofern nicht mit Sicherheit ausgeschlossen werden können, als ...

5.5.5 Zusammenfassende Beurteilung

Dieser Teil der gutachtlichen Äußerung soll den Entscheidungsvorschlag einleiten und begründen. Er muß daher zumindest stellungnehmend, er darf sogar parteiisch sein. Daher ist es hier gerechtfertigt, eine sichere und akzentuierende Sprache zu verwenden, die − neben dem Inhaltlichen − dazu beiträgt, den Leser zu überzeugen. Nur wenn dies nicht gewünscht wird, weil

- der Schreiber das Problem aufgrund der unzulänglichen Informationen nicht glaubt verantwortlich lösen zu können oder
- er sich fachlich überfordert fühlt und die Einschaltung eines Gutachters empfiehlt,

wird vorsichtiger formuliert werden müssen. Aber dafür muß dann deutlich herauskommen, worauf die Entscheidungsskrupel des Verfassers zurückzuführen sind.

Als **Tempus** und **Modus** kommt vorrangig der Indikativ Präsens in Frage. Bei der Subsumtion (Unterordnung von Sachverhaltsteilen unter ein Tatbestandsmerkmal) allerdings können auch Formulierungen im Imperfekt angebracht sein. Für die prognostischen Aussagen sollte der Indikativ Futur verwendet werden.

5.5.6 Entscheidungsvorschlag

Er gibt die Antwort auf die dem JA vom Gericht gestellte Frage und muß sich inhaltlich zwanglos aus den vorherigen Ausführungen ergeben. Er steht im Indikativ Präsens oder Futur (soweit es sich um prognostische Begründungen handelt) bzw. bei Unsicherheit des SA/SP im Konjunktiv Präsens.

Beispiel: Es erscheint ausreichend, Frau X das Sorgerecht teilweise zu entziehen, weil ...
Eine weitere Betreuung durch Mitarbeiter, die dem Kind bekannt sind, dürfte sich auf den kontaktgestörten Jungen positiv auswirken.

6. Die für eine gutachtliche Stellungnahme notwendigen Daten

Um dem VormG/FamG gegenüber eine angemessene Stellungnahme abgeben zu können, ist es erforderlich, die für Vorgeschichte und psychosozialen Befund notwendigen Fakten und den für die zusammenfassende Beurteilung verbindlichen rechtlichen Rahmen zu berücksichtigen. Für die Entscheidung, was notwendig und was verbindlich sein soll, ergeben sich somit zwei Orientierungspunkte:

1. Der Gesetzestext.
2. Die mit dem Gesetz implizit gegebenen psychosozialen Aspekte.

Ohne den Anspruch erheben zu können, alle diesbezüglichen Aspekte erfaßt zu haben, sollen im folgenden einige wichtige Orientierungspunkte zu den §§ 1666, 1671, 1672, 1634, 1741 ff. BGB vorgestellt und ihre unterschiedliche Bewertung in der Praxis diskutiert werden. Außerdem sollen unter 6.2 noch einige juristische und methodische Probleme angesprochen werden, die sich bei der Datengewinnung ergeben.

6.1 Für die Beurteilung des Kindeswohls entscheidungsrelevante Fakten

Das Wohl des Kindes ist nach *Lempp*[1] „ein im Familienrecht mehrfach verwandter fester Begriff, der auch so in die Kommentare übernommen wird, ohne daß klar definiert wäre, was unter dem Wohl des Kindes zu verstehen sei, vor allem aber ohne Hinweis, nach welchen Gesichtspunkten festzustellen sei, was dem Wohl des Kindes diene oder ihm zuwiderlaufe".

Gemäß *Uffelmanns* Definitionsversuch „ist unter ‚Wohl des Kindes' ein Zustand zu verstehen, bei dem die leibliche Existenz sowie eine angemessene geistige und seelische Entwicklung des Kindes zugleich im Sinne der Formung des Kindes zu einer vollwertigen Persönlichkeit und zu einem lebenstüchtigen Glied der Gemeinschaft gewährleistet ist"[2]. Diese Definition dürfte jedoch für die Praxis der Sozialarbeit noch immer zu allgemein gehalten sein.

Konkretere Vorschläge zur Berücksichtigung des Kindeswohls machen *J. Goldstein, A. Freud und A. J. Solnit*. Sie schlagen vor, „statt vom ‚Wohle des Kindes' von der ‚am wenigsten schädlichen Alternative zum Schutz von

---

1 NJW 1963, S. 1659.
2 S. 14 f.

Wachstum und Entwicklung des Kindes' zu sprechen. ... Die am wenigsten schädliche Alternative ist danach die Unterbringung und die Verfahrensweise, die – unter Berücksichtigung des kindlichen Zeitgefühls und auf der eingeschränkten Grundlage kurzfristiger Prognosen – die Chance des Kindes erhöhen, erwünscht zu sein, und die es ermöglichen, daß das Kind eine dauerhafte Beziehung mit wenigstens einem Erwachsenen eingeht"[3]. Maßstab für die „am wenigsten schädliche Alternative" – sprich Kindeswohl – werden demnach drei Gesichtspunkte:

(1) Wo wird dem Kind am ehesten die Chance zu einer dauerhaften Beziehung zu wenigstens einem Erwachsenen geboten?

(2) Welche der Problemlösungsmöglichkeiten wird dem kindlichen Zeitgefühl am meisten gerecht, das sich von dem Erwachsener umso mehr unterscheidet, je jünger das betroffene Kind ist?

(3) Mit welcher Alternative werden – angesichts der Unsicherheit langfristiger Prognosen – allgemein anwendbare, kurzfristige Voraussagen berücksichtigt[4].

Drei Gründe nennen die Autoren, die sie veranlassen, den Begriff „Kindeswohl" zugunsten der wesentlich negativer klingenden „am wenigsten schädlichen Alternative" aufzugeben:

(1) Mit dieser Umschreibung wird deutlicher, „daß das betreffende Kind bereits ein Opfer seiner sozialen Umweltbedingungen geworden ist"[5].

(2) Diese negativ getönte Formulierung verweist auf eine Praxis der Jugendbehörden und Gerichte und warnt zugleich vor ihr, daß nämlich „Interessen des Kindes ... oft genug mit den Interessen und Rechten Erwachsener abgewogen und letzteren meistens untergeordnet" werden[6].

(3) „Darüber hinaus werden viele Entscheidungen ‚einzig und allein' zum Wohle des unterzubringenden Kindes getroffen. Aber diese Entscheidungen sind in erster Linie darauf zugeschnitten, den Wünschen und Bedürfnissen erwachsener Antragsteller, die miteinander im Rechtsstreit liegen, zu entsprechen oder die allgemeine Politik eines Jugend- oder Sozialamtes abzusichern"[7].

Bereits 1963 verwies *Lempp* darauf, daß das „Kindeswohl" in der Praxis insofern verkürzt Beachtung findet, als „praktisch allein nach dem leiblichen Wohl des Kindes, also nach den Gesichtspunkten, ob das Kind an dieser oder jener Stelle besser versorgt, wirtschaftlich gesicherter oder in besser geordne-

3 S. 49.
4 Vgl. a. a. O., S. 47 f.
5 a. a. O., S. 49.
6 a. a. O., S. 49.
7 a. a. O., S. 49 f.

ten sozialen Verhältnissen untergebracht ist" sein Wohl beurteilt wird[8]. Dieser Mißstand ist nach *Goldstein* u. a. nicht nur in der Bundesrepublik, sondern für sie ebenso z. B. in England oder in den USA sichtbar. Die Untersuchung von *Simitis* u. a.[9] belegt, daß auch heute noch Stellungnahmen von JÄ im Rahmen der VormGH/FamGH vor allem etwas über Wohnverhältnisse, wirtschaftliche Lage und physischen Zustand der Betroffenen aussagen, psychische Sachverhalte jedoch, also „das geistige und seelische Wohl des Kindes" betreffend, nur selten und dann meist in wenig informativen, mehr allgemeinen Redewendungen wiedergeben.

6.1.1 Entscheidungsrelevante Fakten zu § 1666 BGB

6.1.1.1 Die Vernachlässigung psychischer Fakten in gutachtlichen Stellungnahmen

Das physische Wohl und die materielle Sicherung des Kindes scheinen für SozArb auch dann überwiegend entscheidungsrelevante Fakten zu sein, wenn es um die Frage geht, Eltern das Sorgerecht für ihr Kind einzuschränken oder zu entziehen. *Simitis* u. a. stellten in ihren Untersuchungen fest: „Die Jugendamtsberichte lassen eine Selektion der Informationen erkennen, die zur Ausblendung der psychischen Dimension der Kindesinteressen tendiert ... Der Antrag des Jugendamtes nach § 1666 gründet sich regelmäßig auf die Gefährdung des physischen Wohls des Kindes – auf Mißhandlungen, mangelnde Ernährung und Pflege, Verlassen kleiner Kinder. Psychische Mißhandlungen allein oder auch schwere neurotische Fehlentwicklungen bildeten in keinem Fall den Anlaß zur Überprüfung der Situation eines Kindes. Soweit aber neben den Zeichen physischer Gefährdung auch Verhaltensauffälligkeiten oder Entwicklungsdefizite geschildert werden, bleibt oft die Genese der Störungen, ihr Zusammenhang mit der Familienstruktur unklar. Informationen über die wichtigsten Beziehungen des Kindes in und außerhalb der Familie und über Beziehungsprobleme aus seiner Perspektive sind den Berichten nur selten zu entnehmen, obgleich es in den meisten Fällen gerade darum geht, ob diese Beziehungen aufrechterhalten werden sollen oder nicht"[10].

Die einseitige Beachtung des physischen Wohls des Kindes in JA-Berichten läßt sich teilweise aus der alarmierend hohen Zahl körperlich mißhandelter Kinder in der Bundesrepublik erklären. Nach *Ammon* sind – unter Berücksichtigung der nur vage schätzbaren Dunkelziffer – im Vergleich zu repräsen-

---

8 Lempp, NJW 1963, S. 1659.
9 S. 70, 101, 106, 114, 163.
10 S. 165 f.

tativen Daten aus dem angelsächsischen Raum „in der Bundesrepublik jährlich etwa 19 100 Mißhandlungen bzw. ca. 700 Todesfälle (bei Kindern als Folge von Gewalt, Anm. d. Verf.) zu erwarten"[11]. Auch wenn die Zahl zu hoch
gegriffen wäre, deutete sie etwas vom Ausmaß physischer Not von Kindern
an, der SozArb begegnen. Bedenkt man, daß nach *Nau*[12] in 80% der Fälle die
Mißhandlungen schon jahrelang andauerten, bevor Anzeige erstattet wurde,
so unterstreicht das nur das Maß an physischer Bedrängnis, mit der SozArb
und SozPäd in Teilbereichen ihrer beruflichen Praxis konfrontiert werden.

Die unmittelbare Anschauung zahlreicher erschreckender Mißhandlungen besitzt für SozArb sicher eine ausgeprägte Appellfunktion. Sie entschuldigt jedoch nicht, weniger deutlich beeindruckende, aber das Kind nicht geringer belastende seelische Not zu übersehen. Das ist schon deshalb nicht vertretbar,
weil nach *Ammons* Untersuchungen Beziehungsprobleme, also psychosoziale
Vorgänge, auch bei körperlichen Mißhandlungen eine überdurchschnittliche
Rolle spielen. Dies läßt sich durch folgendes belegen:

(1) Betrachtete man die mißhandelnden Erwachsenen, so zeigte sich, „daß
kindesmißhandelnde Eltern selbst in der Kindheit von ihren Eltern mißhandelt
wurden ..."[13]. *Ammon* versteht das Mißhandeln von Kindern durch solche
Personen als das Ergebnis einer schweren Persönlichkeitsschädigung, die als
Folge selbst erlittener, aber nicht verarbeiteter Mißhandlungen anzusehen sei.

(2) Innerhalb der jeweiligen Familiendynamik nehmen mißhandelte Kinder
stets einen bestimmten Platz ein. In 41% der untersuchten Fälle war das mißhandelte Kind der „Sündenbock" der Familie. In der Regel wurde auch dann
nur ein bestimmtes Kind mißhandelt, wenn noch Geschwisterkinder vorhanden waren. Mißhandelte Kinder lebten fast ausschließlich in Familien mit gestörten Partnerbeziehungen. Diese und andere Befunde[14] zeigen: „Das Kind
trägt als schwächstes Mitglied die Konflikte der Gruppe ..."[15].

6.1.1.2 Die vom Gesetz geforderten Fakten

Für seine Stellungnahme zu einem Fall nach § 1666 BGB hat der SozArb folgende Fakten zu berücksichtigen:

(1) Das Verhalten der Eltern in Form von
    a) Mißbrauch der elterlichen Sorge,

11 S. 16.
12 Zitiert in Ammon, S. 15.
13 a. a. O., S. 8.
14 Vgl. auch Zenz, S. 185 – 189
15 Ammon, S. 86.

b) Vernachlässigung des Kindes oder
c) unverschuldetem Versagen.
(2) oder das Verhalten Dritter als Gefahr.
(3) Die Gefährdung des Kindes in seinem
  − körperlichen,
  − geistigen oder
  − seelischen Wohl.
(4) Ursächlichkeit von 1. oder 2. für 3.
(5) Mangelnder Wille oder Unvermögen der Eltern, die Gefahr abzuwenden.

Zu 1a.: Als **Mißbrauch** des elterlichen Sorgerechts werden in der Rechtsprechung[16] angesehen: entwürdigende, unangemessene Strafen (Art, Ausmaß, Härte); Unterbinden von Kontakten (zu Verwandten, Freunden); übermäßige Ausnutzung der Arbeitskraft des Kindes; Herausnahme von Kindern aus langjährigen Pflegeverhältnissen; (versuchte) sexuelle Kontakte zum Kind; Benutzung des Kindes als „Sündenbock"; Ausweisung aus dem Elternhaus ohne anderweitige Unterbringung u. a. m.

Zu 1b.: **Vernachlässigung**[17] des Kindes wäre gegeben durch: mangelhafte Ernährung, Kleidung, Unterbringung; unzureichende oder völlig angelehnte ärztliche Versorgung; völliges Desinteressse an schulischer Erziehung; Duldung von „Herumtreiben", Duldung von ungünstigen Einflüssen Dritter; Verkümmerung „ordentlicher" Lebensführung; wiederholtes Verlassen oder „Abschieben" des Kindes u. a. m.

Die unter 1 a. und 1 b. aufgeführten Beispiele aus der Rechtsprechung, die traditionsgebunden den physischen Bereich überwiegend berücksichtigen, sind durch die vielen psychischen Mißhandlungen zu ergänzen. Betrachtet man die von *Simitis u. a.* zum § 1666 BGB untersuchten Fallgruppen nach dem sie charakterisierenden zentralen Konflikt, sind nur 34 von 69 Fällen dem oft zitierten Bereich der „Kindesmißhandlung" und „Vernachlässigung" zuzuordnen. In den 35 verbleibenden Fällen wird eine Gefährdung des seelischen Wohls deutlich, bedingt durch „Wechsel der Bezugspersonen", „Adoleszenz-Konflikte" und „Elternkonflikte"[18].

Zu 1c.: Auch allein die Unfähigkeit der Eltern, für das Wohl des Kindes zu sorgen, ist hinreichender Grund für entsprechende Maßnahmen. Allerdings muß sie, da das grundgesetzlich geschützte Elternrecht hier wegen fehlenden Verschuldens besonders zu berücksichtigen ist, sehr gravierend sein[19].

16 Vgl. die Nachweise bei Palandt/Diederichsen, § 1666 Anm. 4 a; MünchKo/Hinz, § 1666 Anm. 24 ff. und Nachtrag dazu; Firsching, S. 332 ff.
17 Vgl.a. a. O. Anm. 4 b bzw. Anm. 29 ff. und Nachtrag dazu.
18 S. 152.
19 Vgl. BT-Drucks. 8/2788, S. 57 ff.

Zu 3.: Um ein Verfahren nach § 1666 BGB einzuleiten, genügt es, wenn **nur ein** Bereich des kindlichen Wohls gefährdet ist, z. B. der seelische! Anzeichen von Gefährdung sind nach gängiger Rechtsprechung[20]: Vernachlässigung schulischer und beruflicher Pflichten, Herumstreunen, Alkoholmißbrauch, Drogenkonsum, sexuelle Abartigkeit, schwere neurotische Fehlentwicklungen (Aggressivität, starke Depressionen, Suizidgefährdung, Tendenz zu strafbaren Handlungen) u. a. m.

Zu 4.: Die Gefährdung des Kindes muß durch das oben beschriebene Verhalten der Eltern oder eines Dritten verursacht sein. Es bleibt vom SozArb also zu prüfen, in welchem Umfange das zutrifft bzw. welche anderen Gründe (z. B. Krankheiten, Unfallfolgen, soziales Umfeld o. a.) auch oder allein ursächlich sein könnten.

Zu 5.: Der SozArb muß mit berücksichtigen, ob die Eltern nicht willens oder unfähig sind, eine Gefährung ihres Kindes abzuwenden.

Goldstein u. a.[21] warnen davor, die vom Gesetz her erforderlichen Fakten ausschließlich aus der Sicht eines Erwachsenen heraus zu betrachten. Sie fordern, daß beim Abwägen des Für und Wider (vgl. „Zusammenfassende Beurteilung") vom SozArb zu bedenken ist, ob seine Sicht auch der Erlebnisweise des betroffenen Kindes entspricht, in sicheren sozialen Bindungen zu leben, diese nicht gestört zu bekommen bzw. möglichst rasch wiederhergestellt zu erhalten.

Hassenstein unterstreicht die allgemeine Bedeutung stabiler individueller Bindungen für das Kindeswohl[22].

Mnookin[23] geht insbesondere auf die Bedeutung der Beziehung von gefährdeten Kindern zu ihren Eltern ein und sieht die Herausnahme eines solchen Kindes aus seiner bisherigen Familie – auch dann, wenn es sich um einen Fall von Kindesvernachlässigung handelt – nur aufgrund bestimmter gesicherter Erkenntnisse für voll verantwortbar an. Voraussetzung wäre für ihn: Unsere „Kenntnis müßte das Wissen enthalten, wie die Eltern sich in der Vergangenheit verhalten haben, wie sich dieses elterliche Verhalten auf das Kind ausgewirkt hat und in welchem Zustand sich das Kind derzeit befindet ..." Außerdem müßten wir„ ... das voraussichtlich zukünftige Verhalten des Elternteils vorhersagen können, wenn das Kind zu Hause bliebe, und die Wirkungen dieses Verhaltens auf das Kind abschätzen ...". Ferner müßten wir„ ... diesen

---

20 Vgl. bei Palandt/Diederichsen, § 1666 Anm. 3.
21 S. 17 – 19 und S. 33 – 46.
22 1975, S. 66 – 73; 1977, S. 49 – 61.
23 FamRZ 1975, 1/2.

Strauß möglicher Konsequenzen mit denen vergleichen, die sich ergeben, wenn das Kind in andere Obhut kommt . . . Dies würde erfordern, daß ebenso vorhergesagt wird, wie es sich auswirken wird, wenn das Kind aus dem elterlichen Haus, der Schule herausgenommen und von seinen Freunden und seiner gewohnten Umgebung getrennt wird, wie auch welche Wirkung sein Verbleiben bei Pflegeeltern haben wird"[23].

Wie wenig die Gerichtspraxis einem solchen Anspruch genügt, wird in der Studie über das Kindeswohl von *Simits u. a.* belegt[24].

Daher fordert *Mnookin*: „Die Entfernung des Kindes aus dem Elternhaus sollte die 'letzte Möglichkeit' sein, von der nur Gebrauch gemacht wird, wenn das Kind im Elternhaus nicht geschützt werden kann"[25].

Solche Überlegungen und Befunde machen deutlich, wie wichtig es ist, daß der SozArb aus seiner besonderen Kenntnis des Lebensraums des Kindes heraus in der Stellungnahme den Sachverhalt differenziert darlegt und aus seiner Sichtweise einen Vorschlag zu Maßnahmen unterbreitet, die nicht nur einen einzigen Aspekt berücksichtigen, sondern der Lebenssituation des Kindes weitestgehend Rechnung tragen.

6.1.1.3 Gliederungsvorschlag für die erforderlichen Fakten

Die Gliederung einer gutachtlichen Stellungnahme zu einem Fall nach § 1666 BGB sollte den Leser (Richter) über die Gefährdung des Kindes durch das Verhalten der Eltern (oder Dritter) so informieren, daß dieser aufgrund der Darstellung der Fakten, ihrer Erklärung und Gewichtung den Entscheidungsvorschlag gedanklich nachvollziehen kann, wie es z. B. durch den Gliederungsvorschlag auf S. 91 möglich ist.

6.1.2 Entscheidungsrelevante Fakten zu § 1671 BGB

6.1.2.1 Die Gefährdung des Kindeswohls nach Scheidung

Auch in Stellungnahmen zur Regelung des elterlichen Sorgerechts nach Scheidung haben sich nach dem Willen des Gesetzgebers die relevanten Daten auf das Wohl des Kindes zu beziehen. Der Personenkreis von Kindern und Jugendlichen, die durch Scheidung der Ehe ihrer Eltern in ihrem Wohl gefährdet werden können, ist in der Bundesrepublik – ähnlich wie in anderen Ländern – recht groß. 1977 lebten hier rund 600.000 Kinder unter 18 Jahren in Familien mit einem geschiedenen Familienvorstand. Aus den 108.258 Scheidungen im Jahre 1977 ergaben sich ca. 130.000 Scheidungswaisen. 58,2% der geschie-

---

24 S. 178 f.
25 FamRZ 1975, 6.

Gliederungsvorschlag zu einem Fall nach § 1666 BGB

EINLEITUNG

Sie nennt Personalien der Betroffenen, Gegenstand der Stellungnahme, Erkenntnisquellen

---

↓

VORGESCHICHTE UND DERZEITIGE SITUATION

Sie umfaßt 1) die vielen Einzelsituationen, in denen **Verhalten der Eltern und Dritter** sichtbar wird, das womöglich **eine Gefahr** für das Wohl des Kindes ist; 2) Wie sich das Kind in den verschiedenen Situationen verhielt; 3) Welche sonstigen psychosozialen Gegebenheiten auf das Kind einwirken.

↓

PSYCHOSOZIALER BEFUND

Er zeigt, was infolge der Hinweise aus den unterschiedlichen Einzelsituationen als relativ konstantes **Erleben und Verhalten des Kindes** in seiner sozialen Umwelt anzusehen ist und inwiefern das Kind somit in seinem körperlichen, geistigen oder seelischen Bereich **gefährdet** erscheint.

↓

DIAGNOSE / PROGNOSE

Hier wird abgeklärt, ob zwischen Verhalten der Eltern oder eines Dritten und der Gefährdung des Kindes ein ursächlicher Zusammenhang besteht oder aber andere Ursachen mit zu berücksichtigen sind.

↓

ZUSAMENFASSENDE BEURTEILUNG

Der SozArb/SozPäd erörtert hier, inwiefern nach dem vorliegenden Befund und den diagnostischen Überlegungen die Eltern gewillt und imstande sind, die Gefährdung des Kindes abzuwenden. Er erwägt noch einmal alle bekannten Fakten, soweit sie das Kindeswohl berühren.
Aus diesen Überlegungen ergeben sich dann

↓

VORSCHLÄGE

von geeigneten Maßnahmen.

91

denen Ehepaare hatten noch lebende minderjährige Kinder[26]. In den Vereinigten Staaten schätzt man, „daß 40% der heute verheirateten jungen Erwachsenen sich irgendwann werden scheiden lassen, und daß 40 − 50% der Kinder, die in den 70er Jahren geboren sind, einige Zeit in einer Ein-Eltern-Familie verbringen werden"[27].

Der Inhalt des § 1671 BGB bezieht sich explizit nur auf das Kindeswohl **nach Scheidung**, setzt jedoch implizit dessen Beachtung in der Zeit **vor und während eines Scheidungsprozesses** voraus. Und das mit gutem Grund. Besteht doch bei den meisten Autoren[28] Einigkeit darüber, daß mindestens die seelische Belastung vieler Scheidungswaisen vor der eigentlichen Scheidung einsetzt. „Viel Verwirrung ist bei der Untersuchung der Auswirkung von Scheidung auf Kinder dadurch gestiftet worden, daß Scheidung als ein einmaliges Ereignis angesehen worden ist und nicht als eine Sequenz von Erfahrungen, bei denen Kinder sich in ihrem Leben umstellen"[29].

Die Gefährdung des seelischen Wohls des Kindes beginnt spätestens in der Zeit, in der dem Kind die destruktiven Familienbeziehungen erlebbar werden. Die seelische Belastung steigert sich, wenn dem Kind die Wahrscheinlichkeit der endgültigen Trennung der Eltern bewußt wird. „Es ist offenbar das Geborgenheitserlebnis in der festgefügten Gemeinschaft, dessen Verlust so einschneidend erlebt wird," konstatiert *Arntzen*[30] auf Grund seines Untersuchungsmaterials. „Die Fähigkeit, zu zwei Menschen in einer gemüthaften Bindung zu leben, die ihrerseits wiederum untereinander gemüthaft verbunden, sich also nicht gleichgültig sind, ist eine wichtige Voraussetzung für die Fähigkeit, mit mehreren Menschen gleichzeitig ein gutes Verhältnis aufzubauen"[31]. Diese Fähigkeit wird dem Kinde weitgehend durch das Auseinanderleben der Eltern und die nachfolgende Scheidung genommen. Auch das Versprechen eines großzügigen Besuchsrechts ändert wenig daran. „Ein Kind, dessen Eltern geschieden sind, hat zwar noch einen Vater und eine Mutter, aber keine Eltern mehr . . ., allenfalls Elternteile oder gar ‚Elterntrümmer'"[32].

Die Bedrohung des kindlichen Wohls in diesem Bereich wird durch die „**Instrumentalisierung von Kindern** durch streitende Eltern"[33] vergrößert. „Allzu leicht werden nach der Scheidung die Kinder als Vehikel und Funktionsträger

26 Presse- und Informationsamt der Bundesregierung Deutschland, Hrsg., Gesellschaftliche Daten 1979, S. 24 f., 281.
27 Hetherington, Report Psychologie 80, 16.
28 z. B. Haffter 1948, Goldstein u. a. 1974, Lempp 1978, Steffen 1979, Arntzen 1980, Hetherington 1980.
29 Hetherington, a. a. O., S. 16.
30 Arntzen 1980, S. 4.
31 Lempp 1976, S. 9.
32 Lempp 1976, S. 8. und S. 10.
33 Simitis u. a., S. 71.

für die Fortsetzung der nach wie vor affektiv-dynamisch aufgeladenen Konflikte benutzt"[34].

Die seelische Belastung des Kindes wächst, wenn es seinen **Wunsch** zu erkennen geben soll, **bei welchem Elternteil** es weiterhin verbleiben möchte. Eine direkte Befragung, womöglich in Anwesenheit der Eltern, kann das Kind − je nach Alter − in seiner Antwortmöglichkeit nicht nur überfordern, sondern zugleich auch mit starken Schuldgefühlen belasten, da es sich ja häufig beiden Elternteilen, wenn auch in unterschiedlicher Intensität, verbunden fühlt. Eine solche Zuneigung zu beiden Elternteilen fand *Arntzen*[35] bei 82% der Kinder aus geschiedenen Ehen. 75% der untersuchten Kinder wünschten, daß die Eltern sich wieder vertragen und zusammenziehen sollten; 7% wollten ein weiteres Zusammenleben mit den Eltern auch dann, wenn die Eltern sich noch nicht wieder vertragen konnten.

Der Ambivalenzkonflikt des Kindes, zwischen Vater und Mutter wählen zu sollen, ist geringer, wenn sich bereits eine Abneigung gegen ein Elternteil entwickelt hat. Nach *Arntzens* Befunden ist das dann der Fall, „wenn ein Kind vom Vater oder von der Mutter früher

a) körperlich oder psychisch mißhandelt worden ist,
b) wenn es sich anhaltend vernachlässigt gefühlt hat,
c) wenn es die Mißhandlung der Mutter durch den Vater oder
d) häufige Trunkenheit eines Elternteils, die ekelerregend wirkte oder mit aggressiven Handlungen verbunden war, erlebt hat"[36].

Die Beeinträchtigung des seelischen Wohls eines Kindes wird ferner in dem Maße zunehmen, in dem der sorgeberechtigte Elternteil der Versuchung erliegt, das ihm anvertraute Kind als „Gattensubstitut"[37] bzw. „Stellvertreter"[38] zu mißbrauchen und dadurch das Kind in seiner Entwicklung zu beeinträchtigen.

Die bis jetzt genannten Gefährdungen des Kindeswohls treffen − wenn auch in individuellen Variationen − mehr oder weniger für jedes Kind aus einer geschiedenen Ehe zu und sind vom SozArb bei seiner Stellungnahme entsprechend zu berücksichtigen.

Nach *Hetherington* „erleben fast alle Kinder die Übergangszeit der Scheidung als schmerzhaft ... Die typischsten frühen Reaktionen von Kindern auf Scheidung sind Ärger, Furcht, Depression und Schuldgefühle. Gewöhnlich dauert

34 Steffen, S. 133.
35 1980, S. 3.
36 1980, S. 4.
37 Richter, S. 108.
38 Schäffle, S. 25.

es bis zu einem Jahr nach der Scheidung, bis die Spannung sich reduziert und ein wachsendes Gefühl des Wohlbefindens zu entstehen beginnt"[39]. Insofern sind die o. g. Reaktionen im Hinblick auf die auslösende Belastung zunächst „normalerweise" als **Kurzzeiteffekte** zu erwarten.

Die Stellungnahme des SozArb soll jedoch nicht nur wahrscheinliche Kurzzeiteffekte, sondern auch die notwendige **langfristige Anpassung** des Kindes an seine veränderte Lebenssituation berücksichtigen. Wie diese verläuft, ist bislang wenig erforscht. Offensichtlich „zeigt sich eine große Variabilität in der Qualität und der Intensität der Reaktionen und der Anpassung von Kindern an Scheidung. Einige Kinder zeigen schwerwiegende und andauernde Entwicklungsstörungen, andere scheinen durch eine turbulente Scheidung und die streßvolle Zeit danach hindurchzuschweben und als kompetente, gut funktionierende Individuen dabei herauszukommen"[40]. Beeinträchtigungen in der Entwicklung geschlechtsspezifischen Rollenverhaltens sind bei längerem „Fehlen" eines Elternteils sehr wahrscheinlich[41].

Einige Ursachen für die unterschiedlichen langfristigen Entwicklungsverläufe von Kindern aus geschiedenen Ehen scheinen in folgenden Variablen zu liegen:

(1) **Alter des Kindes** zum Zeitpunkt der Scheidung.
„Am schwierigsten ist es" nach *Lempp* „für Kinder im Vorschul- und Schulalter, mit den Veränderungen, die eine Scheidung der Eltern mit sich bringt, fertig zu werden"[42]. Gründe für die schlechtere Anpassung jüngerer Kinder an die veränderte Lebenssituation sind für *Hetherington* „die beschränkten kognitiven und sozialen Kompetenzen des jungen Kindes, die Abhängigkeit des jungen Kindes von Eltern und ihr stärkeres Beschränktsein auf das Zuhause"[43]

Kleinkinder und Jugendliche haben andere Möglichkeiten, mit der Situation umzugehen. Sofern den 2 – 3jährigen ihre bisherige überwiegende Bezugsperson erhalten bleibt, werden sie den Verlust des anderen Elternteils leichter überwinden[44]. Jugendliche erleben eine Scheidung der Eltern nicht unbedingt der Intensität, wohl aber der Qualität nach anders als Vorschul- und Schulkinder. Ihnen ist es eher möglich, „die Verantwortlichkeit für die Scheidung an die richtige Person zu verweisen, Loyalitätskonflikte zu lösen und die ökonomischen und anderen praktischen Probleme zu erfassen und mit ihnen fertig

---

39 Hetherington, S. 16.
40 Hetherington, S. 17.
41 Vgl. Lehr 1972, S. 886 – 954.
42 Lempp 1976, S. 14.
43 Hetherington, S. 17 f.
44 vgl. Lempp 1976, S. 16.

zu werden"[45]. Entsprechend ihrem Entwicklungsstand können sie sich stärker von der Familie ablösen und auf ihre eigene Zukunft einstellen. Außerdem haben sie mehr Möglichkeiten an ergänzenden Sozialkontakten außerhalb der Familie, als das für Vorschul- und Schulkinder der Fall ist.

(2) **Das Geschlecht** des Kindes.
Eine Vielzahl von *Hetherington* zitierter Untersuchungen verweist darauf, daß Jungen eine Scheidung weniger gut verarbeiten als Mädchen. Sie zeigen „einen höheren Grad an Verhaltensstörungen und Problemen bei interpersonellen Beziehungen zu Hause und in der Schule mit Lehrern und Gleichaltrigen"[46], während bei Mädchen beobachtete Störungen im emotionalen und sozialen Bereich in der Regel zwei Jahre nach der Scheidung abklingen, allerdings im Jugendalter in der Entwicklung von Partnerbeziehungen wieder aufleben können. – Die beobachteten Unterschiede sind freilich kaum als biologisch bedingte anzusehen. Vielmehr wird hier das Zusammengehen vieler sozialer Komponenten sichtbar. Z. B.: In den meisten Fällen leben die Jungen mit ihren Müttern zusammen (Verlust eines angemessenen Identifikationsobjektes, Überforderung als Gattenersatz); Jungen wird generell ein höheres Maß an Aggressivität und Durchsetzungswillen eingeräumt; Jungen werden eher als Mädchen dem elterlichen Streit ausgesetzt u. a. m.[47].

(3) **Persönlichkeitsbesonderheiten** des Kindes vor Scheidung.
Kinder, die bereits vor Scheidung „schwierige" Kinder waren, verkraften die neue Situation nach Scheidung schlechter als seelisch stabile Kinder. Sie sind auch mit größerer Wahrscheinlichkeit Auslöser und Ziel aversiver Verhaltensweisen ihrer mit sich selbst beschäftigten Eltern.

(4) **Kumulativer Streß** nach Scheidung.
In der Regel hat das Kind nicht nur den Verlust eines Elternteils, sondern noch eine Reihe anderer Veränderungen seiner **Lebenssituation** zu verarbeiten. Dazu gehören: Wohnungswechsel, Verlust von Bekannten und Freunden, Einleben in neue Schulsituation, Überforderung der Mutter bei aufgenötigter Berufstätigkeit, wirtschaftliche Einschränkungen, Zusammenleben mit neuem Partner eines Elternteils u. dgl. – Je nachdem, ob die Veränderungen vom Kind als eine Erleichterung der bisherigen Lebenssituation oder als eine zusätzliche Belastung erlebt werden, ist auch mit unterschiedlichen Anpassungsleistungen bei diesem Kinde zu rechnen.

(5) **Die Beziehung des Kindes zum nichtsorgeberechtigten Elternteil.**
In den meisten Fällen handelt es sich hier um die Beziehung zum Vater. Wenn nichtsorgeberechtigte Väter in den ersten Monaten nach Scheidung genauso-

---

45 Hetherington, S. 18.
46 Hetherington, S. 18.
47 Vgl. Hetherington, S. 18.

viel oder manchmal sogar mehr Kontakt mit ihren Kindern haben als vor der Scheidung, so sagt das wenig aus über die Qualität der Beziehung. Die Motivation zu solchen Kontakten ist nicht selten, sich „Besitzansprüche" an dem Kind zu sichern. Vielfach sind Eltern im ersten Jahr nach der Scheidung zu sehr mit sich selbst, mit ihrem Ärger, ihren Depressionen und Bedürfnissen beschäftigt, als daß sie für die Belange ihrer Kinder die notwendige Offenheit besäßen. Nach den Befunden von *Hetherington u. a.* bessert sich das im zweiten Jahr nach Scheidung. Zu den einzelnen Aspekten effektiver Beziehung des Kindes zum nichtsorgeberechtigten Elternteil vgl. Kap. 6.1.4.

Wenn bislang das seelische Wohl des Kindes im Vordergrund dieser Ausführungen stand, so ist als selbstverständlich vorausgesetzt, daß der SozArb bei der Sammlung relevanter Fakten die Förderungsmöglichkeiten des Kindes im geistigen Bereich und die Sicherung des körperlichen Wohls des Kindes mit berücksichtigt. Das seelische Wohl muß jedoch oft besonders beachtet werden.

6.1.2.2 Die Beachtung des Kindeswohls in Jugendamtsberichten zu Fällen nach § 1671 BGB

Betrachtet man die Analysen einschlägiger Stellungnahmen von JÄ, findet man, daß das **seelische Wohl** des Kindes wenig Beachtung findet.

Die **äußere Versorgung** des Kindes wird in 96% der Berichte erwähnt, die ökonomisch-soziale Situation in 89% der Fälle. Das psychische Befinden des Kindes hingegen wird nur in 28% aller Fälle angesprochen. Hier zeigt sich eine eindeutige Vernachlässigung des Aspektes „seelisches Wohl des Kindes" zugunsten des wirtschaftlich-materiellen. In die gleiche Richtung verweisen auch die Befunde, denen zufolge nur bei 12% der Fälle die Problemlösungsfähigkeit der Eltern und nur bei 6% ihre affektive Sozialisationskompetenz beachtet wurden, zwei komplexe Verhaltensweisen, die für die gesunde seelische Weiterentwicklung eines Kindes nach Scheidung hochbedeutsam sind. Auch das **geistige Wohl** des Kindes blieb in den untersuchten Stellungnahmen der JÄ weithin unberücksichtigt. Nur in 15% der Fälle wurde von den SozArb die kognitive Sozialisationskompetenz der Eltern, die zumindest als eine Grundbedingung für kognitive Förderung von Kindern anzusehen ist, berücksichtigt.

Wie wenig das seelische Wohl des Kindes Gegenstand solcher Berichte war, zeigt sich auch darin, daß in nur 11% der untersuchten Fälle das Verhältnis des Kindes zum jeweiligen Elternteil besprochen wurde. Auch die Bedeutung dauerhafter Beziehungen für Scheidungswaisen wurde in 42% aller JA-

Berichte ignoriert[48]. Und wenn SozArb ausdrücklich die Bedeutung der Kontinuität in der Eltern-Kind-Beziehung betonen, ist im Einzelfall zu prüfen, inwieweit hier eine stärkere Identifikation mit dem Klienten (sprich: im Bezirk wohnenden Elternteil) oder eine fachliche Beurteilung der Gesamtsituation dafür ausschlaggebend war. Denn die Zahl der JÄ, in deren Bereich ein Elternteil mit Kind wohnte und die mit dem Kontinuitätsprinzip argumentierten, war in o. g. Untersuchung fünfmal höher als die der JÄ, die ein Elternteil zu begutachten hatten, das ohne das Kind zusammenlebte.

6.1.2.3 Vom Gesetz vorgegebene Gesichtspunkte für eine Sorgerechtsregelung nach Scheidung

Vom § 1671 BGB her ergeben sich für den SozArb folgende Fragen:[49]

1. Liegt ein gemeinsamer Vorschlag der Eltern vor?
2. Ist es zum Wohle des Kindes erforderlich, hiervon abzuweichen?
3. Macht ein mindestens vierzehnjähriges Kind einen dem der Eltern entgegengesetzten Vorschlag?
4. Wenn 1. nicht bzw. wenn 2. oder 3. gegeben sind: welche Regelung entspricht dann dem Kindeswohl am besten?
5. Welche Bindungen bestehen vor allem zwischen dem Kind, seinen Eltern und Geschwistern?
6. Ist es erforderlich, die Personensorge dem einen, die Vermögenssorge oder Teile davon dem anderen Elternteil zu übertragen?
7. Erfordert es das Wohl des Kindes, Personen- und/oder Vermögenssorge einem Vormund oder Pfleger zu übertragen?

Zu 1.: Aus ihrer Erfahrung als Richterin kommt *Puls* zu der Feststellung: „Die psychische Lage der sich scheidenden oder trennenden Eltern verlangt vom JA-Mitarbeiter die Wahrnehmung und Analyse der von den Elternteilen verfolgten unterschiedlichen Interessen beim Streit um das Kind; ... deshalb ist grundsätzlich eine skeptische Haltung gegenüber dem Vorschlag der Elternteile zum Kindeswohl geboten"[50]. Das gilt auch für einen gemeinsamen Vorschlag.

Engagieren sich Eltern unterschiedlich stark mit voneinander abweichenden Vorschlägen, das Sorgerecht zu erhalten, so teilen wir *Steffens* Auffassung nicht, das stärkere Engagement für die Erteilung des Sorgerechts sei zu be-

---

48 Vgl. Simitis u. a., S. 70f.
49 Zu den juristischen Einzelfragen siehe Palandt/Diederichsen, § 1671; MünchKo/Hinz, § 1671; Rahm, IV. Kapitel; Firsching, S. 229ff.
50 S. 71.

rücksichtigen, da sich damit „die Bereitschaft zur Übernahme erheblicher Verantwortung, großer Pflichten und Belastungen" abzeichne[51]. Wir sind vielmehr der Ansicht, daß zu prüfen ist, inwieweit dieses Engagement nicht eher der Versuch ist, eigene Interessen durchzusetzen oder den Partner zu treffen.

Zu 2.: Auch wo die eben genannten Voraussetzungen nicht zutreffen und Eltern mit ihrem gemeinsamen Vorschlag tatsächlich das Kindeswohl meinen, sollte der SozArb prüfen, ob sie es damit tatsächlich fördern. Das wird z. B. bei solchen Eltern nicht der Fall sein, bei denen die kognitive Sozialisationskompetenz gering ist.

In diesem Zusammenhang sei an *Steffens* Hinweis auf das Unbehagen „gegenüber Eingriffen in innerfamiliäre Angelegenheiten und Elternrechte" und der Gefahr von „willkürlichen Eingriffsmöglichkeiten" erinnert.[52]

Zu 3.: Es besteht allgemeine Übereinstimmung darüber, daß der Wunsch eines Kindes im Zusammenhang mit der Sorgerechtsregelung – unabhängig von seinem Alter – angemessen berücksichtigt werden soll. Unterschiedliche Standpunkte werden jedoch sichtbar, wenn man untersucht, welches Gewicht dem Kindeswunsch beigemessen werden soll.

Lempp erörtert ausführlich die Schwierigkeiten, die entstehen, wenn das Kind zu erkennen geben soll, bei welchem Elternteil es verbleiben will. Er betont jedoch die Notwendigkeit einer klaren Lösung dieser Frage vor der Entscheidung über das Sorgerecht. Dabei stellt er als Maximie auf: „Das Kind soll zu demjenigen, zu dem es selbst möchte"[53].

Steffen meldet hierzu Bedenken an. Er möchte das Alter des Kindes, die situativen Umstände, unter denen der Wunsch des Kindes entstand, sowie seine noch sehr begrenzte Fähigkeit, Zukünftiges zu überschauen, ausdrücklich berücksichtigt wissen. Auch er verweist auf die Probleme, die durch eine Befragung des Kindes zu diesem Problem entstehen können und gibt außerdem zu bedenken, „daß pädagogische Qualifikation und Beliebtheitsgrad eines Elternteils beim Minderjährigen nur bedingt miteinander korrelieren"[54].

Arntzen hat in seinem Untersuchungsgut ebenfalls Fälle, in denen der Wunsch des Kindes dem Kindeswohl nicht entsprach[55].

Nicht selten mag sich ein SozArb überfordert sehen, den Wunsch des Kindes angemessen zu erfassen, und dafür ein Sachverständigengutachten einholen

51 S. 151
52 S. 137 f.
53 1976, S. 18.
54 S. 144; vgl. auch S. 142 f.
55 1980, S. 13 f.

oder anregen. Nur durch ausgedehnte Verhaltensbeobachtungen und explorative Gespräche wird es dem SozArb möglich sein, vorhandene Bindungen des Kindes vorsichtig abzuschätzen, die den von ihm verbal geäußerten Wunsch, bei einem bestimmten Elternteil leben zu wollen, erhärten können.

Zu 4.: Zur Beantwortung der Frage, welche Regelung denn Kindeswohl am besten entspricht, wird auf die Ausführungen unter 6.1.2.4 verwiesen.

Zu 5.: Mit der Beachtung bestehender Bindungen wird ein zentraler Bereich des Kindeswohls berührt. Welche Probleme sich daraus ergeben, daß Kinder zu beiden Elternteilen Bindungen erleben, nach Scheidung aber nur mit einem in Wohngemeinschaft leben können, soll in Kap. 6.1.4 (Umgangsrechtsregelung) angesprochen werden.

Arntzen hebt hervor, daß nicht die Dauer, sondern die Qualität des Zusammenseins von Kind und jeweiligem Elternteil für das Ausmaß an emotionaler Bindung ausschlaggebend ist[56]. Moralische Bedenken, wie z. B. Berufstätigkeit der Mutter als Bardame oder ihr unverheiratetes Zusammenleben mit einem Freund, sind für *Lempp* noch kein sachliches Argument gegen eine bestehende gemüthafte Bindung zwischen Mutter und Kind[57].

Je nach den besonderen Lebensverhältnissen (z. B. Studentenehe), kann man heute nicht mehr generell davon ausgehen, daß Mütter zu kleineren Kindern eine engere Bindung hätten als Väter[58]. „Auch wenn in der Mehrzahl der Fälle eine Trennung von der Mutter — sofern sie psychisch gesund und dem Kind liebevoll zugetan ist — als besondere Härte für das Kind erscheinen wird, ist vor jeder prinzipiellen oder Schemalösung zu warnen. Man muß die Familienanamnese genau verfolgen, die Wirkungen der Ehestörungen auf das Kind und seine Verarbeitung der Konflikte, Umstrukturierungen, die sich daraus ergeben haben usw. . . ."[59].

Wenn man dennoch das Sorgerecht über kleinere Kinder, einschließlich Schulkinder, eher Müttern als Vätern überträgt, dann aus der Überlegung heraus, daß in unserer Kultur Frauen noch immer häufiger zu Hause sind und somit die Anpassung der Kinder an Stiefväter meist leichter zu sein scheint als die an Stiefmütter.

Sofern Kinder überwiegend bei **Großeltern** aufgewachsen sind, sollte das Kind, wenn es sich dort zu Hause fühlt, auch nach Scheidung bleiben. Dadurch wird die von *Goldstein u. a.* forderte Kontinuität der Beziehungen des

56 1980, S. 13 f.
57 1976, S. 31.
58 vgl. Lempp 1976, S. 30; Arntzen 1980, S. 15 f.
59 Tägert, S. 617.

Kindes zu ihm bedeutsamen Personen gesichert[60]. *Lempp* schlägt für solche Fälle vor, das Sorgerecht dann dem Elternteil zu übertragen, der das Kind bei diesen Großeltern beläßt[61]. Die Berücksichtigung bestehender **Geschwisterbeziehungen** kann die Sorgerechtsregelung mitunter erschweren. Hier sind „Alter und Altersabstand der Kinder" sowie „die Gemütsbeziehung der Geschwister untereinander[62] zu berücksichtigen. Im allgemeinen dürften für das jeweilige Kind die Beziehungen zwischen Kind und Elternteil bedeutsamer sein als die zu den Geschwistern. Der Wert, als Geschwisterkinder sich an eine neue Lebenssituation gewöhnen zu können, wird damit nicht bestritten.

Zu 6.: Ohne Möglichkeit der Ausnahme sieht das Gesetz (§ 1671 IV BGB) die Aufteilung des Sorgerechts allenfalls in Personensorge plus evtl. Teile der Vermögenssorge einerseits und die ganze oder Teile der Vermögenssorge andererseits vor. Eine anderweitige Aufspaltung, z. B. die religöse Erziehung an den Vater, die elterliche Sorge im übrigen an die Mutter, ist nicht zulässig.

Die Aufteilung des Sorgerechts darf auch nur dann ausgesprochen werden, wenn „es die Vermögensinteressen des Kindes erfordern". Somit reichen Zweckmäßigkeitserwägungen allein nicht aus. Vielmehr muß sich eine derartige Regelung mit Rücksicht auf die verschiedenartigen Eignungen der Elternteile als notwendig erweisen, weil sonst die Interessen des Kindes gefährdet wären. Eine Aufspaltung kommt z. B. in Betracht, wenn die Mutter zwar nicht für die Personensorge, jedoch zur Verwaltung des Kindesvermögens gänzlich ungeeignet ist, der Vater aber wegen seines Berufs (Handelsvertreter) das Kind Dritten (Fremden) zur Pflege geben müßte[63]. Ist der Elternteil, dem die ganze Personen- bzw. die ganze Vermögenssorge übertragen wird, in weiteren Teilbereichen ungeeignet, so kommt nur eine zusätzliche Pflegerbestellung gem. Abs. 5 in Betracht[64].

Mit der Regelung, daß das Gericht die elterliche Sorge einem Elternteil allein zu übertragen hat (Abs. 4. S. 1), stellt der Gesetzgeber klar, daß er ein Belassen der elterlichen Sorge insgesamt bei beiden Elternteilen ablehnt[65]. Damit ist der Streit, der aufgrund des bis Ende 1979 geltenden Sorgerechts in Literatur und Rspr. darüber bestand, ob nicht eine gemeinsame Ausübung des Sorgerechts trotz Scheidung zulässig sei[66], vom Gesetzgeber zunächst eindeutig entschieden. Trotzdem ist die Diskussion um die gemeinsame Sorgerechtsaus-

---

60 S. 31 ff.
61 1976, S. 30.
62 Lempp 1976, S. 31.
63 Beispiel nach Palandt/Diederichsen, § 1671 Anm. 1.
64 S. dazu den nächsten Abschnitt.
65 So RA/BT-Drucks. 8/2788, zu § 1671 Abs. 5.
66 „Die elterliche Gewalt soll in der Regel einem Elternteil allein übertragen werden." (§ 1671 IV 1 BGB a. F.).

übung mittlerweile wiederaufgelebt mit der Begründung, die neue Regelung sei verfassungswidrig, da sie gegen Art. 6 II GG verstoße.

Dieser Standpunkt, der inzwischen vom Kammergericht[67] bestätigt worden ist[68], geht davon aus, daß nicht jede Scheidung zwangsläufig eine Gefährdung für das Kindeswohl darstellen müsse. Wenn trotz Scheidung eine Gefährdung nicht festgestellt werden könne, sei den Eltern auf deren übereinstimmenden Antrag gemeinsam das Sorgerecht zu belassen. Diese Argumentation, die juristisch zutreffend sein dürfte[69], läßt allerdings die Frage offen, wann es für das Kind unter psychologischen und pädagogischen Gesichtspunkten zuträglich ist, beiden Elternteilen trotzt räumlicher Trennung die gemeinsame Ausübung des Sorgerechts zu belassen. Notwendige psychologisch/pädagogische Voraussetzungen dürften dann gegeben sein, wenn

- das Kind sich zu beiden Elternteilen eine positive emotionale Beziehung erhalten konnte;
- die Kontakte des Kindes mit seinen Eltern relativ konfliktfrei verlaufen;
- beide Eltern grundsätzlich zur Erziehung des Kindes geeignet sind;
- die früheren Ehepartner ihren Trennungskonflikt hinreichend verarbeitet haben;
- einer den anderen als am Kind interessierten Elternteil akzeptieren kann;
- sie in Erziehungszielen und -praktiken notwendige Gemeinsamkeit besitzen.

Sicher ist, daß die gemeinsame Ausübung des Sorgerechts wohl nie der Regelfall sein wird.

Zu 7: Gem. § 1671 V1 BGB kann das Gericht die Personensorge und die Vermögenssorge einem Vormund oder Pfleger übertragen, wenn dies erforderlich ist, um eine Gefahr für das Wohl des Kindes abzuwenden. Sind beide Elternteile für die Ausübung der gesamten elterlichen Sorge ungeeignet, wird ein Vormund bestellt; ist der Elternteil, dem grundsätzlich das Sorgerecht zugesprochen werden soll, in Teilbereichen ungeeignet, kommt eine Pflegerbestellung in Betracht.

Nach dem Wegfall des Verschuldensprinzips in § 1666 BGB scheint § 1671 V 1 BGB mit dieser Vorschrift vergleichbar. Nach dem Willen des Gesetzgebers[70] jedoch haben beide Normen unterschiedliche Funktionen. § 1666 BGB stellt

---

67 (= das OLG in Berlin) vom 28. 5. 1980, FamRZ 1980, 821.
68 Berlin ist nicht Bestandteil der Bundesrepublik. Daher unterliegt es nicht der Gerichtsbarkeit des BVerfG. Seine Gerichte können eine etwaige Verfassungswidrigkeit inzident feststellen.
69 So in neuerer Zeit: Fehmel, FamRZ 1980, 758; Troje, NDV 1981, 17; Palandt/Diederichsen, § 1671 Anm. 2b und NJW 1980, 1/9; AmtsG Königstein/Ts. v. 12. 2. 1980, DA Vorm 1980, 234 = FamRZ 1980, 483; a.A. Gernhuber LB, § 5 IV 6 und § 56 II 1.
70 RA/BT-Drucks. 8/2788, zu § 1671 V.

auf ein verschuldetes oder unverschuldetes **Versagen** gegenüber dem Kind ab; § 1671 V BGB greift ein, wenn eine objektive **Unfähigkeit oder Ungeeignetheit** vorliegt, die damit zusammenhängt, daß der geschiedene Ehepartner ohne Mithilfe des jeweils anderen Ehegatten pflegen und erziehen müßte.

Als Vormund oder Pfleger kommen, sofern vorhanden, Einzelpersonen, z. B. Großeltern oder Geschwister, die das Kind versorgen, oder das JA (§ 1791 b BGB) oder freie Träger der Jugendhilfe (§ 1791 a BGB) in Betracht (z. B. der Sozialdienst Katholischer Frauen).

6.1.2.4 Orientierungspunkte für eine gutachtliche Stellungnahme zur Sorgerechtsregelung

1. Das bisherige Verhalten des Kindes zu seinen Eltern.
2. Der methodisch gesicherte stabile Wunsch des Kindes.
3. Bestehende Bindungen des Kindes, ihre Intensität und Stabilität zu verschiedenen Personen.
4. Kontinuität des vertrauten Lebensraumes des Kindes mit den dort entwickelten sozialen Beziehungen.
5. Die aus dem Alter des Kindes sich ergebenden unterschiedlichen Anforderungen an zeitliche Verfügbarkeit und pflegerisches Können des Elternteils.
6. Zusammenbleiben von Geschwisterkindern bei geringem Altersabstand und enger Bindung untereinander.
7. Das bisherige Verhalten der Eltern zum Kind.
8. Die affektiven Beziehungen der beiden Elternteile zum Kind bzw. zu den verschiedenen Kindern.
9. Die psychophysische Belastbarkeit der Elternteile.
10. Die Bereitschaft der Eltern, eigenes Tun zu reflektieren; Anteile an Versagen erkennen und zugeben zu können.
11. Die Problemlösungsfähigkeit der Elternteile.
12. Die kognitiven und affektiven Voraussetzungen der Eltern, das Kind zu erziehen (Erziehungsziele, Verwendung von Lob und Strafe, Verhalten in Konfliktsituationen u. a.).
13. Unterschiedliche Voraussetzungen der Eltern, die Kinder schulisch und beruflich zu fördern.
14. Die verschiedenen Möglichkeiten der Elternteile für die äußere Versorgung des Kindes (Ernährung, Kleidung, Pflege im Krankheitsfall ...)
15. Eventuelle unterschiedliche wirtschaftliche Voraussetzungen bei Vater und Mutter.
16. Die Wohnverhältnisse der Elternteile.

17. Die unterschiedlichen Möglichkeiten, andere Personen in Pflege und Erziehung des Kindes einzubeziehen; Einstellung des Kindes zu diesen Personen.
18. Beziehungen des neuen Partners/der neuen Partnerin (und dessen/deren Kindern) zum Kind und umgekehrt.
19. Fähigkeit der Elternteile, Kontakte des Kindes zum anderen Elternteil zu akzeptieren und förderlich zu gestalten.
20. Heimunterbringung als „die am wenigsten schädliche Alternative"[71].

Diese Zusammenstellung von Orientierungspunkten kann zwangsläufig nicht vollständig sein, erfaßt jedoch wesentliche Aspekte. Diese sind von der konkreten Situation aus jeweils individuell zu ergänzen.

6.1.3 *Entscheidungsrelevante Fakten zu § 1672 BGB bzw. § 620 I Nr. 1 ZPO*

Wenn zu einer Regelung der elterlichen Sorge bei Getrenntleben der Eltern das JA eine Stellungnahme abzugeben hat, sind hier weitgehend die bereits unter 6.1.2 gemachten Ausführungen zu berücksichtigen[72].

Vorausgesetzt wird von Gesetzes wegen entweder ein Antrag eines Elternteils auf Regelung des Sorgerechts oder die Gefährdung des Kindeswohls, die zu beseitigen die Eltern nicht gewillt oder in der Lage sind. Dieser Fall wird heute häufiger dann gegeben sein, wenn Eltern sich zwecks späterer Scheidung trennen. Bereits die geforderte Trennungsfrist von 1 Jahr bei Ehescheidung mit beiderseitigem Einverständnis stellt für Kleinkinder wegen ihres anderen Zeiterlebens eine erhebliche Belastung dar. *Lempp*[73] gibt zu überlegen, daß für ein 3jähriges Kind ein Jahr ein Drittel seines bisherigen Lebens ausmacht. Noch schlimmer wird die Situation für das Kind, wenn nur ein Elternteil die Scheidung anstrebt und die Trennungszeit von 3 Jahren (§ 1566 II BGB) oder gar 5 Jahren (§ 1568 II BGB) bis zur endgültigen Scheidung verstreicht. In solchen Fällen ist es vom Kindeswohl her geboten, bereits bei Beginn der Trennung eine Regelung der elterlichen Sorge so zu treffen, daß sie auch bei Scheidung dann beïbehalten werden kann. Nur so ist es möglich, die an sich schon belastende Situation für das Kind nicht noch schwerer zu machen und den von *Goldstein u. a.* aufgezeigten Bedürfnissen des Kindes nach dauerhaften zwischenmenschlichen Beziehungen und seinem besonderen Verhältnis zur Zeit wenigstens annähernd gerecht zu werden.

---

71 Goldstein u. a., S. 49 f.
72 Zu den juristischen Details siehe Palandt/Diederichsen, § 1672; MünchKo/Hinz, § 1672, und Nachtrag; Rahm, IV. Kapitel; Firsching, S. 229 ff.
73 1979, S. 49.

Das heißt für den SozArb in solchen Fällen, bei seiner gutachtlichen Stellungnahme nicht nur die augenblickliche Situation des Kindes im Auge zu haben, sondern die in 1, 3 oder 5 Jahren zu erwartende mit zu bedenken. Eine Ausnahme bilden Fälle, in denen Kinder inzwischen in die Vorpupertät oder Pubertät gekommen sind. Hier „kann ein Wechsel, vor allem von der Mutter zum Vater, in Einzelfällen einem echten Bedürfnis des Kindes entsprechen und für alle eine Verbesserung bedeuten"[74].

6.1.4 Entscheidungsrelevante Fakten zu § 1634 BGB

6.1.4.1 Aufgrund des Gesetzes zu beachtende Fakten

Im Zusammenhang mit § 1634 BGB muß der SozArb in folgenden Fällen eine gutachtliche Stellungnahme abgeben:

- Bereits bei Ehescheidung erweist es sich als notwendig, eine Umgangsregelung zu treffen;
- bei Ehescheidung ist keine Umgangsregelung erfolgt, später wird sie jedoch erforderlich;
- ein gerichtlich geregeltes Umgangsrecht muß im Interesse des Kindes modifiziert oder entzogen werden.

Bei einer solchen gutachtlichen Stellungnahme hat ein SozArb zunächst die in § 1634 I – III BGB genannten Aspekte zu berücksichtigen:[75]

(1) Grundsätzlich vorhandene Befugnis des nicht sorgeberechtigten Elternteils zum persönlichen Umgang mit dem Kind:

a) In welcher Weise wird diesem sein Recht vom sorgeberechtigten Elternteil tatsächlich gewährt?
b) Was macht der nichtsorgeberechtigte Elternteil mit seiner Befugnis?

(2) Pflicht beider Elternteile, alles zu unterlassen, was

a) das Verhältnis des Kindes zum anderen beeinträchtigt,
b) die Erziehung erschwert.

(3) Die Bedeutung

a) des derzeitigen Umfangs,
b) einer Einschränkung oder
c) eines Entzugs
der Befugnis zum persönlichen Umgang mit dem Kind für dessen Wohl.

---

74 1976, S. 33.
75 Zu den juristischen Einzelheiten siehe Palandt/Diederichsen, § 1634; MünchKo/Hinz, § 1634; Rahm, IV. Kapitel; Firsching, S. 277 ff.

(4) Recht auf Auskunft des Nichtsorgeberechtigten vom Sorgeberechtigten über persönliche Verhältnisse des Kindes:

a) Inwieweit handelt es sich um ein berechtigtes Interesse?
b) Inwiefern können die Auskünfte das Wohl des Kindes beeinträchtigen?

Ob und inwiefern die Befugnis zum persönlichen Umgang mit dem Kind anders zu regeln ist, hängt also immer davon ab, inwieweit das Wohl dieses Kindes es erfordert.

6.1.4.2 Notwendigkeit, im Interesse des Kindeswohls den Umgang mit dem Kind zu regeln

Die Auswirkungen auf das Wohl des Kindes, bedingt durch seinen Umgang mit dem nicht sorgeberechtigten Elternteil, werden unterschiedlich beurteilt.

Während *Goldstein* u. a., *Lempp* (1976) und *Dürr* in der Befugnis des Nichtsorgeberechtigten zum persönlichen Umgang mit dem Kind eher eine Gefährdung für sein Wohl sehen, finden z. B. *Tägert* (1967), *Steffen* (1979), *Arntzen* (1980), *Hetherington* (1980) und eine Reihe dort referierter Autoren in einer solchen Beziehung auch ausdrücklich positive Aspekte für das Kind. Möglicherweise lassen sich solche unterschiedlichen Akzentsetzungen daraus erklären, daß die erste Autorengruppe eine größere Nähe zur therapeutischen Praxis bzw. psychoanalytischen Theorie besitzt, während die zweite stärker nicht-analytische entwicklungspsychologische Erfahrungen mit einem weniger pathologischen Klientel einbezieht.

Für einen SozArb, der sich in einem konkreten und zwar strittigen Fall über die Auswirkungen des Umgangs Nichtsorgeberechtigter mit ihrem Kind gutachtlich äußern soll, können die unterschiedlichen Akzentsetzungen der o. g. Autoren ebenso wie das ihnen Gemeinsame hilfreiche Orientierungspunkte werden, auf die hier aus Platzgründen nur kurz hingewiesen wird. Um die Auswirkungen des Umgangs mit dem Kind angemessen abschätzen zu können, muß der SozArb zunächst versuchen, die psychosoziale Entwicklung des Kindes vor dem Zeitpunkt dieser Regelung zu erfassen und zu beschreiben. Erst vor diesem Hintergrund vermag er zuverlässiger abzuwägen, inwieweit bereits vorhandene oder drohende Verhaltensauffälligkeiten und Entwicklungsstörungen des Kindes Folgen eines ungünstigen Umgangs mit dem nicht sorgeberechtigten Elternteil, Folgen anderer traumatisierender Erfahrungen oder ein Zusammenwirken von beidem sind. Ob es durch den Umgang mit dem Nichtsorgeberechtigten zu einer Gefährdung des Kindes kommt oder nicht, hängt vor allem von drei komplexen Voraussetzungen ab:

1. von emotionalen Voraussetzungen aller Betroffenen,
2. vom zeitlichen Umfang des Umgangs,
3. von der Weise der Ausübung des Umgangs.

Zu 1.: **Emotionale Erfordernisse**

Aus der Vielzahl der möglichen Voraussetzungen seien exemplarisch einige hier genannt:

a) Förderliche emotionale Voraussetzungen, z. B.:
– Das Kind hat eine enge gemütsmäßige Bindung an beide Elternteile (besonders Vorschul- und Grundschulalter).
– Das Kind hat entwicklungsbedingt (Pubertät) das Bedürfnis, im Nichtsorgeberechtigten einen zweiten Gesprächspartner zu haben.
– Das Kind hat das Bedürfnis nach Abklärung des eigenen Standpunktes in der Beziehung zum Nichtsorgeberechtigten und dem anderen Elternteil (Pubertät).
– Die Eltern haben die Trennung verarbeitet oder können wenigstens ohne Haß dem früheren Partner begegnen.
– Die Eltern können ihre Emotionen soweit kontrollieren, daß sie nicht abwertend über den früheren Partner sprechen.
– Der Nichtsorgeberechtigte kann akzeptieren, daß der Sorgeberechtigte die Grundzüge der Erziehung des Kindes bestimmt.
– Der Sorgeberechtigte kann akzeptieren, daß Auskunftswünsche des Nichtsorgeberechtigten über persönliche Verhältnisse des Kindes keine unerwünschte Einmischung in die Erziehung, sondern echtes Interesse am Kind sind.

b) Beeinträchtigende emotionale Voraussetzungen, z. B.:
– Das Kind lehnt von sich aus und nicht nur situationsbedingt den Nichtsorgeberechtigten ab[75a].
– Das Kind entfremdete sich vom Nichtsorgeberechtigten durch dessen lange Abwesenheit (die das Kind u. U. als „Verlassenwerden" deutete).
– Die Eltern erleben im Vorenthalten des Kindes oder im Nichteinhalten von vereinbarten Zeiten Möglichkeiten, den ehemaligen Partner zu verletzen.
– Der Sorgeberechtigte empfindet starke Eifersucht auf den jetzigen Lebensgefährten des Nichtsorgeberechtigten und/oder umgekehrt.

Zu 2.: **Zeitlicher Umfang des Umgangs mit dem Kind**

Der SozArb, der sich zu dieser Frage informieren will, findet bei *Dürr*[76] sehr definitiv vorgetragen konkrete Zeitangaben für die verschiedenen Lebensalter.

75a Vgl. hierzu die übersichtliche Zusammenstellung der Rechtsprechung bei Vollertsen, ZblJugR 1977, 230/233 ff.
76 S. 25.

In diesen Angaben werden freilich weniger psychologische Erkenntnisse als vielmehr traditionelle juristische Gepflogenheiten[76a] sichtbar. Sie sind zu starr und zu eng gefaßt und werden der psychischen Situation des Kindes auf diese Weise nicht gerecht.

Wesentlich flexibler und doch für die Praxis hinreichend konkret, schlägt *Lempp*[77] vor, „kleine Kinder bis zum dritten oder vierten Lebensjahr sollten im allgemeinen nur stundenweise zum nicht sorgeberechtigten Elternteil kommen."

Steffen legt dem JA-Mitarbeiter nahe, bei Übernachtung eines Kindes beim Nichtsorgeberechtigten vor dem vollendeten zweiten Lebensjahr zu überprüfen, ob „die physische Versorgung und pflegerische Betreuung als eindeutig sichergestellt bezeichnet werden kann"[78]. „Kinder unter vier Jahren sollten beim nichtsorgeberechtigten Elternteil nur über Nacht bleiben, wenn sie ihn schon lange und gut kennen"[79].

Entsprechend dem Prinzip, die Bedürfnisse des Kindes stärker zu berücksichtigen und nicht unnötig in die Familien hineinzuregieren, sollte es älteren Kindern „weitgehend selbst überlassen (werden), Zeitpunkt und Dauer eines Besuches mit dem nicht sorgeberechtigten Elternteil auszumachen"[80].

Es dürfte für alle Beteiligten vorteilhafter sein, wenn Kinder ab dem 5. oder 6. Lebensjahr eher seltener, dafür aber länger beim Nichtsorgeberechtigten zu Besuch sind (z. B. alle 3 oder 4 Wochen von Freitagnachmittag bis Sonntagabend).

Statt der häufig üblichen Praxis, an Ostern, Pfingsten, Weihnachten und Sylvester/Neujahr das Kind am 2. Festtag dem Nichtsorgeberechtigten zu überlassen, ist es für das Erleben der Besuchssituation durch das Kind vorteilhafter, im Wechsel das eine Fest beim Sorgeberechtigten, ein anderes als „verlängertes Wochenende" beim Nichtsorgeberechtigten zu erleben; vorausgesetzt, das Kind hat keinen ausdrücklich anderen Wunsch.

Einmal im Jahr sollte dem nicht sorgeberechtigten Elternteil Gelegenheit zu einem gemeinsamen Urlaub mit dem Kind gegeben werden, der je nach Alter des Kindes (Vorschulalter, Grundschulalter oder später) zwei bis drei Wochen dauern kann.

Im Falle einer gutachtlichen Stellungnahme wird der SozArb auch darauf zu achten haben, wie flexibel die Eltern des Kindes die Besuchszeiten miteinander

---

76a Zur Rechtsprechung siehe Vollertsen, a. a. O. (FN 75a).
77 1976, S. 47.
78 S. 150.
79 Lempp 1976, S. 50.
80 Lempp 1976, S. 47f.

verabreden und wie verbindlich sie sich an konkrete Absprachen zu halten vermögen.

Ferner wird er berücksichtigen müssen, ob eventuell für das Kleinkind altersangemessen festgelegte Besuchszeiten inzwischen wenig sinnvoll geworden sind.

Zu 3.: **Die Art der Ausübung des Umgangs mit dem Kind**

Der Umgang des nicht sorgeberechtigten Elternteils mit dem Kind ist wenigstens ansatzweise auch ein Umgang mit dem ehemaligen Partner. Das wird besonders in den Übergabesituationen am Anfang und Ende des Kontaktes mit dem Kind sichtbar.

a) Förderlicher Umgang, z. B.:

- Der Umgang mit dem Kind wird ähnlich gestaltet wie der häufigere Besuch bei einem der Familie gut bekannten Onkel oder einer Tante[81].
- Entgegen weithin eingeschliffener Gewohnheit, daß der Nichtsorgeberechtigte das Kind holt und bringt, könnte der Sorgeberechtigte das Kind hinbringen, der Nichtsorgeberechtigte das Kind zurückbringen[82].
- Bei konflikthaften Übergabesituationen wird eine „neutrale" Person eingeschaltet.

b) Beeinträchtigender Umgang, z. B.:

- Bei der Übergabe kein Kontakt zwischen den Elternteilen.
- Anfeindungen während der Übergabe.
- Erzwingen einer Herausgabe des Kindes mit dem Gerichtsvollzieher.
- Verwöhnen während des Umgangs mit dem Kind.
- Gegenseitiges Ausspionieren durch das Kind.
- Herabsetzendes Reden über den abwesenden Elternteil vor dem Kind.
- Nichteinhalten der vereinbarten Zeiten.

Solche und andere, aus der jeweiligen konkreten Situation gegebene Aspekte wird der SozArb zu überprüfen und die Erkenntnisse gegeneinander abzuwägen haben.

Gelingt es ihm, die im jeweiligen Fall individuell gegebenen Voraussetzungen angemessen zu beschreiben und zu beurteilen, so trägt er dazu bei, daß der Umgang des Nichtsorgeberechtigten mit dem Kind diesem hilft, die Trennung besser zu verarbeiten, Schuldgefühle zu reduzieren, Bindungswünsche realistisch abzusichern, Identifikationsmöglichkeiten zu finden, ein positives Selbstkonzept zu entwickeln und allmählich seinen eigenen Standort in den neuen Beziehungen zu definieren.

---

81 Lempp 1976, S. 35 ff.; dort viele konkrete konstruktive Vorschläge.
82 Vgl. dazu die von Lempp 1979, S. 517 – 519 vorgestellten Überlegungen.

Erfaßt und beurteilt der SozArb die psychosoziale Situation eines solchen Kindes jedoch nur routinehaft oberflächlich und ohne die notwendige Sachkenntnis, so unterstützt er u. U., daß das betroffene Kind depressiv oder aggressiv wird, mit Kontaktstörungen reagiert, in den Schulleistungen nachläßt oder versagt, mit Einschlafstörungen oder regulären psychosomatischen Erkrankungen signalisiert, wie sehr es durch die Weise des Umgangs mit dem Nichtsorgeberechtigten überfordert ist.

Wie es um die Praxis gutachtlicher Äußerungen von JÄ bestellt ist, soll im folgenden Abschnitt erörtert werden.

6.1.4.3 Die Praxis gutachtlicher Äußerungen von Jugendämtern zur Umgangsregelung

Der hohe Stellenwert, den Richter JA-Berichten auch in Fragen zu § 1634 BGB beimessen, wird wieder im Untersuchungsergebnis zum Kindeswohl von *Simitis u. a.*[83] sichtbar. Dort zeigte sich, daß Stellungnahmen des JA für Richter „die entscheidende Informationsquelle (waren), da Gutachten fast gar nicht eingeholt wurden und Gespräche mit Betroffenen auch nur in 39% der Verfahren stattfanden"[84].

Obwohl „die JA-Berichte als gutachtliche Stellungnahme anzusehen sind"[85] und daher vom stellungnehmenden SozArb zumindest eine genaue Kenntnis der Situation aller Betroffenen verlangt werden kann, muß man davon ausgehen, daß das nur selten der Fall ist. In den von *Simitis u. a.* untersuchten Fällen wurde vom SozArb nur in 6 von 74 Fällen Kontakt zu allen Betroffenen aufgenommen[86]. Die unzulängliche Orientierung an der konkreten Lebenssituation der Betroffenen wird in solchen Äußerungen ferner daran sichtbar, daß Informationen von Kindergärtnerinnen, Schule oder anderen Betreuungspersonen kaum eingeholt wurden. Dabei kann keineswegs vorausgesetzt werden, daß dem SozArb die Familie bereits aus früherer Arbeit bekannt ist. Im Untersuchungsgut von *Simitis u. a.* waren den Stellungnahmen abgebenden SozArb von 73 Kindern nur 39 persönlich bekannt. Trotzdem äußerten sie sich gutachtlich über diese.[87]. Wenn dann SozArb mit Betroffenen Kontakt aufnehmen, besteht bei einem Teil von ihnen die Gefahr, sich von dem Elternteil, der in ihrem Bezirk wohnt, vereinnahmen zu lassen. Das deutet sich zum Beispiel darin an, daß in Fällen, in denen über Sorgeberechtigten/

83 S. 94–109 und 132–137.
84 Simitis u. a., S. 95.
85 Simitis u. a., S. 95.
86 Simitis u. a., S. 95.
87 Vgl. Simitis u. a., S. 95.

Nichtsorgeberechtigten jeweils örtlich verschiedene JÄ berichten, diese in ihren Stellungnahmen zu demselben Fall überwiegend zu entgegengesetzten Empfehlungen kommen[88].

Der Einfluß der direkten Interaktion von Klienten und SozArb zeichnet sich in der o. g. Untersuchung auch in einem anderen Zusammenhange ab: Nur in 46 der insgesamt 74 Berichte gingen SozArb auf Auswirkungen bestehender Umgangsregelungen ein. Unter diesen 46 Berichten fanden sich jedoch 86% aller Fälle, in denen Kinder sich weigerten, den Umgang mit dem Nichtsorgeberechtigten aufrechtzuerhalten, und 70% aller Anträge von Sorgeberechtigten auf Ablehnung oder Aussetzung des Besuchsrechts. In 30 dieser 46 Fälle nahmen SozArb auch persönlich Kontakt mit dem Kind auf, während das in den übrigen Fällen nur viermal vorkam. *Simitis u. a.* erklären diese Besonderheiten damit, daß hier Sorgeberechtigte und Kinder in der Lage waren, „ihre Bedürfnisse und Schwierigkeiten nachdrücklich vorzutragen"[89].

Wenn jedoch erst erheblicher Widerstand seitens der Betroffenen dazu führt, vom SozArb persönlich beachtet zu werden, wird die Qualität dieser Beachtung fragwürdig. Diese Skepsis ist auch gegenüber solchen JA-Mitarbeitern berechtigt, die nicht erkennen und in ihren Stellungnahmen nicht darauf eingehen, in welchem Umfange „das Kind zum Instrument für gegenseitige Erpressung, Rache, Wut etc."[90] der Eltern geworden ist.

Nur selten finden sich in JA-Berichten differenzierte Darstellungen darüber, welche Bedeutung die **Beziehung des Kindes zu seinen Elternteilen** für das Kind hat. Wie bereits erwähnt, werden Auswirkungen der Umgangsregelung auf das Kind — wohl das zentrale Problem in solchen strittigen Fällen — nur selten beachtet. Wenn sie angesprochen werden, dann allerdings oft wenig konkret und wenig differenziert. Daß eine Beurteilung der Auswirkungen des Umgangsrechts auf das Kind nur möglich ist, wenn man die psychosoziale Situation des Kindes vor Beginn dieses Umgangs kennt und berücksichtigt, findet kaum Erwähnung. Entsprechend informative „Vorgeschichten" und daraus entwickelte psychosoziale Befunde fehlen meist. Wenn Äußerungen in dieser Art vorhanden sind, dann oft vermengt mit diagnostischen und wertenden Überlegungen.

Auch die Probleme einer **abgebrochenen Beziehung** werden in den meisten Fällen offensichtlich erst dann für den stellungnehmenden SozArb bedeutsam, wenn er vom Sorgeberechtigten ausdrücklich darauf hingewiesen wird[91].

---

88 Vgl. Simitis u. a., S. 102; Dürr, S. 21.
89 S. 101.
90 Simitis u. a., S. 98.
91 Vgl. Simitis u. a., S. 106.

Nach den Erkenntnissen aus der o. g. Untersuchung blenden JA-Berichte „Überlegungen zur aktuellen Beziehungssituation und den entwicklungsspezifischen Bedürfnissen der betroffenen Kinder zumindest dann aus, wenn sich ein Kompromiß herbeiführen"[92] (läßt). Die Tendenz zur Bevorzugung biologischer und auch tradierter rechtlicher Argumente vor psychologisch orientierten ist immer wieder zu beobachten, selbst in solchen Zusammenhängen, wo gerade psychologische Überlegungen dringend notwendig wären[92].

Wenn gutachtliche Äußerungen von JA-Mitarbeitern den Erfordernissen nur selten voll entsprechen, gibt es verschiedene Ursachen. Einmal mag das dadurch begründet sein, daß sie in manchen Fällen fachlich überfordert sind und einen psychologischen Sachverständigen einzubeziehen hätten[93]. In anderen Fällen wird es eher ein Mangel an einschlägiger qualifizierter Fortbildung sein, der zu solchen Defiziten führt. Nicht zuletzt hindern die Vielfalt der Aufgaben und die noch immer recht hohe „Fallzahl" den SozArb eines JA, sich intensiver gutachtlichen Stellungnahmen widmen zu können.

6.1.5 Entscheidungsrelevante Fakten zu § 1741ff. BGB

6.1.5.1 Das Kindeswohl als Entscheidungskriterium für die Annahme als Kind

Sobald für ein Kind eine Adoptionsvermittlung in Betracht kommt, verpflichtet § 7 I AdVermiG die Adoptionsvermittlungsstelle zu „sachdienlichen Ermittlungen bei den Adoptionsbewerbern, bei dem Kind und seiner Familie ... Dabei ist insbesondere zu prüfen, ob die **Adoptionsbewerber** unter Berücksichtigung der Persönlichkeit des Kindes und seiner besonderen Bedürfnisse für die Annahme des Kindes **geeignet** sind." Nach § 56 d FGG hat die Vermittlungsstelle ein Gutachten über die Eignung des Kindes und der Annehmenden abzugeben[93a].

Auch die vom Gesetzt geforderte **angemessene Pflegezeit**, während der das Kind in der künftigen Adoptivfamilie lebt (§ 1744 BGB), soll das Wohl des Kindes sichern. In der Praxis wird überwiegend ein volles Jahr als angemessene Probezeit angesehen. Diese Zeit dürfte angesichts der Bedeutung des dadurch zu sichernden Gutes bei vielen Kindern angemessen sein, besonders bei solchen, die nach dem 1. Lebensjahr vermittelt werden oder in mehreren Pflegestellen waren oder verhaltensgestört oder in einer bestimmten Weise behindert sind. Der Zeitraum erscheint in manchen Fällen jedoch als unnötig lang;

92 Vgl. Simitis u. a., S. 106.
93 Dürr, S. 24.
93a Vgl. zur Gesamtproblematik der Adoption Wagnerová, Wir adoptieren ein Kind.

dann z. B., wenn ein gesundes Baby nach der Geburt sofort zur Pflege in eine Familie gegeben wird, deren allgemeine Eignung als Adoptivfamilie bereits bekannt ist, für die nur noch abzuklären ist, ob die Eignung speziell für dieses Kind gewährleistet ist.

Der Wert der **Frühadoption**[94] ist unumstritten. Die von *Vodak* und *Matějček* 1969 veröffentlichte katamnestische Erhebung, durchgeführt an Adoptiveltern von 179 Adoptivkindern, zeigte einen deutlichen Zusammenhang zwischen Alter der Kinder zum Zeitpunkt der Adoptionsvermittlung und dem von den Adoptiveltern erlebten „Gelingen" der Adoption: Je früher ein Kind in die Familie kam, umso weniger Schwierigkeiten gab es hernach. Durchweg als positiv wurde die Adoption der Kinder erlebt, die zum Zeitpunkt ihrer Annahme nicht älter als 1 Jahr waren.

Für die von *Pechstein* geforderte Frühadoption (Pflegebeginn spätestens bis 6. Lebensmonat, volle rechtliche Annahme als Kind spätestens um den 18. Lebensmonat) spricht nicht nur, daß in dieser Zeit das Kind wichtige Beziehungen zu seiner sozialen Umwelt entfalten muß. Auch auf die Eltern haben die Interaktionen mit dem Kind konkrete Auswirkungen[95]. Eine frühzeitige „**gegenseitige Adaptation** ... trägt offenbar entscheidend zur Stabilität der emotionalen Eltern-Kind-Beziehung, zur Haltbarkeit des Adoptivbündnisses unter späteren Belastungen"[96] bei. – Durch seine Stellungnahme kann der SozArb zu einer effektiven Frühadoption beitragen.

Je länger eine Pflegezeit dauerte, desto sorgfältiger wird der SozArb in seiner gutachtlichen Äußerung die Intensität der **gewachsenen Bindungen** erfassen, darstellen und ihren Stellenwert hervorheben müssen. Im Einzelfall wird er, um das Wohl des Kindes zu schützen, in seiner Stellungnahme offen gegen die leiblichen Eltern eintreten müssen[97], wenn diese ihre gem. § 1747 BGB notwendige Einwilligung in die Annahme als Kind verweigern, so daß sie gem. § 1748 BGB ersetzt werden muß.

Dem Wohle des Kindes entpricht es auch, wenn sich der SozArb sowohl in der Beratung wie in seiner Stellungnahme von Vorurteilen gegenüber angenommenen **ungünstigen Erbfaktoren** freihält, die mitunter Kindern von Prostituierten oder solchen der sozialen Unterschicht generell zugeschrieben werden. Aus solchen Vorurteilen erwachsende Befürchtungen richten sich vor allem auf die künftige Intelligenzentwicklung des Kindes und das spätere „Durchbrechen" sozial unerwünschter oder gar pathologischer Verhaltensmuster. Die

94 Pechstein.
95 Vgl. Goldstein u. a., S. 26 ff., Bell, S. 24 – 28.
96 Pechstein, S. 208.
97 Vgl. dazu Metzger, S. 153 – 158, Goldstein u. a., S. 31 ff.

von *Mietzel*[98] referierten Befunde zeigen zwar, daß Intelligenzhöhe und Anlagefaktoren miteinander in Beziehung stehen, der Zeitpunkt der Adoption jedoch für die Intelligenzentwicklung eines Kindes mindestens gleich bedeutsam ist.

Wynne u. a. fanden bei Adoptivkindern, die schizophren wurden, daß hierfür zum Teil Erbfaktoren, zum Teil aber auch schizophrenmachende Beziehungsmuster der Adoptiveltern verantwortlich waren. *Pongratz* sieht auch bei Prostituiertenkindern Umwelteinflüsse als ausschlaggebende Bedingung ihrer kindlichen Entwicklung an[99].

Stärkere Beachtung sollte der SozArb in seiner Stellungnahme daher der **Entwicklungsgeschichte** des Kindes bis zum Zeitpunkt der Adoptionspflege schenken, und hier vor allem auf Zeitpunkt und Häufigkeit des Wechsels von Pflegestellen oder – bei Heimerziehung – von Bezugspersonen eingehen. Leider werden solche Fakten und die daraus sich entwickelnden Verhaltensschwierigkeiten oft nur angedeutet, wenn nicht ganz übersehen.

Auch die Bedeutung von prä-, peri- und postnatalen **Hirnschäden** des Kindes, die sich in der späteren Entwicklung auswirken, sind bei der Beurteilung der Eignung der Adoptiveltern zu berücksichtigen.

Die bisherige Praxis der Adoptionvermittlung zeigt, daß SozArb bei der Beurteilung der Eignung von Adoptiveltern offensichtlich **kinderlose Ehepaare** bevorzugen und damit also den erzieherischen Wert von Geschwisterkindern, der bei günstigem Altersabstand und Altersfolge gegeben ist, in ihrer Stellungnahme zurückstellen.

Überwiegend werden Kinder an Ehepaare und **nicht an Einzelpersonen** vermittelt. Die Bedeutung von Vater und Mutter für die Entwicklung des Kindes scheint damit berücksichtigt zu sein. Der SozArb sollte in seinem Bericht aber auch darauf eingehen, welche Bedeutung das Kind für die Eltern hat, wie deren Beziehung untereinander ist und wie sich ihre Interaktionen und ihre Lebenssituation, bedingt durch das Hinzukommen eines Kindes, umgestalten[100]. So bedeutet die Adoption eines Kindes für bislang kinderlose Eheleute in der Regel eine beträchtliche Veränderung ihrer Partnerbeziehungen.

Ferner wird nicht selten von einer **berufstätigen Ehefrau** bei Adoption eines Kindes erwartet, daß sie ihre Arbeit aufgibt, um sich dem Kind entsprechend widmen zu können. Eine solche Forderung mag im Interesse des Kindes dann berechtigt sein, wenn es sich um das Einleben eines Adoptivkindes mit „Heim-

98 S. 126 und 182ff.
99 Vgl. Pechstein, S. 211.
100 Vgl. dazu auch Beach u. a., Psychologie heute 1977, S. 14 – 20.

karriere" o. ä. handelt. Bei der Adoption eines Säuglings hingegen erscheint uns eine solche Forderung wenig angemessen, sofern durch den Ehemann, Großeltern oder andere Erwachsene dem Kind sichere Bezugspersonen zur Verfügung stehen. SozArb, die auch unter den o. g. Voraussetzungen von einer Frau verlangen, ihren Beruf aufzugeben, stellen nicht nur an Adoptivmütter erheblich höhere Anforderungen als an andere verantwortungsbewußte Mütter, sie ignorieren zugleich auch den heutigen Wissensstand der Entwicklungs- und Sozialpsychologie. Erkenntnisse dieser Wissenschaft zeigen, daß für eine seelisch gesunde Entwicklung eines Kindes die Anwesenheit bzw. Verfügbarkeit einer Mutter ein wichtiger Faktor ist, aber eben nur einer neben anderen. Erst das Zusammenwirken vieler Faktoren bestimmt die seelisch gesunde oder gestörte Entwicklung eines Kindes [101].

Das Wohl des Kindes verlangt es auch, daß der SozArb das **Erzieherverhalten** der Annehmenden und ihre **emotionale Zuwendung** zum Kind in seiner Stellungnahme korrekt und möglichst wertfrei beschreibt. Die Beurteilung der Integration des Kindes in die Familie, Großfamilie und das nähere soziale Umfeld gehört hier ebenfalls hinzu. Der SozArb wird auch die Frage nach einer ausreichenden wirtschaftlichen Sicherheit zu beantworten haben.

6.1.5.2 Zur Praxis der Jugendamtsberichte zur Annahme als Kind

Auch in Adoptionsangelegenheiten ist „der Jugendamtsbericht ... die entscheidende Informationsquelle des Vormundschaftsgerichts darüber, wie die Situation des Kindes vor und nach Inpflegegabe zu den Adoptiveltern zu beurteilen ist" [102], weshalb auch an solche Berichte besondere Anforderungen zu stellen sind.

Stärker als in anderen Bereichen gutachtlicher Äußerungen des JA dürften gerade hier Einstellungen und Praktiken von Richtern einen unmittelbaren Einfluß auf die Gestaltung der Berichte der SozArb nehmen. Denn dadurch, daß in den meisten Fällen die JÄ die Adoption anregen, wird der Ausspruch der Annahme als Kind auch zu einer Bewertung und Kontrolle der Arbeit der jeweiligen Adoptionsvermittlungsstelle durch das VormG, das auf diese Weise zu „einer potentiellen Kontrollinstanz" für den betreffenden SozArb wird [103]. Welche Auswirkungen eine solche potentielle Kontrollinstanz auf die JA-Berichte haben kann, läßt sich bislang nur vermuten, wäre aber zu beachten.

101 Vgl. dazu: Lehr 1973, S. 61 – 72.
102 Simitis u. a., S. 195.
103 Vgl. Simitis u. a., S. 196.

Untersuchungen von JA-Berichten zur Annahme als Kind wie auch verwaltungsgerichtliche Entscheidungen, die besagen, die sozialpädagogischen Überlegungen und Erfahrungswerte von den betreffenden JÄ seien verwaltungsgerichtlich nicht hinreichend überprüfbar dargestellt und begründet worden, verweisen auf einige Defizite in der Praxis. Vor allem sollten folgende Mängel ausgemerzt werden:

(1) **Umfang.** Berichte zur Adoptionsvermittlung sind meistens sehr kurz, genauer gesagt zu kurz, um informativ zu sein (60% der Berichte waren nicht länger als 1/2 bis 1 Seite, weitere 28% nicht länger als 2 Seiten).

(2) **Wertung der Abgebenden.** Selten fließen wertschätzende, häufiger diskriminierende Äußerungen der SozArb über die Abgebenden unbegründet in die Stellungnahmen ein.

(3) **Aussagen über Adoptiveltern.** Selten finden sich differenzierte Angaben über **Motivation** der Adoptiveltern. Wenn Kinderlosigkeit als Motiv genannt wird, finden sich nur selten Hinweise, wie die Eheleute mit ihrer bisherigen Kinderlosigkeit fertig wurden.

Die Angaben über **Eignung** der Adoptiveltern werden ebenfalls oft zu allgemein gehalten. Eine spezielle Eignung der Adoptiveltern für ein bestimmtes Kind wird am ehesten bei der Vermittlung psychisch gestörter oder anders behinderter Kinder angesprochen. Die psychische Stabilität der Adoptiveltern, die sich u. a. in der Qualität der Partnerbeziehungen, der Rollenverteilung zwischen den Eheleuten und den sie charakterisierenden Interaktionsmustern andeutet, wird nur selten erwähnt. Am häufigsten und ausführlichsten finden sich sozioökonomische Daten.

(4) **Aussagen über das Kind.** Daten zur Sozialisationsgeschichte des Kindes bis zum Zeitpunkt der Adoptionspflege und zum Entwicklungsstand des Kindes finden sich nur beim geringeren Teil der JA-Berichte. Nahezu 61% aller Berichte, die *Simitis u. a.* untersuchten, vernachlässigen diesen Aspekt. Ebenso werden zum Zeitpunkt der Adoption noch vorhandene bzw. bis dahin überwundene Störungen des Kindes im psychischen und sozialen Bereich zu wenig berücksichtigt.

(5) **Aussagen über Eltern-Kind-Beziehungen.** Die JA-Berichte gehen hier am häufigsten auf die Frage der Integration des Kindes in die neue Familie ein. Nur 50% aller Berichte berücksichtigen einen weiteren Aspekt.

Zusammenfassend stellen *Simitis u. a.* zu den JA-Berichten bei Adoption fest: „Die sozioökonomische Situation der Adoptiveltern, die ordnungsgemäße Erziehung und Versorgung des Kindes werden regelmäßig nachgewiesen. Seine psychosoziale Entwicklung aber bleibt ... in vordergründig ‚normalisierender' Beschreibung versteckt ... [104]."

6.1.5.3 Bei der Annahme als Kind vom SozArb zu bedenkende rechtliche Aspekte

Abgesehen davon, daß die Annahme dem Kindeswohl dienen, daß ein Eltern-Kind-Verhältnis begründet worden und daß eine angemessene Pflegezeit abgelaufen sein muß – Voraussetzungen, die nur mit psychologischen und pädagogischen Erwägungen angemessen überprüft werden können –, sind verschiedene rechtliche Erfordernisse zu erfüllen, von denen die wichtigsten kurz aufgezeigt werden sollen[105].

(1) Der potentiell Annehmende muß zum Kreis derer gehören, die **adoptieren dürfen** (§ 1741 II, III BGB). – Grundsätzlich kann nur ein Ehepaar gemeinsam oder eine Einzelperson annehmen. Ausnahmsweise darf von einem Ehepaar ein Partner alleine adoptieren, wenn es sich um das eigene nichteheliche, um das Kind des anderen Ehegatten handelt oder wenn der andere Ehegatte aus Rechtsgründen nicht adoptieren kann (Entmündigung oder unter 18 Jahren).

(2) Der potentiell Annehmende muß das erforderliche **Alter** haben (§ 1743 BGB).
– Von einem Ehepaar muß einer 25, der andere mindestens 21 Jahre alt, ein Alleinstehender darf nicht jünger als 25 Jahre sein. Bei der Annahme eines eigenen nichtehelichen oder der Annahme eines Kindes des Ehegatten genügt die Vollendung des 21. Lebensjahres.

(3) Es müssen die erforderlichen **Einwilligungen** vorliegen:

– die des Kindes (§ 1746 BGB) durch den jeweiligen gesetzlichen Vertreter (Kinder bis 14 Jahren) bzw. plus Zustimmung des gesetzlichen Vertreters (Kinder über 14 Jahren);

– die der leiblichen Eltern beim ehelichen Kind (§ 1747 I BGB) frühestens acht Wochen nach der Geburt (§ 1747 III BGB);

– die der leiblichen Mutter beim nichtehelichen Kind (§ 1747 II 1 BGB) frühestens acht Wochen nach der Geburt (§ 1747 III BGB);

– die Verzichtserklärung des Vaters des nichtehelichen Kindes. Diese ist nützlich, aber keine Adoptionsvoraussetzung (§ 1747 II 3 BGB);

104 S. 221.
105 Zu Detailfragen vgl. Palandt/Diederichsen, §§ 1741 ff.; MünchKo/Lüderitz, §§ 1741 ff.; Oberloskamp, H. 1980, S. 89 ff.

- die des Ehegatten des Annehmenden (§ 1749 I 1 BGB), falls dieser nicht selber adoptieren muß (§ 1741 II BGB);

- die des Ehegatten des zu adoptierenden Kindes, falls dieses verheiratet ist (§ 1749 II BGB).

Diese Erklärungen sind in notariell beurkundeter Form bei Gericht einzureichen (§ 1750 I BGB).

(4) Es muß geklärt werden, ob **Einwilligungen gerichtlich** zu **ersetzen oder entbehrlich** sind. An Einwilligungen kann ersetzt werden:

- die der leiblichen Eltern bzw. Mutter gem. § 1748 BGB (wegen anhaltend gröblicher Pflichtverletzung, wegen besonders schwerer Pflichtverletzung, wegen Gleichgültigkeit, wegen eines schweren geistigen Gebrechens[106]);

- die des Ehegatten des Annehmenden gem. § 1749 I BGB;

- die des gesetzlichen Vertreters, sofern er ein Vormund oder Pfleger ist, gem. § 1746 III BGB.

Einwilligungen sind entbehrlich jeweils wegen Geschäftsunfähigkeit oder dauernd unbekannten Aufenthalts:

- bei einem Elternteil gem. § 1747 III BGB;

- bei dem Ehegatten des Annehmenden gem. § 1749 III BGB;

- bei dem Ehegatten des Anzunehmenden gem. § 1749 III BGB.

Die Abgrenzung von „Gleichgültigkeit" (§ 1748 II BGB) zu „dauernd unbekanntem Aufenthalt" (§§ 1747 III, 1749 III BGB) ist zuweilen schwer. Wegen der unterschiedlichen Rechtsfolgen bei fälschlicher Ersetzung (dann Rechtsmittel der Beschwerde und weiterer Beschwerde, im übrigen ist die Annahme wirksam) und fälschlicher Annahme der Entbehrlichkeit (dann Aufhebbarkeit der Adoption, § 1760 I, V BGB) ist hier sehr sorgsam zu arbeiten.

(5) Schließlich muß der SozArb berücksichtigen, inwieweit die **Rechtsfolgen** (§§ 1754 – 58 BGB) und die grundsätzliche Unaufhebbarkeit der Adoption (§§ 1759 – 1966 BGB) von den Annehmenden akzeptiert werden.

---

106 Vgl. dazu H. Oberloskamp, ZblJugR 1980, 581.

6.1.5.4 Psychosoziale Aspekte für eine detailliertere Stellungnahme[107]

(1) Die leiblichen Eltern betreffende psychosoziale Fakten[107a]

- Alter
- Beruf
- Familienstand
- Religionszugehörigkeit
- Gesundheitszustand (bei der Kindesmutter besonders auch während der Schwangerschaft) und eventuelle Erbkrankheiten
- Verhalten der Eltern im kognitiven, emotionalen und sozialen Bereich
- Motivation zur Adoptionseinwilligung

(2) Das Kind betreffende psychosoziale Fakten

- Alter
- Geschlecht
- Nationalität/Kulturkreis (bei ausländischen Kindern)
- Religionszugehörigkeit
- Gesundheitszustand, frühkindliche Schädigungen
- Entwicklungsstand
- Verhalten des Kindes im kognitiven, emotionalen und sozialen Bereich
- Selbstkonzept des Kindes (ältere Kinder)
- Verhaltensstörungen
- Behinderungen
- Bisherige Bezugspersonen und Lebensräume des Kindes und seine Bindung daran
- Häufigkeit und Zeitpunkt des Wechsels von Familie, Heim oder Pflegestelle
- Einstellung des Kindes zur Adoption
- Geschwisteradoption

(3) Die Adoptiveltern betreffende psychosoziale Fakten

- Alter
- Familienstand (frühere Eheschließungen)
- Kinderzahl/Alter/Geschlecht
- Beruf (Ausbildung als ..., Tätigkeit als ...)

---

107 Vgl. dazu: Arbeitsgemeinschaft der Landesjugendämter, Richtlinien für die Adoptionsvermittlung, vom 28.6.1963 Bonn 1963; besonders auch: Landesjugendamt Württemberg-Hohenzollern, Entwurf einer Arbeitshilfe für die Feststellung der Eignung von Pflegefamilien (Stand 15.8.78); Freie und Hansestadt Hamburg, Arbeitshilfe für die Prüfung von Pflegestellen, o. J.
107a Zu der Frage, wann in einem Gutachten die leiblichen Eltern zu berücksichtigen sind, vgl. unten S. 185.

- Religionszugehörigkeit
- Die Persönlichkeit der Annehmenden
  - Selbstkonzept (Selbstbejahung, Selbstvertrauen, Selbstkritik)
  - Offenheit (sich und anderen gegenüber)
  - Psychophysische Belastbarkeit (Gesundheitszustand, relative Konflikt-freiheit)
  - Kommunikationsstil (offen, verdeckt)
  - Einsichtsfähigkeit
  - Sprachliche und emotionale Ausdrucksfähigkeit
  - Problemlöseverhalten
  - Einstellungen (zu Elternschaft, zu bisheriger Kinderlosigkeit, zu sozialen Schichten, Rassen oder Religionen)
  - Religion und Weltanschauung (Stellenwert im persönlichen Leben)
  - Toleranzbereitschaft
  - Berufstätigkeit (Motivation, Zufriedenheit)
  - Motivation zur Adoption (vorgegebene, vermutete, ermittelte)
- Die Erwartungen an das Adoptivkind hinsichtlich
  - Alter, Geschlecht, Aussehen, Hautfarbe, sozialer Herkunft
  - Funktion des Kindes für die Ehe/Familie
  - Freisein von Verhaltensstörungen und/oder Behinderungen
- Einstellung zu Geschwisteradoption

(4) Familiäre Situation der Adoptiveltern

- Bewältigung bisheriger Lebenssituation
- Partnerbeziehungen
  - Intensität, Stabilität, Intimität, Offenheit, Kollusionen, symmetrische bzw. komplementäre Beziehungen, Rollenverteilung zwischen den Part-nern, Partnerkonflikte und ihre Konfliktlösungsstrategien
- Eltern-Kind-Beziehungen
  - Emotionale Beziehung zum Kind
  - Erziehungsziele, Erziehungsmittel (Lob, Strafe, Lenkung)
  - Flexibilität im Erzieherverhalten
  - Kind- oder erzieherzentriertes Erzieherverhalten
  - Entwicklung stimulierendes Erzieherverhalten
  - Umgang mit dem Kind in erziehungsschwierigen Situationen
- Vorhandene Kinder
  - als Substitut für ...
  - „Problemkinder" der Familie
  - Einstellungen der Kinder zur Adoption eines Kindes
- Freizeitverhalten der Familie
  - eher aktiv, eher passiv, z. B. Familienfeste

- Andere Familienangehörige
- ihre Rolle in der Familie
- ihre Einstellung zur Adoption
- Wohnverhältnisse der Familie (Wohn-, Spiel- und Lernmöglichkeiten)
- Wirtschaftliche Verhältnisse

(5) Adoptionspflege

- Dauer der Adoptionspflege
- Entwicklung emotionaler Beziehungen zwischen Adoptiveltern und Adoptivkind
- Umgang der Adoptiveltern mit ihrer neuen Rolle
- Verhalten der Adoptiveltern in erziehungsschwierigen Situationen mit dem Adoptivkind
- Der neue Lebensraum des Adoptivkindes (die Entwicklung fördernde, hindernde Aspekte)
- Die Integration des Kindes in den neuen Lebensraum

6.2 Juristische und methodische Probleme bei der Datengewinnung

6.2.1 Allgemeines

Bei der Datengewinnung reicht es in der Regel nicht aus, daß das JA mit Hilfe eigener Nachforschungen Informationen sammelt; zusätzlich wird es häufig die Zuarbeit anderer Institutionen in Anspruch nehmen müssen. Hier kommen in Betracht:

- andere Gerichte als das zur Zeit zuständige (z. B. Strafgericht, VormG, FamG, auch in anderen Orten);
- andere Behörden (z. B. Schule, Landeskrankenhaus, Sozialamt, auch JÄ an anderen Orten);
- freie Träger, die im Wege der sog. Delegation (§ 18 JWG) bestimmte Aufgaben übertragen erhalten haben.

Im Rahmen der eigenen Aktivitäten nimmt das JA primär Kontakte mit den Beteiligten selber auf. Darüber hinaus wird es sich auch an Dritte wenden, die sachdienliche Aussagen machen können (z. B. Nachbarn, Freunde, Turnverein, Jugendgruppenleiter).

Alle Erkenntnisquellen, die das JA für seine Stellungnahme benutzt hat, stehen auch dem Richter zur Verfügung; denn im Rahmen des § 12 FGG ist er von Amts wegen zur Erforschung der Wahrheit verpflichtet. Es liegt allerdings – abgesehen von den Anhörungspflichten im Hinblick auf die Betroffe-

120

nen (§§ 50a – c, 55c FGG) – in seinem pflichtgemäßen Ermessen, bereits vom JA eingeholte Auskünfte zu überprüfen oder einfach als richtig zu übernehmen.

Ist einem freien Träger im Rahmen des § 18 JWG die Erledigung bestimmter Aufgaben übertragen, so kann er ebenfalls die Betroffenen und Dritte sowie andere Gerichte und Behörden einschalten. Allerdings bestehen hier noch geringere Mitwirkungspflichten als bei den JÄ. Auch wenn ausnahmsweise der freie Träger selber die begutachtende Stelle (Adoptionsvermittlungsstelle) ist, stehen ihm keine weitergehenden Ermittlungsbefugnisse zu.

6.2.2 Juristische Probleme bei der Datengewinnung

6.2.2.1 Stellung des JA im Verhältnis zum VormG/FamG

Wie schon mehrfach erwähnt, steht das JA selbständig neben dem VormG/FamG[1], ist ihm also nicht untergeordnet. Das Gericht macht sich vielmehr durch eine Mitwirkung des JA (vgl. § 4 Nrn. 2 – 7 JWG), die über eine Amtshilfe hinausgeht[2], die bessere Kenntnis des JA in Fachfragen der Psychologie, Pädagogik etc. und im methodischen Ermitteln der Fakten zu eigen[3]. Das JA hat somit die Stellung einer sachverständigen Behörde oder Fachbehörde[4,5]. Kommt das JA seiner Äußerungspflicht nicht nach, so hat das Gericht – anders wenn das JA als Amtsvormund oder -pfleger tätig wird, wo es der Aufsicht des VormG untersteht – nur die Möglichkeit, im Wege der Dienstaufsichtsbeschwerde vorzugehen[6]. Das Gericht muß nicht nur darauf hinwirken, daß das JA ggf. überhaupt tätig wird; es hat auch dafür Sorge zu tragen, daß die Äußerung des JA vollständig und ordnungsgemäß ist[7].

Prozessual gesehen ist der Bericht des JA kein unmittelbares Beweismittel. Er entbindet das Gericht nicht von eigenen Ermittlungen und Beweiserhebungen (§ 12 FGG)[8].

---

1 Palandt/Diederichsen, Vorbem. § 47; Jans/Happe, § 48 Anm. 1 B.
2 Vgl. § 3 II Nr. 2 SGB X und § 4 II Nr. 2 VwVfG.
3 BGH v. 21.5.54, SjE E 14, 123; = FamRZ 54, 219 = ZblJugR 54, 236; Palandt/Diederichsen, § 48 Anm. 1.
4 Palandt/Diederichsen, § 48a Anm. 1.
5 Jans/Happe, § 48 a Anm. 2 A c.
6 Palandt/Diederichsen, § 48 a Anm. 1; Jans/Happe § 48 a Anm. 2 B c; FrankfKo, § 48 a Anm. 2.3.
7 KG, v. 7.12.34 JFG 12, 101; Palandt/Diederichsen, § 48 a Anm. 1.
8 KG v. 19. 9. 60, FamRZ 1960, 500; FrankfKo, § 48 Anm. 2; Palandt/Diederichsen, § 48 Anm. 1.

Im Gerichtsverfahren ist das JA in der Regel weder materiell[9] noch formell Beteiligter[10]. Deshalb könnte der zuständige SozArb in den meisten Fällen nicht nur angehört, sondern auch als Zeuge vernommen werden, § 15 FGG[11]. Will der Richter von der Anhörung gem. § 48 a JWG auf eine Zeugenvernehmung gem. § 15 FGG übergehen, so muß er den SozArb hierauf hinweisen. Diesem steht nämlich in den Verfahren der freiwilligen Gerichtsbarkeit ein Zeugnisverweigerungsrecht gem. § 15 FGG i. V. m. § 383 I Nr. 6 ZPO zu, sofern er nicht von der Verpflichtung zur Verschwiegenheit entbunden ist, § 385 II ZPO. Entbinden können ihn nur die betroffenen Klienten. Darüber hinaus

---

9 **Beteiligter im materiellen Sinn** ist jeder, dessen Rechte und Pflichten durch die Regelung der Angelegenheit unmittelbar betroffen werden können, ohne Rücksicht darauf, ob er an dem Verfahren teilnimmt (Bumiller/Winkler, vor § 13 Anm. 1 a)).Derart Beteiligter wäre das JA z. B. im Falle des § 1887 BGB.

10 **Beteiligter im formellen Sinn** ist, wer von einem ihm im Gesetz verliehenen Antrags- oder Beschwerderecht Gebrauch macht sowie jeder, der zur Wahrung seiner Interessen im Verfahren auftritt oder zu ihm hinzugezogen wird (Bumiller/Winkler, a.a.O. b)). Derart Beteiligter wäre das JA z. B., wenn es als Amtspfleger gegen eine Entscheidung gem. § 1707 S. 1 Nr. 2 BGB Beschwerde einlegte oder einen Antrag gem. § 65 I JWG stellte.

11 Bumiller/Winkler, § 15 Anm. 2 c) aa).

Legende zu Schaubild auf gegenüberliegender Seite

[1]   21 I SGB X analog: Anhörung des Betroffenen

[2]   21 I SGB X analog: Vernehmung von Zeugen und Sachverständigen

[3]   Art. 35 GG: Rechtshilfe durch andere Gerichte als das zuständige VormG/FamG
     §§ 4 – 8 VwVfG und §§ 3 – 7 SGB X: Amtshilfe durch andere Behörden
     § 34 FGG: Akteneinsicht bei anderen VormG/FamG

[4]   § 18 JWG: „Delegation" auf freie Träger

(5)   § 12 FGG: Anhörung des Betroffenen

(6)   § 12 FGG: Anhörung Dritter
     § 15 FGG: Vernehmung Dritter als Zeugen oder Sachverständige

(7)   §§ 156ff. GVG und § 2 FGG: Rechtshilfe durch andere Gerichte
     §§ 4 – 8 VwVfG und §§ 3 – 7 SGB X: Amtshilfe durch andere Behörden als das zuständige JA

(8)   § 12 FGG: Anhörung des JA (Stellungnahme)
     § 15 FGG: Vernehmung des SozArb als Zeuge

(9)   § 12 FGG: Anhörung des freien Trägers
     § 15 FGG: Vernehmung des SozArb als Zeuge

⚠10 – ⚠12 : freiwillige Mitwirkung des Betroffenen, Dritter, anderer Behörden und Gerichte
     § 34 FGG: Akteneinsicht bei anderen VormG und FamG

[13]   Richterliche Entscheidung

Von wem und auf welcher Rechtsgrundlage kann das JA (ein freier Träger) bzw. VormG/FamG Informationen erhalten?

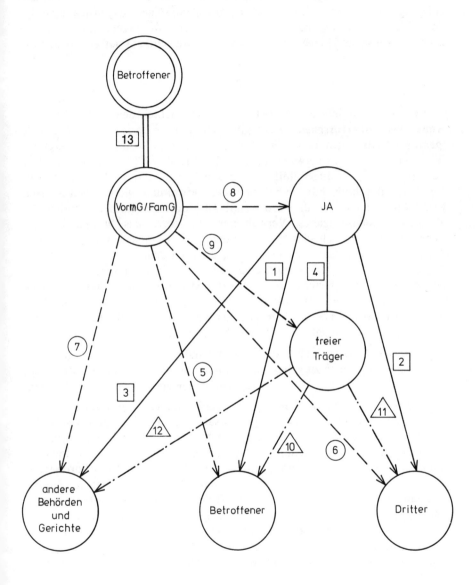

benötigt der SozArb, falls er „Person des öffentlichen Dienstes" ist, eine Aussagegenehmigung seiner Behörde, § 376 I ZPO i. V. m. den beamtenrechtlichen Vorschriften des jeweiligen Bundeslandes (z. B. § 65 LBG NW). Die Beeidigung eines SozArb, die im Zusammenhang mit seiner Zeugenstellung möglich wäre, kommt somit nur in Betracht, wenn er sowohl von den Betroffenen als auch von seiner Dienststelle von seiner Schweigepflicht befreit worden ist.

6.2.2.2 Verhältnis des JA zu den Betroffenen

Das **JA** ist – wie jede andere Behörde – verpflichtet, den Sachverhalt **von Amts wegen** zu **erforschen**. Dies ergibt sich zwar weder aus § 20 I 1 SGB X (gem. § 8 SGB X gehört die Gerichtshilfe nicht zum Sozial-Verwaltungsverfahren) noch aus § 24 I VwVfG (gem. § 2 II Nr. 4 VwVfG findet dieses nicht auf den Bereich der Jugendhilfe Anwendung). Auch das SGB I enthält insoweit keine Regelung. Für die Sektoren der Verwaltung, die von den neueren Kodifikationen nicht erfaßt worden sind, gilt jedoch gewohnheitsrechtlich das allgemeine unkodifizierte Verwaltungsrecht fort, das in langjähriger Behörden- und Gerichtsübung entstanden ist[12]. Demnach hat das JA von Amts wegen die Tatsachen zu ermitteln, die nach dem Gesetz (z. B. § 48 a I Nr. 5 JWG i. V. m. § 1666 BGB) oder nach anderen Rechtsvorschriften Voraussetzung für das beabsichtigte Verwaltungshandeln sind, und zwar nach pflichtgemäßem Ermessen unabhängig von vorgebrachten Fakten und Meinungen der Betroffenen oder Dritter. Als Beweismittel kommen u. a. in Frage: Anhörung der Beteiligten, Augenscheinseinnahme.

Weigern sich die Betroffenen, d. h. die Erziehungsberechtigten oder der Minderjährige, Auskünfte zu geben oder Einblick in ihre Verhältnisse zu geben, stellt sich die Frage, ob die nötigen **Informationen erzwungen** werden können.

Gem. § 60 I SGB I hat derjenige, der Sozialleistungen beantragt oder erhält, u. a. die zur Gewährung notwendigen Tatsachen anzugeben. Zu den Sozialleistungen gehört gem. § 11 i. V. m. § 27 I Nr. 5 SGB I auch die VormGH/FamGH. Dem Sinne der genannten Normen entsprechend können jedoch nur dann Mitwirkungspflichten bestehen, wenn der Bürger von der Behörde etwas begehrt („... leistungen beantragt ..."), was ihm Vorteile bringt. Im Zusammenhang mit der VormGH/FamGH trifft dies nur für einen begrenzten Aufgabenkreis des JA zu, z. B. für die Beratungs- und Unterstützungspflicht von Pflegern, Vormündern und Beiständen gem. § 47 d JWG oder die Beratung und Unterstützung von Elternteilen gem. §§ 51, 51 a, 51 b, 52 JWG. Jedenfalls muß es sich um Tätigkeiten handeln, die die Behörde in unmittelbarer Be-

---

12 Papenheim (Baltes), 1. Aufl., S. 50.

günstigung des Bürgers auf dessen Antrag hin erbringt. Für eine gutachtliche Tätigkeit des JA, die dieses in Unterstützung des Gerichts zu leisten hat, gilt dies selbst dann nicht, wenn sie den Betroffenen, der den Antrag auf Regelung gestellt hat, im Ergebnis durch den Richterspruch begünstigt. – Daher können die Betroffenen aufgrund von § 60 I SGB I nicht verpflichtet sein, dem JA Auskünfte für eine gutachtliche Stellungnahme gem. § 48 a JWG zu geben. – Eine andere Norm für eine solche Verpflichtung ist nicht ersichtlich, so daß weder die von einem solchen Gutachten berührten Eltern noch das Kind vor dem JA zu einer Aussage verpflichtet sind.

Selbst der **Richter** besitzt in den dem Gutachten zugrunde liegenden Verfahren keine Rechtsgrundlage dafür, die Betroffenen zu einer Aussage zu zwingen. Er kann auch nicht die Durchführung **projektiver Persönlichkeitstests** anordnen, wenn der Betroffene, (beim Minderjährigen bedeutet das: sein gesetzlicher Vertreter) hiermit nicht einverstanden ist[13]. Daher nützt es dem JA rechtlich auch nicht, wenn es das Gericht um eine Einvernahme bittet. Jedoch ist es möglich, daß die Parteien, die vor der Behörde ihre Mitwirkung verweigern, im Angesicht des Richters doch zu einer Äußerung bereit sind. Wollen sie auch dort nicht zur Aufklärung des Sachverhalts beitragen, müssen sie u. U. die negativen Folgen auf sich nehmen; denn die **sog. Feststellungslast** trägt der Beteiligte, der aus dem materiellen Recht eine für ihn günstige Rechtsfolge herleitet[14].

Obwohl somit die Beteiligten nicht zur Ermittlung des Sachverhalts beitragen müssen, hat die Behörde umgekehrt den Beteiligten **Gelegenheit zur Äußerung** zu geben, sofern der Verfasser der gutachtlichen Stellungnahme anregen will, in die Rechte eines Beteiligten einzugreifen. Das gilt z. B. im Falle des § 1666 BGB, § 1748 BGB und bei § 1671 BGB für den Elternteil, der das Sorgerecht nicht erhalten soll. Dieser Grundsatz kann dem Gesetz wiederum nicht direkt entnommen werden, da § 24 SGB X vom hier nicht begehrten Erlaß eines Verwaltungsaktes ausgeht. Rechtsstaatlichen Grundsätzen entspricht es jedoch, auch schon bei entscheidungsvorbereitenden Aktivitäten den Betroffenen einzubeziehen.

Insbesondere für die Beteiligten ist es häufig bedeutsam, ob sie in die über sie angelegten **Akten Einsicht** nehmen dürfen. Hierzu bestimmen § 25 I 1 SGB X und § 29 VwVfG (die – wie schon ausgeführt[15] – beide im Bereich der Gerichtshilfe keine unmittelbare Anwendung finden), deren analoge Anwendung hier geboten erscheint, daß Einsicht zu gestatten ist, soweit die Kenntnis des

---

13 Vgl. dazu BayObLG v. 12. 5. 1977; OLG München v. 18. 9. 1978 m. Anm. von M. März, ebenda, und Anm. von H. Wegener, NJW 1979, 1253; U. Fehnemann, FamRZ 1979, 661; Lange, NJW 1980, 2729; Bumiller/Winkler, § 12 Anm. 7c).
14 Bumiller/Winkler, § 12 Anm. 1 mit weiteren Nachweisen.
15 S. 9 ff.

Inhalts zur Geltendmachung oder Verteidigung der rechtlichen Interessen erforderlich ist. Ein solches Interesse wird im Zusammenhang mit der Abfassung gutachtlicher Stellungnahmen wohl immer dann gegeben sein, wenn sich Dritte (Verwandte, Nachbarn, Schule oder Fachleute wie Ärzte, Psychologen, SozArb) über einen Beteiligten geäußert haben und diese Äußerung die Stellungnahme des JA beeinflussen kann. Hier muß der Betroffene das Recht haben, Behauptungen zu bestreiten und zu widerlegen oder fachliche Gegenäußerungen einholen zu lassen. Wegen weiterer Einzelheiten wird auf Kap. 2. 3 verwiesen.

6.2.2.3 Verhältnis des JA zu Dritten

Als Beweismittel im Verwaltungsverfahren kommt entsprechend den Grundsätzen des unkodifizierten Verwaltungsrechts auch die Vernehmung von **Zeugen und Sachverständigen** in Betracht.

Weigern sich Dritte, die als Zeugen oder Sachverständige gehört werden sollen, auszusagen, stellt sich auch hier die Frage, ob das **Zeugnis erzwungen** werden kann.

Das SGB I trifft hierüber keine Aussage. Das SGB X, dessen Rechtsgedanken in weiten Bereichen der Gerichtshilfe angewandt werden können, enthält eine diesbezügliche Regelung in § 21. Nach seinem Abs. 3 S. 1 besteht für Zeugen nur dann eine Pflicht zur Aussage, wenn sie durch Rechtsvorschrift vorgesehen ist. Das ist bei Zeugenvernehmungen durch das JA im Zusammenhang mit einer Gutachtenerstellung gem. § 48 a JWG nicht der Fall. Also hat der SozArb auch hier kein Zwangsmittel in der Hand.

Anders sieht es im Verhältnis zu Zeugen beim Richer aus. Gem. § 15 FGG, der auf die Vorschriften der ZPO (§§ 373 ff.) verweist, besteht für die Zeugen Zeugnispflicht, d. h. die Pflicht zum Erscheinen, zur Aussage und zur Beeidigung. Kommen sie dieser Verpflichtung nicht nach, so sind folgende Maßnahmen möglich: Auferlegung der Kosten, Verhängung eines Ordnungsgeldes (ggf. wiederholt) von 5, – bis 1. 000, – DM; Ordnungshaft (ggf. mehrfach) von 1 Tag bis 6 Wochen; zwangsweise Vorführung bei wiederholtem Fernbleiben. Die Beeidigung steht im Ermessen des Gerichts, § 15 I 2 FGG. Sie ist nur in besonders wichtigen Angelegenheiten am Platz.

Diese möglichen Zwangsmittel können dem Zeugen, der vor dem JA die Aussage verweigert, ggf. schon vom SozArb erläutert werden. In den meisten Fällen wird der Zeuge dann bereits der Behörde gegenüber die erforderliche Auskunft geben.

Sind die Dritten zwar bereit, Auskünfte zu erteilen, machen sie aber die Einschränkung, daß die **Informationsquelle** vor Gericht **nicht genannt** werden dürfe[16], so befindet sich der SozArb, der die Stellungnahme für das Gericht schreiben soll, in einer ausgesprochen mißlichen Lage. Einerseits braucht er die potentiellen Informationen, um die Wahrheit zu erforschen, andererseits kann er unter rechtlichen Gesichtspunkten eine derartige Zusage nicht machen.

Mit bestimmten Kenntnissen versehen ist der SozArb sog. mittelbarer Zeuge. In dieser Eigenschaft kann er nur dann die Aussage oder bestimmte Auskünfte (z. B. den Namen) verweigern, wenn er ein Zeugnis- (§ 383 ZPO) bzw. Auskunftsverweigerungsrecht (§ 384 ZPO) hat. Ein Zeugnisverweigerungsrecht steht dem SozArb im Zivilrecht – somit auch im Breich der freiwilligen Gerichtsbarkeit – gem. § 383 I Nr. 6 ZPO (Personen, denen kraft ihres Amtes Tatsachen anvertraut sind, deren Geheimhaltung durch gesetzliche Vorschrift – §§ 35 SGB I, 67 ff. SGB X und § 203 StGB – geboten ist) zwar zu. Das Zeugnis verweigern möchte er aber gerade nicht. Vielmehr will er nur eine bestimmte Aussage – Name des Informanten – nicht machen. Dies könnte er lediglich im Rahmen des Verweigerungsrechtes gem. § 384 ZPO. In dieser Vorschrift jedoch sind ausschließlich Fälle beschrieben, die den in Frage stehenden Sachverhalt eindeutig nicht erfassen. Somit steht dem SozArb aufgrund der allgemeinen Vorschriften kein Weigerungsrecht zu.

Zu prüfen bleibt, ob der SozArb, der in einem öffentlich-rechtlichen Dienstverhältnis steht (Beamter, Angestellter), evtl. aufgrund dienstrechtlicher Vorschriften (§ 376 ZPO i. V. m. §§ 64, 65 LBG NW) berechtigt ist, die Auskunft über Namen des Informanten zu verweigern. Hier ist die Situation zwar so geregelt, daß der Beamte über dienstliche Erkenntnisse ohne Genehmigung nicht aussagen darf, § 64 II 1 LBG NW. Jedoch kann die Genehmigung nur dann versagt werden, wenn die Aussage dem Wohl des Bundes oder eines deutschen Landes Nachteile bereiten oder die Erfüllung öffentlicher Aufgaben ernstlich gefährden oder erheblich erschweren würde, § 65 I LBG NW. Diese Sachverhalte liegen in diesem Zusammenhang nicht vor. Der SozArb ist daher bei Kenntnis des Namens des Informanten nicht berechtigt, diesen bei einer Zeugenaussage vor Gericht zu verschweigen.

16 Vgl. hierzu Mösonef, BayWD 1970, 49/51.

6.2.2.4 Beteiligung freier Träger an den Aufgaben der Vormundschafts- und Familiengerichtshilfe

Die Gerichtshilfe gem. § 48 a JWG gehört gem. § 4 Nr. 2 JWG zu den unbedingten Pflichtaufgaben des JA. Auch solche Aufgaben sind grundsätzlich gem. § 18 JWG aufgrund öffentlich-rechtlichen Vertrages auf freie Träger „delegierbar". Allerdings ist nach der Literatur[17] eine Übertragung ausgeschlossen, wenn durch die Handlung in die Rechtssphäre eines Betroffenen eingegriffen oder ein richterlicher Eingriff in eine Rechtssphäre beantragt wird. Da mit einer gutachtlichen Stellungnahme nach § 48 a JWG in fast allen Fällen ein möglicher Eingriff in die Rechtssphäre vorbereitet wird (Ausnahme: Ehemündigerklärung und Annahme als Kind − hier soll die Rechtssphäre erweitert werden; eine Ablehnung hat die Wirkung eines Eingriffs), ist eine Übertragung der Aufgabe des JA nicht möglich. Hinzu kommt, daß der Gesetzgeber bei der Schaffung der §§ 48 ff. JWG davon ausging, daß im Rahmen des § 48 a JWG eine Fachbehörde tätig werden soll. Ob ein freier Träger diese Voraussetzung erfüllt, müßte − da es hierfür kein gesetzlich abgesichertes Überprüfungsverfahren gibt − von Fall zu Fall festgestellt werden. Dies ist nicht möglich, daher kann ein freier Träger im Bereich des § 48 a JWG nicht eigenverantwortlich gutachtlich tätig werden[18]. Die einzige Ausnahme hiervon machen bisher nur die Adoptionsvermittlungsstellen freier Träger. Da diese gem. § 4 AdVermiG der Anerkennung bedürfen, wird im Rahmen des Anerkennungsverfahrens ihre Fachlichkeit überprüft, so daß gegen ihr Tätigwerden im Rahmen der Gerichtshilfe keine Einwände erhoben werden können.

Eine andere Frage ist, ob sich das JA zur Vorbereitung seiner gutachtlichen Stellungnahme der Erkenntnisse eines freien Trägers bedienen kann. Hiergegen bestehen keinerlei rechtliche Bedenken[19]. Sowohl bei der Tatsachenfindung als auch bei der fachlichen Auswertung kann der freie Träger dem JA die Vorarbeiten machen. Allerdings muß das JA nachher für den Inhalt des Gutachtens die Verantwortung übernehmen und kann sich nicht darauf berufen, daß ein freier Träger der eigentliche Verfasser sei.

6.2.2.5 Einschaltung anderer Behörden und Gerichte (Amtshilfe/Rechtshilfe)

Wie bereits dargestellt, muß gem. § 48 a JWG das nach § 11 JWG zuständige JA durch das Gericht gehört werden. Allerdings ist es denkbar, daß dieses JA der Unterstützung anderer Institutionen bedarf, um zu einem abgerundeten

---

17 FrankfKo, § 18 Anm. 2; Oberloskamp/Adams S. 4.
18 BGH v. 21.5.54, FamRZ 1954, 219; KG 1933, JFG 11, 84.
19 FrankfKo, § 48 Anm. 2; Palandt/Diederichsen § 48 Anm. 1.

Bild über die zu begutachtenden Personen zu kommen. Manchmal wird es so sein, daß es dem zuständigen JA **unmöglich** ist, selbst entsprechend tätig zu werden; manchmal wird es lediglich **zweckmäßiger** sein, andere Institutionen einzuschalten.

Benötigt das JA Auskunft über etwaige frühere oder gleichzeitig anhängige **Verfahren** des VormG/FamG, so hat es gem. § 34 FGG Anspruch auf Akteneinsicht, die in der Praxis im allgemeinen in Form von Übersendung der Vorgänge realisiert wird. Entsprechendes gilt für die Einsicht in Strafakten.

Handelt es sich um **andere Informationen** so kann sich das JA diese im Wege der Rechts- oder Amtshilfe beschaffen[20].

Für Behörden, die **Leistungsträger** i. S. der §§ 18 – 29 **SGB I** sind, leistet jede von ihnen anderen Behörden auf Ersuchen ergänzende Hilfe (Amtshilfe), § 3 I SGB X. Diese Vorschrift ist inhaltlich, wenn auch nicht dem Wortlaut nach, deckungsgleich mit § 10 JWG, der am 1. 1. 1981 außer Kraft getreten ist (Art. II, § 26 des SGB-Verwaltungsverfahren).

Für Behörden, die **nicht Leistungsträger** im Sinne des **SGB I** sind, ist Amtshilfe gem. §§ 4 – 8 VwVfG zu leisten.

Die h. M.[21] steht auf dem Standpunkt, daß zur Amtshilfe auch die **kirchlichen Behörden** verpflichtet seien, weil sie Körperschaften des öffentlichen Rechts sind. Für die Praxis der Sozialarbeit und ihre Möglichkeiten aufgrund von Amtshilfe bedeutet dies, daß ein JA bei der Leiterin eines Kindergartens in Trägerschaft einer Kirchengemeinde Auskünfte über ein Kind anfordern kann, nicht dagegen bei der Leiterin eines Kindergartens, der vom Caritasverband unterhalten wird. Allerdings wird man davon ausgehen dürfen, daß derartige kirchlich orientierte Träger – ebenso wie alle sonstigen freien Träger der Jugendhilfe – unter dem Gesichtspunkt partnerschaftlichen Zusammenwirkens[22] dazu bereit sein werden, bei den Aufgaben der öffentlichen Träger mitzuwirken, solange ihr ureigenster Auftrag dadurch nicht gefährdet wird.

(1) Ein JA kann um Amtshilfe insbesondere dann ersuchen[23], *wenn es:*

– aus rechtlichen Gründen die Amtshandlung nicht vornehmen kann (§ 4 I Nr. 1 SGB X; § 5 I Nr. 1 VwVfG);

---

20 Ist die ersuchte Stelle ein Gericht, so handelt es sich um **Rechtshilfe**; ist sie eine andere Behörde, so spricht man von **Amtshilfe** (vgl. Maunz/Dürig, Art. 35 Anm. 3).
21 Vgl. zu den Nachweisen Jans/Happe, § 10 Anm. 4.
22 Vgl. für das künftige Recht § 86 JHG – Gesetzesbeschluß des BT, BR-Drucks. 287/80 (23. 5. 80); für das geltende Recht ergibt sich dies sinngemäß aus § 5 III 2 JWG; vgl. dazu Jans/Happe, § 5 Anm. 3 c.
23 Nicht ganz eindeutig ist, ob die Amtshilfevorschriften der §§ 3 – 7 SG B X nur für das Sozial-Verwaltungsverfahren i. S. d. § 8 SGB X gelten **oder darüber hinaus auch** für die gutachtliche

Beispiel: Aufgrund einer Anzeige von Nachbarn über die Vernachlässigung eines Kleinkindes (berufstätige Eltern sperren 3jähriges Kind angeblich tagsüber in der Wohnung ein) will ein SozArb, um ggf. ein Verfahren nach § 1666 BGB anregen zu können, Gewißheit über die Verhältnisse der Familie. Er bittet die Polizei um gewaltsame Öffnung der Haustür, weil sich bei mehreren versuchten Hausbesuchen auf wiederholtes Läuten niemand gemeldet hat.

– aus tatsächlichen Gründen, besonders weil die zur Vornahme der Amtshandlung erforderlichen Dienstkräfte oder Einrichtungen fehlen, die Amtshandlung nicht selbst vornehmen kann (§ 4 I Nr. 2 SGB X; § 5 I Nr. 2 VwVfG);

Beispiel: Im Rahmen einer Entscheidung nach § 1666 I BGB soll ein Kind, bevor das JA weiteres veranlaßt, von einem jugendpsychiatrischen Dienst untersucht werden, über den ein kleines Kreis-JA nicht verfügt. – Ein Recht, eine andere Behörde um Amtshilfe zu ersuchen, wird man im allgemeinen aber wohl dann verneinen müssen, wenn der Dienstkräftemangel darauf zurückzuführen ist, daß vorhandene Stellen nicht besetzt sind oder als notwendig und wirtschaftlich vertretbar erkannte Stellen nicht eingerichtet werden[24].

– zur Durchführung ihrer Aufgaben auf die Kenntnis von Tatsachen angewiesen ist, die ihr unbekannt sind und die sie selbst nicht ermitteln kann (§ 4 I Nr. 3 SGB X; § 5 I Nr. 3 VwVfG);

Beispiel: Bei einer anstehenden Sorgerechtsregelung behauptet die Mutter, der Vater, der in einem Ministerium tätig und viel dienstlich unterwegs ist, könne sich gar nicht ausreichend um die Kinder kümmern. Der Vater bestreitet dies. Das JA bittet das Ministerium diesbezüglich um Auskunft.

– zur Durchführung ihrer Aufgaben Urkunden oder sonstige Beweismittel benötigt, die sich im Besitz der ersuchten Behörde befinden (§ 4 I Nr. 4 SGB X; § 5 I Nr. 4 VwVfG);

Beispiel: Im Rahmen einer Stellungnahme gem. § 1680 (Frage nach alleiniger Ausübung der e. S., wenn sie dem anderen Elternteil gem. § 1666 BGB entzogen worden ist) erfährt das JA, daß die Mutter, der die e. S. nicht entzogen worden ist, früher einmal wegen Kindesmißhandlung zu einer geringeren Strafe als 6 Monate Freiheitsentzug verurteilt worden ist. Es fordert die Akten beim Strafgericht an.

Zuarbeit im Vormundschaftsgerichtswesen oder die Kontakt- und Vermittlertätigkeit der sozialen Dienste (vgl. zu dieser Problematik Kap. 2 FN 17). Von der Gesetzessystematik her müßte, da das Verwaltungsverfahren erst im 2. Abschnitt (Allgemeine Vorschriften über das Verwaltungsverfahren) definiert wird, **letzteres** zutreffen. Sollte das nicht der Fall sein, würden für die Amtshilfe im Bereich der Gerichtshilfe die ungeschriebenen Normen des nicht kodifizierten Verwaltungsrechts gelten. Diese dürften sich, da die §§ 3 – 7 SGB X und §§ 4 – 8 VwVfG im Grunde nur eine Kodifikation der allgemeinen Grundsätze darstellen, mit diesen decken.

24 So sinngemäß Jans/Happe, § 10 Anm. 2 C b, 5. Spiegelstrich.

– die Amtshandlung nur mit wesentlich größerem Aufwand vornehmen könnte als die ersuchte Behörde (§ 4 I Nr. 5 SGB X; § 5 I Nr. 5 VwVfG);

Beispiel: Ersuchen eines JA an ein anderes JA, die Verhältnisse des in seinem Bezirk lebenden jungen Mannes zu überprüfen, der ein minderjähriges junges Mädchen heiraten will, das gem. § 1 II EheG Antrag auf Befreiung vom Erfordernis der Ehemündigkeit gestellt hat.

(2) Die ersuchte Behörde darf die gewünschte Hilfe nicht leisten[25], wenn

– sie hierzu aus rechtlichen Gründen nicht in der Lage ist (§ 4 II 1 Nr. 1 SGB X; § 5 II 1 Nr. 1 VwVfG);
– durch die Hilfeleistung dem Wohl des Bundes oder eines Landes erhebliche Nachteile bereitet würden (§ 4 II 1 Nr. 2 SGB X; § 5 II 1 Nr. 2 VwVfG).

Die ersuchte Behörde ist insbesondere zur Vorlage von Urkunden oder Akten sowie zur Erteilung von Auskünften nicht verpflichtet, wenn die Vorgänge nach einem Gesetz oder ihrem Wesen nach geheimgehalten werden müssen (§ 4 II 2 SGB X; § 5 II 2 VwVfG). Gesetze, die eine solche Geheimhaltung vorsehen, sind z. B. §§ 67 ff. SGB X und § 35 SGB I § 30 VwVfG dagegen bildet keine Schranke gegen die Weitergabe von Geheimnissen im Rahmen von Amtshilfeersuchen[26]. Im übrigen stellt § 203 StGB unbefugtes Offenbaren von Geheimnissen unter Strafe.

Nach den §§ 35 SGB I, 67 ff. SGB X ist eine Offenbarung von an sich der Geheimhaltung unterliegenden Tatsachen zulässig und damit auch im Rahmen eines Amtshilfeersuchens erlaubt, wenn

– alle Betroffenen zustimmen § 67 S. 1 Nr. 1 SGB X oder
– eine gesetzliche Offenbarungsbefugnis nach den §§ 68 – 77 SGB X vorliegt, § 67 S. 1 Nr. 2 SGB X.

Beispiel: Das JA I soll Stellung nehmen zu der Frage, ob die Ehelicherklärung des nichtehelichen Kindes, das im Heim lebt, durch seinen 20jährigen Vater dem Wohle des Kindes entspricht. JA I fordert beim JA II, bei dem K als Pflegekind geführt wurde, ohne nähere Begründung etwa vorhandenes Aktenmaterial an. JA II darf dem JA I die Akten nicht ohne weiteres überlassen. Es muß vielmehr um Benennung der Aufgabe bitten und seine eigenen Akten daraufhin untersuchen, ob sie für die Fragestellung bedeutsames Material enthalten. Nur dieses darf zur Verfügung gestellt werden.

(3) Die ersuchte Behörde braucht die gewünschte Hilfe nicht zu leisten[27], wenn

---

25 S. o. FN 23.
26 So Meyer/Borgs, § 30 RNrn. 15 – 18.
27 S. o. FN 23.

- eine andere Behörde die Hilfe wesentlich einfacher oder mit wesentlich geringerem Aufwand leisten kann (§ 4 III Nr. 1 SGB X; § 5 III Nr. 1 VwVfG);
- sie die Hilfe nur mit unverhältnismäßig großem Aufwand leisten könnte (§ 4 III Nr. 2 SGB X; § 5 III Nr. 2 VwVfG);
- sie unter Berücksichtigung der Aufgaben der ersuchenden Behörde durch die Hilfeleistung die Erfüllung ihrer eigenen Aufgaben ernstlich gefährden würde (§ 4 III Nr. 3 SGB X; § 5 III Nr. 3 VwVfG).

6.2.3 Methodische Probleme bei der Datengewinnung

(1) Aussagen über die psychosoziale Situation von Klienten sollten sich in einer gutachtlichen Stellungnahme stets auf **mindestens zwei** voneinander unabhängige diesbezügliche **Informationen** stützen können. Nach unseren Beobachtungen wird von Berufsanfängern wie auch von erfahrenen SozArb leicht übersehen, daß ein Teil der Informationen im Aktenmaterial keine Neuinformation aus einer anderen Quelle, sondern nur die variierte Wiedergabe einer Aktennotiz ist, wodurch sie ihren Wert als zusätzlichen Beleg verliert.

(2) Methodisch zuverlässige Datengewinnung setzt voraus, daß der SozArb durch eine der Aufgabenstellung entsprechend umfassende **Anamnese**[28] die bisherige Entwicklungsgeschichte der Betroffenen erfaßt, in gezielten **Explorationen**[29] die Einstellung der Klienten zu entscheidungsrelevanten Fakten ermittelt und durch **Verhaltensbeobachtungen**[30] in den Lebensräumen der Klienten vorhandene Informationen erweitert und absichert. Für solche psychodiagnostischen Gespräche werden dem SozArb z. T. methodische Ansätze aus dem Bereich der Beratungsgespräche hilfreich sein.

(3) Angemessene Anamneseerhebung, Exploration und Verhaltensbeobachtung und ihre Auswertung **kosten viel Zeit** – ein weiteres Problem bei der Datengewinnung. Der Faktor „Zeitaufwand" wird noch größer, wenn der SozArb auch den erweiterten Lebensraum der Klienten (z. B. Kindergarten, Schule, Arbeitsplatz, Großeltern, Nachbarn usw.) in sein psychodiagnostisches Bemühen einbeziehen will. In der Praxis findet dieser erweiterte Lebensraum für psychodiagnostische Überlegungen auch tatsächlich kaum Beachtung; selbst wichtige Personen des engeren Lebensraumes (Vater und Mutter) werden vernachlässigt; nicht selten fehlen sogar Kontakte zum zu Beurteilen-

---

28 Bratt, S. 51 – 121; Schmidt/Kessler; Kemmler/Echelmeyer, S. 1628 – 1644.
29 Schraml, S. 868 – 897; Musaph; Argelander, Lutz.
30 Hasemann, S. 807 – 836; Donat, S. 130 – 167; Thomae 1976, S. 1 – 55.

den selbst[31], wodurch die auf so schmaler Basis gegründeten Aussagen an Relevanz verlieren.

(4) Sofern der SozArb die notwendige Zeit zur angemessenen umfangreichen Datengewinnung findet, stößt er nicht selten auf ein anderes Problem: die **Bereitschaft** der Klienten **zur Mitarbeit** ist oft gering. Manchmal sind die Widerstände geschickt verborgen, manchmal nur zu offensichtlich. Widerstände der Klienten zur Mitarbeit können umfassend sein, so z. B. in Fällen des § 1666 BGB, wenn die Sorgeberechtigten einen SozArb/SozPäd als Vertreter einer Behörde erleben, der ihnen in ihre familiären Angelegenheiten hineinregieren und etwas nehmen will. Eine eingeschränkte Bereitschaft der Klienten zur Mitarbeit muß der SozArb vor allem in Fällen der §§ 1671 und 1672 sowie 1634 BGB berücksichtigen. In solchen Konflikten wird dem SozArb seine Arbeit u. a. dadurch erschwert, daß manche Klienten ihn als den Parteigänger des bisherigen Partners einschätzen, andere hingegen ihn zu einem solchen zu machen suchen.[31a]

(5) Unter solchen Voraussetzungen ist von besonderer Bedeutung, wie der SozArb die **Gesprächssituation zu gestalten** versteht[32], so daß es ihm gelingt, Aufregung, Hemmungen oder gegen den Partner gerichtete ablehnende Affekte teilweise aufzulösen oder so zu reduzieren, daß ein informatives Gespräch möglich wird. Im weiteren Verlauf des Gesprächs hat der SozArb darauf zu achten, daß er sich nicht doch noch von einem der Klienten „vereinnahmen" läßt, dessen Konzepte übernimmt und von ihm den Verlauf des Gesprächs kontrollieren, wenn nicht gar diktieren läßt. Nach unseren Beobachtungen unterliegen besonders Berufsanfänger einer solchen Gefahr. Sie wird besonders stark für solche SozArb, die Fertigkeiten in Beratungsgesprächen besitzen, den Unterschied zum psychodiagnostischen Gespräch jedoch nicht kennen oder anerkennen.

Ziel des psychodiagnostischen Gesprächs ist es, in einem ruhigen, verständnisvollen, von Wertungen unbelasteten Gesprächsklima
– möglichst konkrete Informationen zu sammeln, und zwar auch dann, wenn die Klienten sich in vage, verallgemeinernde Aussagen oder Anschuldigungen flüchten;
– dabei den Überblick über den Ablauf der Ereignisse, ihre wechselseitige Bedingtheit und die Auswirkungen auf das Kind nicht zu verlieren, auch dann nicht, wenn er mit vielen unbedeutenden Einzelheiten überschüttet wird.

Die hierfür notwendige Erfahrung in Gesprächsführung einsetzen zu können, ist ein zusätzliches Problem bei der Datengewinnung.

31 Simitis u. a., S. 94 ff.
31 a Näheres dazu siehe S. 24 ff.
32 Näheres dazu bei Arntzen 1978, Musaph, Lutz.

(6) Die **Informationen** von und über Klienten sollen nicht nur konkret sein, sie sollen auch **stimmen**. Die **Glaubwürdigkeit** von Klienten und anderen Informanten hinlänglich zu sichern, stellt ein psychodiagnostisch nicht befriedigend zu lösendes Problem dar. Hilfen zur Beurteilung der Glaubhaftigkeit ihrer Aussagen hingegen bieten u. a. die Berücksichtigung des Ausdrucksverhaltens (Verhaltensbeobachtung), der sprachlichen und inhaltlichen Gestaltung einer Aussage, was besonders für Gespräche mit Kindern bedeutsam wird. Zu den „Kennzeichen wahrheitsgemäßer Bekundungen" zählt *Undeutsch*[33]:

- Widerspruchslosigkeit zu anderweit feststehenden Tatsachen;
- Realistik und Wirklichkeitsnähe der Schilderung;
- Konkretheit, Anschaulichkeit, Originalität und individuelle Durchzeichnung der Aussagen;
- innere Stimmigkeit und Folgerichtigkeit der Darstellungen;
- eigentümliche oder ausgefallene Einzelheiten in einer Schilderung, die so nicht erdacht werden können.

Undeutsch verweist in diesem Zusammenhang auf die gebotene Vorsicht, mit diesen Kriterien umzugehen.

Praktische Hinweise auf Möglichkeiten, die Glaubhaftigkeit der Aussagen eines Informanten im Gespräch mit ihm abzuklären, finden sich auch bei *Arntzen*[34] und *Friedrichs*[35]. Auch die Weise, wie ein Klient sich mit den Aussagen oder Vorwürfen seiner Kinder oder seines ehemaligen Partners auseinandersetzt, bietet einen wertvollen Anhaltspunkt für die Einschätzung der Glaubhaftigkeit seiner eigenen Aussagen. Einzeltechniken der Gesprächsführung, die Beachtung typischer Fehler während der Gesprächssituation und das Bewältigen häufig zu beobachtender schwieriger Gesprächssituationen werden u. a. von *Musaph*[36], *Lutz*[37] und *Arntzen*[38] diskutiert, auf die hier stellvertretend für viele, nur hingewiesen werden kann[38a].

(7) Eine besondere Schwierigkeit bei der Datengewinnung besteht darin, die **Informationen** möglichst **genau festzuhalten**. Das Gedächtnisprotokoll reicht für längere und komplizierte Gespräche in der Regel hier nicht aus. Als Alternative bietet sich die Aufzeichnung mit einem Recorder oder die Mitschrift während des Gesprächs an. Beides wird in der Sozialarbeit selten verwendet. Gegen beide Formen gibt es begründete Einwendungen. Bandaufzeichnungen

33 S. 127 ff.
34 1978, S. 63 – 76.
35 S. 3 – 25.
36 S. 39 – 102.
37 S.110 – 123.
38 1978, S. 8 – 32.
38a Vgl. auch die Ausführungen S. 29 f.

lösen bei Klienten oft zunächst Verunsicherung aus. Das trifft besonders dann zu, wenn es sich um sehr persönliche oder den Klienten belastende Äußerungen handelt. Die Mitschrift während des Gesprächs verlangt vom SA, seine Aufmerksamkeit auf das Gespräch mit dem Klienten und die Mitschrift aufzuteilen, was dann die Gesprächssituation beeinträchtigen kann.

(8) Besondere Probleme bei der Faktensammlung können sich ergeben, wenn **Kinder ins Gespräch einzubeziehen** sind. In diesem Zusammenhang sei erinnert

- an die begrenzte Einsicht kleinerer Kinder in komplexe Zusammenhänge;
- an die Manipulierbarkeit von Kinderaussagen;
- an die Ambivalenzkonflikte von Kindern, deren Eltern getrennt oder in Scheidung leben;
- an die psychische Belastung, die für manche Kinder ein psychodiagnostisches Gespräch darstellen kann.

Diese und andere Schwierigkeiten sind bei Berücksichtigung der kindlichen Erlebnis- und Auffassungsweise jedoch überwindbar. In jedem Fall sollte der Versuch unternommen werden, auch das betroffene Kind selbst zu sehen und zu hören. Dabei wird darauf zu achten sein, das explorative Gespräch mit und die Verhaltensbeobachtungen am Kind wenigstens zu einem Teil in Abwesenheit von Vater und Mutter durchzuführen. Bei Kindern bis einschließlich Vorschulalter wird die Verhaltensbeobachtung in mehreren problemrelevanten Situationen besonders aufschlußreich sein. Diese Informationen sind durch Erkenntnisse aus Gesprächen mit Geschwistern, Großeltern, Nachbarn, Kindergärtnerinnen, Lehrern usw. zu erweitern und abzuklären, was nicht selten durch deren parteiische Einstellung oder eigene Betroffenheit erschwert wird.

(9) So können auch Schwierigkeiten bei der Datengewinnung den SozArb veranlassen, einen psychologischen oder medizinischen **Sachverständigen** mit einzubeziehen, dem für manche Bereiche spezielle Methoden zur Informationssammlung zur Verfügung stehen.

Gemeinsames Ziel aller an solcher Arbeit Beteiligten bleibt es, in verantwortlicher Weise über den Klienten eine Aussage zu machen zu der Frage, „welche Art von Zukunft er herbeizuführen sucht"[39].

---

39 Allport, S. 512.

7. Beispiele von Gutachten

In diesem Abschnitt werden einige Beipsiele von gutachtlichen Stellungnahmen eines JA im Rahmen der VormGH/FamGH vorgestellt.

Kap. 7.1 enthält ein Originalaktenstück mit einem Fall zu § 1666 BGB. Nur Personaldaten und was sonst zur Identifikation der Beteiligten führen könnte, wurden verändert.

Zu diesem unter 7.1.1 gebrachten Vorgang stellen wir unter 7.1.2 ein Beispielgutachten zur Diskussion, in dem die von uns vorgeschlagenen Strukturmerkmale (Kap. 5) und die notwendigen Fakten (Kap. 6) berücksichtigt wurden – soweit sie vorhanden waren.

In Kap. 7.2 steht eine gutachtliche Stellungnahme eines JA im Original einer von den Autoren verfaßten Stellungnahme zu demselben Sachverhalt (§1671 BGB) zu Vergleichszwecken gegenüber.

Kap. 7.3 veranschaulicht, wie Studenten der Sozialarbeit bei entsprechender Anleitung die wesentlichen Aspekte einer gutachtlichen Äußerung eines JA (zu §§ 1741 ff. BGB) erarbeiten können und welche typischen Anfangsschwierigkeiten dabei zu überwinden sind (7.3.1).

Zum Vergleich findet sich unter 7.3.3 zum von den Studenten verwendeten Aktenmaterial der Versuch einer von den Autoren dieses Buches erarbeiteten gutachtlichen Äußerung. Auch sie leidet teilweise unter dem nur begrenzt informativen Aktenmaterial.

7.1 Gutachtenentwurf auf der Basis eines vollständigen Aktenstückes (§ 1666 BGB)

7.1.1 Aktenstück (§ 1666 BGB)

1. Schreiben des Allgemeinen Sozialen Dienstes
   – ASD – an die Abteilung Pflegekinder

72 – 315 – 5   Blitzdorf, den 2. 9. 76

An das
Amt 72 – 14

_____

Betr.: Pflegeerlaubnis für Frau Karin Ostern, geb. 30. 9. 02, wohnhaft in 1000 Blitzdorf 4, Sonnengasse 5

Pflegekind: Paul Busch, geb. 1. 5. 67

Wie mir über die Körperbehindertenfürsorge (Gesundheitsamt Blitzdorf) bekannt wurde, befindet sich das Kind Paul B. seit dem 4. Lebensmonat in Pflege bei einer Frau Ostern. Eine Pflegeerlaubnis liegt nicht vor.

Paul B. leidet an einer angeborenen Kieferanomalie, einer Lippen-Kiefer-Gaumenspalte. Es wurden bereits 4 Operationen durchgeführt, und weitere Kontrollen werden sowohl vom Gesundheitsamt als der Zahnklinik regelmäßig angeordnet.

Paul besucht das 2. Schuljahr der Sprachbehindertenschule S. in Blitzdorf, Windgasse 13.

Die Kindesmutter Frau Hilde Busch ist als Küchenhilfe in der Karo-Fliesenfabrik beschäftigt und wohnt in Blitzdorf 3, Schneeweg 27. Wegen ihrer Berufstätigkeit hat sie ihren nichtehelichen Sohn vor 9 Jahren bei der ihr bekannten Frau O. untergebracht und hat angeblich täglich Kontakt zu ihrem Sohn gehabt.

Bei Frau O. habe ich inzwischen mehrere Hausbesuche durchgeführt. Die 73jährige alte Dame ist ledig und bewohnt mit einem Herrn Schneider, geb. 20. 8. 1901, eine geräumige Zwei-Zimmerwohnung mit großem Balkon in der Sonnengasse. Herr S. liegt schon mehrere Wochen im Krankenhaus und wurde beim Hausbesuch nicht angetroffen.

Die Wohnung war bei meinen Besuchen stets sauber und aufgeräumt. Für P. steht ein eigenes Zimmer mit einem großen Bett zur Verfügung.

Er ist altersgemäß entwickelt und macht einen sehr lebhaften, zufriedenen Eindruck. Trotz seiner Sprachbehinderung kann man sich gut mit ihm verständigen, und er scheint sich offensichtlich bei Frau O. wohlzufühlen.

Frau O. hat sich ganz auf den Jungen eingestellt und versorgt und erzieht ihn mit viel Liebe und Geduld.

Von einer Nachbarin wurde mir gesagt, daß P. sich kein besseres Zuhause wünschen könne.

Frau O. bestätigte mir, daß die Kindesmutter täglich nach Dienstschluß ihren Sohn besuche und einen netten Kontakt zu ihm habe.

Auf die Dauer gesehen ist m. E. die Unterbringung des Kindes bei den alten Leuten nicht zu empfehlen, da sie ihn geistig nicht genügend fördern können und auch auftretenden Erziehungsschwierigkeiten nicht mehr gewachsen sind.

Zum gegebenen Zeitpunkt wäre jedoch die Herausnahme des Kindes aus der Pflegestelle für Frau O. eine Härte, die sie nicht verkraften könnte. Auch für P. wäre es ein seelischer Schock, da er m. E. bei Frau O. glücklich und zufrieden ist.

Unter diesen Umständen wird eine vorläufige Pflegeerlaubnis für Frau O. diesseits befürwortet.

Im Auftrage:

Lieb
(Sozialarbeiter)

2. Schreiben des ASD an die Abteilung Wirtschaftliche Jugendhilfe

72 – 315 – 5   Blitzdorf, den 25. 9. 76

An das
Amt 72 – 41

Betr.: Antrag auf Übernahme des Pflegegeldes für Paul Busch, geb. 1. 5. 1967
Pflegestelle: Frau Karin Ostern, 100 Blitzdorf, Sonnengasse 5

In der Anlage übersende ich ein Schreiben an das Amt 72 – 14, mit dem wir die Erteilung der Pflegeerlaubnis für das Kind Paul Busch befürworten.

Außer dem Kindergeld hat Frau B. bislang an Frau O. kein Pflegegeld gezahlt. Nach einer Rücksprache meinerseits am 20. 9. 76 ist Frau B. bereit, einen Zuschuß von 50 DM zu zahlen.

M. E. ist es Frau O. nicht zuzumuten, daß sie weiterhin kein Pflegegeld für P. erhält, zumal sie nur eine geringe Rente bezieht.

Frau B. kann ihren Sohn nicht bei sich aufnehmen, weil ihre Wohnung zu klein ist. Da P. aus den im Schreiben vom 2. 9. 76 genannten Gründen im Augenblick gut bei Frau O. untergebracht ist, wird diesseits befürwortet, daß P. in seiner jetzigen Umgebung verbleibt. Es wird daher gebeten, daß Sie die Pflegekosten übernehmen.

i. A. L i e b
(Sozialarbeiter)

Durchschrift der Pflegeerlaubnis des Jugendamtes Blitzdorf für Frau O. vom 6. 10. 76 übersandt an Amt 72 – 14 (ASD)

3. Vermerk

72 – 315 – 5   Blitzdorf, den 16. 3. 77

1) **Betr.**: Paul Busch, geb. 1. 5. 67, bei Frau Ostern, Blitzdorf 4, Sonnengasse 5

Frau O. sprach heute in der hiesigen Dienststelle vor und klagte über Erziehungsschwierigkeiten mit Paul.

Er sei zeitweise sehr unruhig, gebe freche Antworten und werfe mit schlechten Ausdrücken herum, bei den Schularbeiten sei er unkonzentriert und nachlässig.

Frau O. möchte gerne, daß der Junge nachmittags in einem Hort versorgt wird und unter Aufsicht seine Schularbeiten erledigen kann, da sie selbst nicht in der Lage ist, ihn dabei zu unterstützen. Ich habe mich daraufhin mit der Sprachbehinderten-Schule mit Herrn L. (Schulleiter) in Verbindung gesetzt.

Herr L. gab mir an, daß P. sehr verhaltensgestört sei und seine Klassenlehrerin erhebliche Schwierigkeiten mit ihm habe. Er wird jedoch im Klassenverband mit getragen, und Herr L. ist der Meinung, daß der Junge bei Frau O. für die nächsten Jahre gut aufgehoben ist. Frau O. sei rührend um den Jungen bemüht, es wäre jedoch wünschenswert, wenn Paul nachmittags sich im Hort aufhalten könnte, um Frau O. zu entlasten.

138

Bislang waren meine Bemühungen um einen Hortplatz erfolglos. Frau B., die Mutter des Jungen, wurde für den 22. 3. 77 zu einer Unterredung vorgeladen.

Im Auftrage:

Lieb
(Sozialarbeiter)

2) z. d. A.

3) Wvl. sofort

4. Vermerk

72 – 315 – 5   Blitzdorf, den 23. 3. 77

1) **Betr.**: Paul Busch, geb. 1. 5. 67, Blitzdorf 4, Sonnengasse 5

Am 22. 3. 77 sprach Frau B. in der hiesigen Dienststelle vor. Sie gab mir an, daß sie fast täglich Kontakt zu ihrem Sohn habe und nicht damit einverstanden sei, daß Paul nach der Schulzeit einen Hort besuche. Sie wolle zunächst noch abwarten, wie Paul sich weiter entwickelt.

Frau B. selbst kann aus räumlichen Gründen P. nicht bei sich aufnehmen. Da sie m. E. auch über Gebühr dem Alkohol zuspricht, ist eine Aufnahme des Kindes in ihren Haushalt nicht zu empfehlen.

i. A. Lieb
(Sozialarbeiter)

2) Wvl. 3 Monate

5. Bericht gem. § 31 I JWG des ASD an die Abteilung Pflegekinder

AMT	Datum 16. 7. 77

72 – 315 – 5

An

AMT   72 – 14

Betrifft:

X	Pflegestelle		☐	Adoptionsstelle

Name, Vorname
Ostern, Karin

Anschrift
~~85 Bonn~~   Blitzdorf 4, Sonnengasse 5

X	Pflegekind		☐	Adoptivkind

Name, Vorname Busch, Paul	Geburtsdatum 1. 5. 67

Bitte beantworten Sie möglichst bald die folgenden Fragen.

Im Auftrage:

A. Pflegekind / Adoptivkind

1. Körperliche Entwicklung

Paul hat sich körperlich gut entwickelt, er ist sehr kräftig geworden.

Krankheiten (im letzten Berichtszeitraum)
keine ernsthaften Erkrankungen

Behinderungen:
Sprachstörung nach angeborener Lippen-Kiefer-Gaumenspalte

2. Geistige Entwicklung

gestört, P. hat nach Ansicht des Kinderarztes Dr. A. einen angeborenen Hirnschaden

Schulbesuch

Schule/Klasse
Sprachbehindertenschule S., wiederholt das 2. Schuljahr

Verhalten
zeitweise unruhig und unkonzentriert

Leistungen
unter Durchschnitt

Lehre

Lehrstelle
entfällt

Verhalten

Leistungen

140

3. Soziale Entwicklung

Paul zeigt in den letzten Monaten erhebliche Verhaltens-
stötungen, er hat wenig Kontakt zu anderen Kindern.

Erziehungsschwierigkeiten

Frau O. klagt in der letzten Zeit über erhebliche Erziehungsschwierigkeiten.

Kontakte zu Bezugspersonen / Eltern

Die alte Frau O. und ihr Lebensgefährte Herr S. sind die
eigentlichen Bezugspersonen für P., aber auch zu der
leiblichen Mutter besteht ein Kontakt.

Freizeitgestaltung / Hobbys

Paul ist sehr tierlieb, er spielt viel mit seinem Hund.

B. Pflegeeltern / Adoptiveltern

1. Einstellung der Pflege- / Adoptiveltern zum Kind

Frau O. hängt sehr an P., aber in der letzten Zeit ist sie
den zunehmenden Erziehungsschwierigkeiten nicht mehr
gewachsen.
P. ist zeitweise sehr aggressiv, er rennt und tobt dann in
der Wohnung herum und hat am 25. 8. 77 sogar Herrn S. tätlich
angegriffen (siehe beiliegenden Bericht).

2. Veränderte persönliche Verhältnisse der Pflege- / Adoptiveltern

3. Veränderte wohnliche Verhältnisse

keine

4. Kontakt zu den leiblichen Eltern des Kindes

Frau B., die in erheblichem Maße dem Alkohol zuspricht, besucht
ihren Sohn mehrere Male in der Woche abends für 1-2 Stunden.

C. Zusammenhängender Bericht

In den letzten 14 Tagen habe ich bei Frau O. mehrere Hausbesuche
durchgeführt, auch mit der Kindesmutter habe ich wiederholt telefoniert und hatte am 14. 7. 77 eine persönliche Rücksprache mit
ihr im hiesigen Amt. Frau Busch ist bereit, den Jungen wieder zu
sich zu nehmen, wenn er nach der Schulzeit einen Hort besuchen
kann, sie will auf keinen Fall ihre Berufstätigkeit aufgeben. Mit
einer Heimunterbringung ist Frau B. nicht einverstanden. Meine
Bemühungen um einen Hortplatz waren bislang erfolglos.

Bei Frau O., die am 30. 9. 77 75 Jahre alt wird, kann P. nicht
mehr verbleiben, die alte Frau ist plötzlich auftretenden Tob-
suchtsanfällen des Jungen nicht mehr gewachsen und kann nicht
mehr erzieherisch auf ihn einwirken. P. befindet sich zwar in
Behandlung bei dem Kinderarzt Dr. A., der ihn auf Beruhigungs-

141

tabletten eingestellt hat, aber der verhaltensgestörte Junge
muß m. E. anderweitig untergebracht werden. Er braucht vor
allem auch Kontakt zu anderen Kindern.

Falls keine andere Pflegestelle gefunden werden kann, ist m. E.
eine Heimunterbringung unumgänglich.

Frau B., die über Gebühr dem Alkohol zuspricht, ist m. E. nicht
in der Lage, ihrem Sohn gerecht zu werden.

P. befindet sich seit dem 4. Monat bei Frau O. und hat seine
Mutter nur besuchsweise erlebt. Ein echtes Mutter-Kind-Ver-
hältnis besteht m. E. nicht.

Im Auftrag:

L i e b

(Sozialarbeiter)

---

6. Schreiben des Polizeidirektors an den ASD

Der Polizeidirektor Blitzdorf   26. 8. 77
 – Schutzbereich X ABC –

Urschriftlich
dem
Stadtdirektor Blitzdorf
 – Jugendamt –

mit der Bitte um Kenntnisnahme und weitere Veranlassung übersandt.

I. A. Helfer
(PHK)

Auszug aus dem Bericht vom 25. 8. 77:

Am Mittwoch, den 25. 8. 77, gegen 21.30 Uhr, wurde der Streifenwagen XY zur Sonnengasse entsandt. Dort wurden wir von einem Krankenwagen der Feuerwehr und dem
Zeugen

Fix, Heinrich, geb. 1. 3. 48 in Kuhdorf,
            Blitzdorf, Sonnengasse 5,
            Student,

erwartet. Herr F. teilte uns mit, daß sich seine Nachbarin Frau Ostern, Karin, ..., an
ihn um Hilfe gewandt habe. Herr F. verständigte die Polizei.

Frau O. teilte uns mit, daß ihr Pflegekind Busch, Paul, geb. 1. 5. 67 in Blitzdorf, in den
Abendstunden ihren Lebensgefährten, Herrn Schneider, angegriffen und Gegenstände
durch die Wohnung geworfen habe. Dies soll in einem Anfall von Tobsucht passiert
sein. Da Herr S. ein krankes Herz und Kreislaufbeschwerden habe, erlitt er daraufhin
einen Kreislaufkollaps. Frau O. zeigte uns einen Erlaubnisschein des Jugendamtes zur

Aufnahme eines Pflegekindes, ausgestellt am 6. 10. 76 durch die Stadthauptsekretärin Frau Fuchs, vor.

Das Sorgerecht über das Kind soll immer noch die Mutter,

Frau Busch, Hilde, geb. 10. 10.31 in Plumm,
                Blitzdorf 3, Schneeweg 27,
                Arbeiterin,

besitzen. Der Sohn wurde der Mutter zugeführt. Da die Mutter nicht verheiratet und ganztägig berufstätig ist, kann dies jedoch nur eine vorübergehende Lösung sein. Das Kind scheint verhaltensgestört zu sein. Die Störung scheint noch dadurch begünstigt zu werden, daß er einen Wolfsrachen hat und deshalb schon viermal operiert wurde. Aufgrund dessen liegt auch eine Sprachstörung vor.

Es ist angebracht, daß sich sowohl das Jugendamt als auch das Gesundheitsamt mit dieser Angelegenheit beschäftigt.

Stark
(POM)

7. Vermerk

72 – 315 – 5   Blitzdorf, 10. 11. 77

1) **Betr.**: Paul Busch, geb. 1. 5. 67, Sonnengasse 5, Blitzdorf

Nach mündlicher Rücksprache mit Frau Katz, Pflegekinderwesen, ist eine neue Pflegestelle für Paul z. Zt. nicht zu ermitteln. Mit den Kinderheimen im Raume Blitzdorf habe ich mich telefonisch in Verbindung gesetzt. Zum jetzigen Zeitpunkt ist kein Heimplatz frei, evtl. Anfang des Jahres im Kinderheim M.

Frau Busch steht nach wie vor einer Heimunterbringung negativ gegenüber. Sie möchte Paul vorerst noch bei Frau O. belassen und jeden Nachmittag zu sich holen. Frau Busch gab mir an, daß sie in ihrer Wohnung mit P. keine Schwierigkeiten habe, er gehorche ihr und sei nicht aufsässig.

M. E. erlaubt sich P. den alten Leuten gegenüber, vor allem Herrn S. gegenüber, mehr Frechheiten, da er sich ihm überlegen fühlt.

Frau O. selbst trennt sich auch sehr ungern von P., sie hängt sehr an ihm, sieht aber ein, daß sie auf die Dauer P. nicht mehr verkraften kann.

I. A. Lieb
(Sozialarbeiter)

2) Wvl. 4 Wochen

8. Bericht gem. § 31 I JWG des ASD an die Abteilung Pflegekinder

AMT	Datum 23.12.77

72 - 315 - 5

An

AMT 72 - 14

Betrifft:

[x] **Pflegestelle**	[ ] **Adoptionsstelle**

Name, Vorname
Ostern, Karin

Anschrift
~~63 Bonn~~ Sonnengasse 5, Blitzdorf

[x] **Pflegekind**	[ ] **Adoptivkind**	

Name, Vorname Busch, Paul	Geburtsdatum 1. 5. 67

Nachstehend erhalten Sie den Prüfungsbericht zur Kenntnisnahme.

Im Auftrage:

A. Pflegekind / Adoptivkind (bitte in Originalschrift abfassen)

1. Körperliche Entwicklung

sehr kräftig entwickelt

Krankheiten (im letzten Berichtszeitraum)
keine

Behinderungen
Angeborene Lippen-Kiefer-Gaumenspalte

2. Geistige Entwicklung

weiterhin retardiert

Schulbesuch

Schule/Klasse
2. Klasse Sprachbehinderten-Schule S.

Verhalten
Nach tel. Auskunft ist Paul aggressiv und terrorisiert
die ganze Klasse.

Leistungen
trotz Fördergruppe schlechte Leistungen

Lehre

Lehrstelle entfällt

Verhalten

Leistungen

51 - 1.18 / 1.75

144

3. Soziale Entwicklung

Nach wie vor ist Paul in seinem Verhalten gestört, durch sein einengendes häusliches Milieu hat er kaum Kontakt, zu anderen Kindern.

Erziehungsschwierigkeiten

Frau O. ist den Erziehungsschwierigkeiten Pauls nicht mehr gewachsen. Sie steht seiner Aggressivität und Zerstörungslust hilflos gegenüber.

Kontakte zu Bezugspersonen / Eltern

Frau Busch holt ihren Sohn am Wochenende zu sich, außerdem bringt Frau O. ihn nach dem Mittagessen zu der Mutter.

Freizeitgestaltung / Hobbys

keine besonderen Interessen, spielt gern mit Tieren

B. Pflegeeltern / Adoptiveltern

1. Einstellung der Pflege- / Adoptiveltern zum Kind

Frau O. hängt sehr an P., sie sieht jedoch ein, daß sie ihm nicht mehr gerecht werden kann. Sie ist gesundheitlich sehr angegriffen und hat nicht mehr die Kraft, den zunehmenden Schwierigkeiten Pauls entgegenzutreten.

2. Veränderte persönliche Verhältnisse der Pflege- / Adoptiveltern

Schwester V. vom Kinderheim M. hat sich bereit erklärt, Paul vorerst tagsüber im Heim aufzunehmen. Infolge seiner Sprachbehinderung hält es Schwester V. für problematisch, P. in eine Gruppe zu integrieren und will es vorerst nach der Schulzeit am Nachmittag versuchen.

3. Veränderte wohnliche Verhältnisse

Voraussichtlich ab 1. 2. 77. wird P. bei der Mutter im Schneeweg 27 wohnen.

4. Kontakt zu den leiblichen Eltern des Kindes

C. Zusammenhängender Bericht

Sowohl mit Frau O. als auch mit Frau B. habe ich in den letzten Wochen mehrere Gespräche betr. der Unterbringung Pauls geführt. Frau B. sieht zwar ein, daß Frau O. den Schwierigkeiten Pauls nicht mehr gewachsen ist, ihn zu sehr verwöhnt und ihn unterfordert, so daß sein aggressives Verhalten nicht abgebaut wird, sondern zunimmt. Frau B. ist m. E. infolge ihres Alkoholkonsums auch nicht fähig, Paul ganztägig zu versorgen. Sie müßte dann auch ihre Berufstätigkeit aufgeben. Sie ist nunmehr damit einverstanden, daß P. nach der Schule das Kinderheim M. besucht, sie wird ihn gegen Abend dann zu sich holen, morgens zur Schule bringen, wo er dann anch Schulschluß vorerst von einer Betreuerin des Heims abgeholt wird, bis er sich an die Straßenbahn gewöhnt hat.
M. E. müßte man einige Wochen die weitere Entwicklung Pauls beobachten. Schwester V. wird auch versuchen, auf die Mutter einzuwirken, daß sie Paul gerecht wird, und uns verständigen.

Im Auftrag: Lieb

           (Sozialarbeiter)

9. Vermerk

72 – 315 – 5   Blitzdorf, 4. 1. 78

1) **Betr.**: Paul Busch, geb. 1. 5. 67, Sonnengasse 5

Zwischenzeitlich habe ich bei Frau O. mehrere Hausbesuche durchgeführt. Herr S. befindet sich wieder im Krankenhaus, und Frau O. ist auch gesundheitlich sehr angegriffen.

Sie bringt jetzt P. jeden Mittag in die Fliesenfabrik, wo Frau B. arbeitet. P. kann dort die Schularbeiten machen, jetzt während der Ferien beschäftigt er sich mit anderen Dingen, bis die Mutter ihn nach Dienstschluß mit nach Hause nimmt und in den Abendstunden wieder bei Frau O. abliefert.

Nach wie vor ist P. Frau O. gegenüber aggressiv. Sie ist dann auch nicht konsequent genug und versucht ihn zu beschwichtigen. Daß sie immer mehr von ihm tyrannisiert wird, erduldet sie und hat Angst, es Frau B. einzugestehen.

Ein Herr Fix, der schon jahrelang im Hause wohnt, hat sich auch telefonisch an uns gewandt. Er hält ein weiteres Verbleiben Pauls bei den alten Leuten O./S. nicht mehr für tragbar. Ich habe vor, in den nächsten Tagen bei Herrn F. vorzusprechen.

I. A. Lieb
(Sozialarbeiter)

2) Wvl. sofort

10. Vermerk

72 – 315 – 5   Blitzdorf, 17. 1. 78

Betr.: Paul Busch, geb. 1. 5. 67

Am 14. 1. habe ich Herrn Fix in seiner Wohnung angetroffen. Er kennt die Verhältnisse bei Frau O. schon seit 8 Jahren. Herr F. hält einen Milieuwechsel für Paul für dringend erforderlich, da die alten Leute dem Jungen nicht mehr gewachsen sind. Angeblich tobt P. oft noch in den Nachtstunden in der Wohnung herum und tyrannisiert die alten Leute.

Ich habe heute einen Heimplatz für P. im Kinderheim M. gefunden und Frau B. telefonisch für den 18. 1. 78 in die hiesige Dienststelle bestellt.

Nach tel. Auskunft der Schule, Gespräch mit Frau Z. (Klassenlehrerin) ist P. auch dort zunehmend schwieriger geworden, er terrorisiert die ganze Klasse, brüllt herum und sprengt den ganzen Klassenverband. Obwohl er in der Fördergruppe ist, sind seine Leistungen sehr schlecht. Frau Z. hat Frau B. für Samstag zu sich bestellt.

I. A. Lieb
(Sozialarbeiter)

146

11. Vermerk

72 – 315 – 5 Blitzdorf, 28. 1. 78

1) **Betr.**: Paul Busch, geb. 1. 5. 67, Sonnengasse 5, Blitzdorf

Heute sprach Frau B. in der hiesigen Dienststelle vor. Sie war am 26. 1. 78 nochmals mit P. bei Schwester V. im M.-Heim und hat mit ihr vereinbart, daß P. ab 1. 2. 78 nach der Schulzeit das M.-Heim aufsucht.

Schwester V. will zunächst 4 Wochen beobachten, wie P. sich in der Gruppe entwickelt und ob er überhaupt zu integrieren ist. Nachts wird P. in diesen 4 Wochen noch bei Frau O. verbleiben.

Ich habe Frau Fischer, Wirtschaftliche Jugendhilfe, tel. davon in Kenntnis gesetzt, daß das Pflegegeld noch für weitere 4 Wochen gezahlt wird. Frau O. wird davon die Unterbringung Pauls bei Schwester V. bezahlen.

Im Auftrage:
Lieb
(Sozialarbeiter)

2) Wvl. 4 Wochen

12. Schreiben der Schule an den ASD

Schule für Sprachbehinderte Blitzdorf, den 25. 1. 78
der Stadt Blitzdorf

An das
Jugendamt – ASD –
z. Hd. Herrn Lieb
Regenstr. 24
100 Blitzdorf 2

Auszug aus dem Bericht der Klassenlehrerin von Paul Busch:

Paul Busch (10; 8 J.) besuchte zunächst (1973 – 75) ohne Erfolg die Grundschule in der Hagelstraße. Seit 2 1/2 Jahren ist er Schüler der Sonderschule für Sprachbehinderte Blitzdorf. Er wurde im Schuljahr 1975/76 eingeschult, im Herbst 1976 mit schwachen Leistungen ins 2. Schuljahr versetzt und wiederholt jetzt die Klasse 2.

Pauls schulische Leistungen sind so schwach, daß eine Versetzung ins 3. Schuljahr unmöglich erscheint (s. Zeugnis). Er ist deshalb zur Sonderschule für Lernbehinderte gemeldet.

P. hat eine operierte Gaumen-Lippen-Kieferspalte. In der Sprachtherapie macht er Fortschritte, wenn er **einzeln** behandelt wird und sich die Lehrerin nur mit ihm beschäftigen kann.

Grobmotorisch ist P. sehr ungeschickt. Bei den Leibesübungen fällt ihm die Rolle vorwärts und das Balancieren vorwärts sehr schwer.
Auch in der Feinmotorik weist P. Störungen auf (s. Schriftbild).

P. ist sehr unselbständig. Er wird mit seinen fast 11 Jahren täglich von seiner Pflegemutter in die Schule gebracht, und erst seit einem halben Jahr geht er alleine nach Hause. Nach der Turn- und Schwimmstunde kann er sich jetzt alleine anziehen. Zu Hause zieht ihn die Pflegemutter, Frau O., an.

Auffallend sind seine Bewegungen, wenn er in „Ekstase" gerät. Er macht z. B. dauernd Türen auf und zu und spielt besonders mit Pendeltüren (Schwimmbad). Ebenso hat es ihm dort die kalte Dusche angetan, unter die er fortwährend läuft, ohne das Wasser nachher abzudrehen.

Während des Unterrichts lutscht er ständig am Zipfel seines Taschentuches, das er erst nach 3 – 5maligem Ermahnen in die Tasche steckt.

Es bleibt einem Facharzt überlassen, die dann von P. ausgeführten abartigen Bewegungen exakt zu definieren.

Ebenso auffallend sind seine stereotypen Redewendungen. Er kommt mitten im Unterricht x-mal ans Pult gelaufen und sagt mir, daß er ein neues Alpenveilchen oder einen neuen Fisch für sein Aquarium bekommen hat.

P. ist sehr personengebunden. Fehlt einmal die Klassenlehrerin, dann will er überhaupt nicht in die Schule gehen. Eine Trennung von seiner Pflegemutter wird vermutlich zunächst einen Schock für P. bedeuten. Trotzdem halte ich es auch als Klassenlehrerin für besser, daß P. nicht dauernd zwischen „Mami" und „Oma" (= Pflegemutter; Anm. d. Verf.) hin- und hergerissen wird und befürworte die Unterbringung in einem Heim.

A. Z.
(Klassenlehrerin)

Zusammenstellung der schulischen Leistungen von Paul:

Bibl. Geschichte		Rechnen	
Mündl. Ausdruck		Sachkunde	mangelhaft
Lesen	ausreichend	Schreiben	
Musik			
Zeichnen		Aufsatz	ungenügend
Leibesübungen		Rechtschreiben	

13. Schreiben des Polizeidirektors an den ASD

Der Polizeidirektor Blitzdorf   23. 2. 78
– Schutzbereich X ABC –
Urschriftlich
dem
Stadtdirektor Blitzdorf
– Jugendamt –
mit der Bitte um Kenntnisnahme und zum dortigen Verbleib übersandt.

I. A. Helfer
(PHK)

Auszug aus dem Bericht vom 12. 2. 78:

Am Samstag, 12. 2. 78, gegen 12.15 Uhr, erscheint der Student Heinrich Fix, …, wohnhaft in Blitzdorf, Sonnengasse 5, und berichtet folgendes:

Seit ca. 10 Jahren lebt der Paul Busch bei der Familie Schneider. Herr S. ist mittlerweile ca. 75 Jahre alt und schwer herzkrank (letztmalig kam er erst vor 2 Tagen aus dem Krankenhaus). Auch die mit ihm lebende Frau Ostern ist schon über 65 Jahre alt und sehr kränklich.

Die beiden alten Leute sind nicht mehr gesundheitlich in der Lage, ihrer Aufsichts- und Erziehungspflicht gegenüber dem Jungen nachzukommen.

Die Mutter des Jungen, Frau Busch, wohnt in Blitzdorf, Schneeweg 27. Soviel mir bekannt ist, hat die Mutter noch das Sorgerecht über den Jungen. Nach meiner Feststellung ist Frau B. Trinkerin und selbst nicht in der Lage, für den Jungen zu sorgen; ihr Einfluß dürfte vielleicht sogar schädlich auf den Jungen wirken. Er soll sogar von seiner Mutter Alkohol bekommen. Da über den Kopf der Mutter vermutlich nichts entschieden werden kann, müßte der Mutter das Mutterrecht entzogen werden.

In dieser Sache ist das Jugendamt der Stadt Blitzdorf schon mehrmals tätig geworden. Mir ist bekannt, daß Herr Lieb die Sache bearbeitet. Bisher wurde das Kind immer wieder der Mutter oder letztendlich den alten Leuten zugeführt. Dies kann und darf kein Dauerzustand sein, denn nicht nur die alten Leute und alle Hausbewohner, sondern besonders das Kind müssen unter diesen Umständen leiden. Auch eine Einweisung des Jungen in eine Tagesstätte der Stadt bringt nicht die gewünschten Erfolge.

Es erscheint dringlich, den Jungen in ein richtiges Heim einzuweisen, damit sichergestellt wird, daß von diesem Zeitpunkt an schädliche Einflüsse von dem Jungen ferngehalten werden. Es sollte jeglicher Kontakt zunächst einmal mit den alten Leuten (zur Gesundung) und der Mutter unterbunden werden.

Am heutigen Tage habe ich den Jungen aus der Wohnung des Herrn S. herausholen müssen, weil die alten Leute durch heftige Auseinandersetzungen mit dem Jungen nicht nur nervlich, sondern auch in bezug auf Kreislauf- und Herzstörungen in einer äußerst schlechten Verfassung angetroffen wurden. Die alten Leute waren sofort damit einverstanden, daß ich den Jungen herausholte. Ich wollte den Jungen zu seiner Mutter bringen. Seine Mutter traf ich aber nicht an; zumindest öffnete sie mir nicht.

Deshalb wandte ich mich an die Polizei, damit der Junge wenigstens über das Wochenende eine geeignete Unterkunft bekommt.

Mit meinem Bericht möchte ich erreichen, daß der Junge nicht immer wieder hin- und hergeschoben wird. Übergangslösungen – wie in der vergangenen Zeit – sollten bei Lage der Dinge absolut vermieden werden.

Geschlossen: v. g. u.
S t a r k   Heinrich Fix
Polizeikommissar

Vermerk: Mit der Jugendschutzstelle, Herrn Heim, wurde fernmündlich Verbindung aufgenommen. Der Junge wird dort bis zu einer Lösung der Sachlage aufgenommen.

14. Vermerke

72 – 315 – 5   23. 2. 78

Betr.: Paul Busch

1) Anruf von Herrn Fix am 15. 2. 78. Er gab an, daß Frau O. Paul in keiner Weise mehr gewachsen sei. Der Junge würde ständig Wutanfälle bekommen, und die Pflegemutter wäre bereits dreimal in der Wohnung zusammengebrochen. P. soll angeblich auch während der Nachtstunden in der Wohnung herumtoben. Am Samstag seien die Schwierigkeiten so massiv gewesen, daß Herr F. die Polizei geholt hätte, damit diese die Mutter von den Mißständen unterrichtet und damit diese Einfluß auf ihren Sohn nehmen könne. Herr F. hält es für ausgeschlossen, daß P. bis zu seiner Einweisung in die Jugendpsychiatrie am 25. 2. 78 in der Pflegestelle O. bleibt.

2) Rücksprache mit Schwester V. vom M.-Heim. Sie gab an, daß sie keinen freien Heimplatz mehr für P. habe, auch in der Gruppe zeige er sich sehr problematisch. Deshalb habe man sich mit der Jugendpsychiatrie in Verbindung gesetzt und eine Unterbringung für den 25. 2. 78 dort erreicht. Auch in Anbetracht der erheblichen Schwierigkeiten, die P. in der Pflegestelle bereitet, ist Schwester V. nicht in der Lage, den Jungen aufzunehmen.

3) Rücksprache mit Schwester K. vom Kinderheim K. Sie ist bereit, den Jungen sofort aufzunehmen.

4) Anruf bei Frau Busch am 16. 2. 78. Sie ist nicht bereit, P. freiwillig aus der Pflegestelle herauszunehmen. Sie sieht nicht ein, daß ihr Sohn für die kurze Zeit noch einmal das Heim wechseln soll. Außerdem ist sie davon überzeugt, daß Frau O. für die kurze Zeit dem Jungen noch gerecht werden kann. Frau B. wurde darauf hingewiesen, daß die Möglichkeit besteht, daß ihr die elterliche Gewalt durch eine einstweilige Anordnung entzogen werden kann. Trotzdem weigert sich Frau B. entschieden, den Jungen aus der Pflegestelle zu nehmen und legte vor Beendigung des Gespräches den Hörer auf.

5) Hausbesuch bei Frau O. am 16. 2. 78. Sie bat mich, P. doch noch bis zum 25. 2. 78 bei ihr zu belassen, obwohl sie selbst einsieht, daß sie dem Jungen nicht mehr gerecht werden kann, zumal sie auch nervlich mit den Schwierigkeiten überfordert ist.

6) Rücksprache mit Herrn Fix am 16. 2. 78. Nach eingehender Darstellung der Situation und unter Berücksichtigung der Tatsache, daß der Junge am 25. 2. 78 B. eine Einweisung in die Jugendpsychiatrie hat, ist er bereit, Frau O. bei auftretenden Schwierigkeiten zu unterstützen, zumal er auch einsieht, daß ein erneuter Heimwechsel für die 10 Tage nicht zum Wohle des Kindes ist. Deshalb kamen Frau O., Herr Fix und ich überein, daß P. bis zum 25. 2. 78 in der Pflegestelle verbleiben kann.

7) Wvl. bei Anregung

I. A.

Lieb

(Sozialarbeiter)

15. Vermerke

72 − 315 − 5   1. 3. 78

Betr.: Paul Busch

1) Anruf von Schwester V. (M.-Heim) am 24. 2. 78. Sie teilte mit, daß P. gegen 9.30 Uhr einen Termin bei Frau K. im Gesundheitsamt hatte. Frau B. wollte den Jungen vorher im M.-Heim vorbeibringen, sie sei jedoch nicht − wie verabredet − gekommen. Schwester V. vermutet, daß sich P. wieder bei der Pflegestelle O. aufhält, obwohl Frau O. krank sein soll.

2) Anruf von Herrn Fix. Er gibt an, daß P. sich bei Frau O. befindet und es wieder zu Schwierigkeiten gekommen sei.

3) Hausbesuch in der Pflegestelle O., der am gleichen Tage durchgeführt wurde. Frau O. scheint ernstlich krank zu sein. Sie braucht m. E. dringend ärztliche Behandlung. Sie hat erhebliche Atembeschwerden und schlief so fest, daß sie von allem nichts mitbekam. Auch Herr S. ist kaum in der Lage zu gehen. Er gibt an, daß der Arzt von Nachbarn benachrichtigt worden sei.

P. konnte nach einigem Zureden dazu bewegt werden, mit mir ins Kinderheim zu gehen, da der Verbleib in der Pflegestelle nicht mehr möglich ist.

4) P. wurde persönlich zu Schwester V. gebracht. Frau B. hatte zwischenzeitlich dort angerufen. Sie hat angegeben, daß P. sich geweigert habe aufzustehen. Deshalb habe sie den Jungen bei Frau O. gelassen, obwohl diese offensichtlich ernstlich krank ist.

Der Termin bei Frau K. ist auf Freitag, den 25. 2. 78, verschoben worden. Schwester V. will versuchen. Frau B. dazu zu bewegen, den Jungen eine Nacht im M.-Heim zu belassen, damit der Termin im Gesundheitsamt wenigstens am Freitag wahrgenommen werden kann.

5) Anruf von Schwester V. am 25. 2. 78. Sie teilte mir mit, daß Frau B. am vorangegangenen Tage nicht bereit war, den Jungen im M.-Heim zu belassen. Sie habe jedoch fest versprochen , am 25. 2. 78 pünktlich um 9.00 Uhr im Heim zu erscheinen, damit P. von dort aus mit den Unterlagen zum Gesundheitsamt zur Untersuchung gebracht werden kann. Schwester V. gab an, daß Frau B. jedoch nicht im Heim erschienen sei. Die Vorstellung des Jungen sei unter allen Umständen noch vor der Unterbringung in der Jugendpsychiatrie am Nachmittag des 25. 2. 78 dringend erforderlich. Schwester V. bittet mich, zu versuchen, P. zu finden und dann mit ihm ins Gesundheitsamt zu fahren.

6) Hausbesuch bei Frau B. im Schneeweg 27. Es wird mir nicht geöffnet.

7) Hausbesuch bei Frau O. P. ist nicht dort. Dabei stellte ich fest, daß sich Frau O. in einem sehr schlechten Gesundheitszustand befindet, so daß ich versuchen werde, den Hausarzt Dr. G. zu erreichen und eine Familienpflegerin zu besorgen.

8) Erneuter Versuch, Frau B. in ihrer Wohnung zu erreichen. Es wird mir nicht geöffnet. Daraufhin schelle ich bei der Nachbarwohnung, um zu erfahren, wo sich Frau B. aufhält. Es wird mir von P. geöffnet. Frau B. steht gerade aus dem Bett auf. Sie gibt an, daß sie sich nicht wohl fühle, hatte aber bereits eine erhebliche Fahne.

Frau B. und P. werden umgehend ins Gesundheitsamt begleitet.

Da offensichlich der Verdacht besteht, daß Frau B. im Übermaß dem Alkohol zuspricht, wurde sie direkt ebenfalls von Herrn Dr. C. untersucht. Während der ganzen Zeit war Frau B. sehr aggressiv und äußerte die Absicht, P. nach der Entlassung der Jugendpsychiatrie zu sich nehmen zu wollen. Frau B. war noch immer der Meinung, daß Frau O. durchaus der Betreuung des Jungen gerecht werden könnte.

9) Rücksprache mit Frau Weise vom DPWV. Sie hat eine Familienpflegerin gefunden, die bereit ist, am Samstag zu Frau O. zu gehen. Frau Weise bittet micht jedoch, beim ersten Hausbesuch anwesend zu sein, um Frau O. einzuweisen.

10) Hausbesuch am 26. 2. 78 (Samstag). Dabei stellte ich fest, daß Frau O.s Zustand sehr kritisch ist. Ein Arzt war noch immer nicht da gewesen. Über die Arztrufzentrale wurde sofort ein Arzt, Herr Dr. N. geschickt, der Frau O. mit einer Lungenentzündung in Krankenhaus einwies. Herr S. sei jedoch nach Ansicht des Arztes nur ein Pflegefall und könne nicht in einem Krankenhaus untergebracht werden. Mit Frau P. wurde besprochen, daß Herr S. bis Montag von ihr versorgt werden soll und dann evtl. über das Sozialamt in einem Altenpflegeheim untergebracht werden wird.

11) Telefonische Rücksprache mit Frau P. am 28. 2. 78. Sie teilte mir mit, daß Herr S. am Sonntag, dem 27. 2. 78, ebenfalls von Dr. N. ins Krankenhaus eingewiesen wurde. Damit erübrigt sich vorläufig eine Unterbringung im Altenpflegeheim.

12) Wvl. bei Anregung.

I. A.

Lieb

(Sozialarbeiter)

7.1.2 Beispielgutachten (§ 1666 BGB)

An das   Allgemeiner Sozialer Dienst
Amtsgericht Blitzdorf   Regenstr. 24
– Vormundschaftsgericht –   100 Blitzdorf 2
Donnerstraße 13   1.3.78
100 Blitzdorf 1

Betr.: Entzug des Personensorgerechts gem. § 1666 I BGB; Personensorgeberechtigte:
Frau Hilde Busch; Schneeweg 27, 100 Blitzdorf 3
Kind: Paul Busch

Hiermit mache ich Anzeige gem. § 48 S. 2 JWG und beantrage, Frau Hilde Busch, geb.
am 1. 8. 1931, wohnhaft in 100 Blitzdorf 3, Schneeweg 27, das Personensorgerecht über
Paul Busch, geb. am 1. 5. 1967, wohnhaft bei Frau Ostern, 100 Blitzdorf 4, Sonnengasse 5, zu entziehen und das JA Blitzdorf insoweit zum Pfleger zu bestellen.

Ich begründe diesen Antrag mit Erkenntnissen aus folgenden Vorgängen:

1. Innerbehördlicher Schriftwechsel im Zusammenhang mit der Pflegeerlaubnis:

1.1: 2.9.76 (Befürwortung der Erteilung der Pflegeerlaubnis)
1.2: 29.9.76 (Befürwortung auf Übernahme des Pflegegeldes)
1.3: 6.10.76 (Erlaubniserteilung)
1.4: 16.9.77 (1. Pflegebericht)
1.5: 23.12.77 (2. Pflegebericht)

2. Kontakte mit Frau O

2.1: 16.3.77 (im JA)
2.2: zwischen 2. und 16.9.77 (mehrere Hausbesuche)
2.3: in den Wochen vor dem 23. 12. 77 (verschiedene Kontakte)
2.4: 16.2.78 (Hausbesuch)
2.5: 24.2.78 (Hausbesuch)
2.6: 25.2.78 (Hausbesuch)
2.7: 26.2.78 (Hausbesuch)

3. Kontakte mit Frau B

3.1: 22.3.77 (im JA)
3.2: zwischen 2. und 16.9.77 (mehrere Telefongespräche)
3.3: 14.9.77 (im JA)
3.4: vor dem 10.11.77 (Gespräch)
3.5: in den Wochen vor dem 23.12.77 (verschiedene Kontakte)
3.6: 28.1.78 (im JA)
3.7: 25.2.78 (2 Hausbesuche, anschließende Begleitung von P und Frau B ins Gesundheitsamt)

4. Bericht der Polizeibehörde Blitzdorf

4.1: 25.8.77
4.2: 12.2.78

5. Kontakte mit der Schule

5.1: Kurz nach dem 16.3.77 (Telefongespäch mit Schulleiter)
5.2: vor dem 17.1.78 (Telefongespräch mit Klassenlehrerin)
5.3: 25.1.78 (Bericht der Klassenlehrerin)

6. Kontakte mit Herrn F (Nachbar von Frau O)

6.1: vor dem 14.1.78 (Telefonanruf im JA)
6.2: 14.1.78 (Hausbesuch)
6.3: 15.2.78 (Telefonanruf im JA)
6.4: 16.2.78 (Rücksprache)
6.5: 24.2.78 (Anruf im JA)

7. Kontakte mit Kinderheimen

7.1: 15.2.78 (Rücksprache mit Sr. V, M-Heim)
7.2: 24.2.78 (Anruf Sr. V, M-Heim)

8. Akte des Gesundheitsamtes Blitzdorf, Körperbehindertenfürsorge, Aktenzeichen: 272 A/66

I. Vorgeschichte und derzeitige Situation

Am 16.5.1967 wurde Paul Busch als nichteheliches Kind von Frau Hilde Busch, damals 36 Jahre alt, in Blitzdorf geboren.

Nach Informationen der Körperbehindertenfürsorge des Gesundheitsamtes Blitzdorf gab Frau B den Jungen im Alter von etwa 4 Monaten bei Frau Ostern in Pflege. Grund dafür sollen die ganztätige Berufsarbeit der Kindesmutter als Küchenhilfe sowie deren beengte Wohnungsverhältnisse gewesen sein.

Nach den Angaben von Frau B besuchte sie regelmäßig mehrmals wöchentlich den Jungen in der Pflegestelle für 1 – 2 Stunden. Als Pflegegeld zahlte sie Frau O in den ersten neun Jahren ausschließlich das Kindergeld. Nach unserer Rücksprache mit ihr am 20. 9. 76 erklärte sie sich bereit, zusätzlich einen monatl. Betrag von DM 50, – zu zahlen.

Als Frau O Paul in Pflege nahm, war sie 65 Jahre alt und lebte als Rentnerin mit einer kleinen Rente in einer 2-Zimmerwohnung zusammen mit Herrn Heinrich Schneider, damals 66 Jahre alt. Paul bekam eines der Zimmer.

Über die Entwicklung des Jungen während der ersten neun Lebensjahre wurde relativ wenig bekannt[2]. Nach Aussagen der Körperbehindertenfürsorge wurde er in diesem Zeitraum viermal wegen einer angeborenen Kieferanomalie (Lippen-Kiefer-Gaumenspalte) operiert. Aus gleichem Anlaß mußte er wiederholt im Gesundheitsamt und der Zahnklinik in Blitzdorf vorgestellt werden.

1973 wurde Paul in der Grundschule Hagelstraße eingeschult. Dort konnte er 1975 auch nach Wiederholung der Klasse 1 nicht versetzt werden und wurde daher – unter Berücksichtigung seiner Sprachbehinderung – an die Sprachbehindertenschule Eisgasse überwiesen.

Am 6. 10. 76 erhielt Frau O, zu diesem Zeitpunkt 74 J. alt, erstmals für Paul die Pflegeerlaubnis.

Den Bedenken, Frau O könnte Paul nicht angemessen geistig fördern, sie sei erziehungsschwierigen Situationen nicht mehr gewachsen, standen Beobachtungen aus meinem Hausbesuch vom 1. 9. 77 entgegen, die zeigten, daß Frau O sich intensiv auf den Jungen eingestellt hatte, ihn gut versorgte, liebevoll und geduldig mit ihm in seiner Sprachbehinderung umging und Paul sich bei ihr wohl zu fühlen schien.

Im Gespräch vom 16. 3. 77 gab Frau O erstmals zu verstehen, daß sie sich durch Pauls Verhalten in der Erziehungsarbeit überfordert fühle: er sei zeitweise sehr unruhig, gebe freche Antworten und erledige seine Schulaufgaben unkonzentriert und nachlässig. Frau O bat für Paul um einen Hortplatz, wo er nach der Schule betreut werden könne.

Nach Aussagen von Herrn D, Sprachbehindertenschule, soll Paul auch in der Schule bereits zu dieser Zeit in seinem Verhalten auffällig gewesen sein.

Frau B lehnte im Gespräch am 23. 3. 77 einen Hortbesuch ihres Sohnes ab. Sie erweckte in diesem Gespräch den Verdacht, alkoholabhängig zu sein.

Nach einem Polizeibericht vom 25. 8. 77 tobte Paul in der Pflegestelle, warf mit Gegenständen um sich und griff Frau O's Lebensgefährten, Herrn S, der herzkrank sein soll, so an, daß Frau O ihren Nachbarn, Herrn Fix um Hilfe bat. Die Polizei übergab den Jungen der Mutter, die ihn am folgenden Tag wieder zu Frau O zurückbrachte. Die Feuerwehr fuhr Herrn S in das Krankenhaus Ottogasse, wo ein Kreislaufkollaps diagnostiziert wurde.

Bei Hausbesuchen und Gesprächen mit Frau O in der Zeit vom 2. – 16. 9. 77 wurde von ihr hervorgehoben, daß Paul in letzter Zeit des öfteren unruhig in der Wohnung hin- und herrenne, in solchen Erregungszuständen verbal und tätlich aggressiv werde, zu Kindern angeblich wenig Kontakt finde, mit seinem Hund jedoch liebevoll umgehe. Seine schulischen Leistungen seien schlecht. Paul bekomme vom Kinderarzt Dr. A, der bei ihm einen angeborenen Hirnschaden vermute, Beruhigungstabletten. Trotz dieser Tabletten könne sie Paul nicht mehr angemessen erzieherisch beeinflussen. Obwohl sie sehr an ihm hänge, müsse sie sich von ihm trennen.

In den im selben Zeitraum geführten Gesprächen mit der Kindesmutter gab diese zu verstehen, daß sie einer Heimunterbringung des Jungen nicht zustimmen werde, Paul am liebsten weiterhin bei Frau O lassen möchte, notfalls bereit wäre, den Jungen zu sich zu nehmen, sofern er nachmittags in einen Hort gehen könne. Sie habe mit ihrem Sohn, wenn er in ihrer Wohnung sei, keine Erziehungsprobleme. Auch bei diesen Kontakten ergaben sich Hinweise dafür, daß Frau B übermäßig Alkohol zu sich genommen hatte.

Nach Aussagen von Herrn F soll Paul Anfang Januar 1978 noch unruhiger geworden sein und bis in die späte Nacht hinein bei Frau O getobt und Herrn S wieder tätlich angegriffen haben. Die beiden alten Leute sollen dem körperlich recht kräftig entwickelten Jungen nicht mehr gewachsen gewesen sein.

Auch die Klassenlehrerin der Sprachbehindertenschule berichtete von diesem Zeitraum, daß Paul schwieriger geworden sei. Seine Schulleistungen seien so schlecht, daß er trotz Wiederholung der 2. Klasse der Sprachbehindertenschule nicht versetzt werden könne, sondern an eine Sonderschule für Lernbehinderte überwiesen werde.

Nicht nur im geistigen, sondern auch im motorischen Bereich sei er nicht altersgemäß entwickelt. Frau O kümmere sich mit übergroßer Fürsorge um den Jungen. Sie bringe ihn täglich zur Schule. Erst seit einem halben Jahr gehe der Elfjährige allein aus der Schule nach Hause. Dort würde ihm Frau O noch immer beim An- und Ausziehen helfen. Paul sei sehr stark von der Zuwendung der Lehrer abhängig. Fehle die Klassenlehrerin einmal, wolle er nicht zur Schule gehen. Während des Unterrichts komme er mitunter mehrfach zum Pult der Klassenlehrerin, um ihr stereotyp von etwas zu erzählen, was er bekommen habe. Zu seinen Klassenkameraden finde er nur schlecht Kontakt, oft verhalte er sich ihnen gegenüber ausgesprochen aggressiv. Er zeige in der Schule ein starkes Bedürfnis, an seinem Taschentuch zu lutschen. In Erregungszuständen neige er dazu, lebhaft hin- und herzurennen.

Da Frau O sich durch Paul überfordert fühlte, wurde der Junge seit dem 1. 2. 78 nach der Schulzeit bis zum Abend im Kinderheim M betreut, von wo aus er zum Schlafen zu Frau O ging. In der Heimgruppe verhielt er sich so auffällig, daß von dort aus eine jugendpsychiatrische Untersuchung des Kindes beantragt und auf den 25. 2. 78 festgesetzt wurde.

Am 12. 2. 1978 brachte Herr F Paul zur Polizei, Schutzbereich II. Hier wie an anderer Stelle wies Herr F daraufhin, daß es angesichts des Gesundheitszustandes der alten Leute ihnen gegenüber unzumutbar sei, Paul länger bei ihnen zu belassen. Frau O sei in letzter Zeit nach Auseinandersetzungen mit dem Jungen dreimal zusammengebrochen. Die Mutter sei nach seinen Wahrnehmungen erziehungsunfähig. Sie sei Alkoholikerin. Es bestehe der Verdacht, daß sie Paul Alkohol gegeben habe.

Zwei Tage später, am 14. 2. 78 rief Herr F noch einmal die Polizei, weil Paul während der Nachtstunden so heftig getobt habe, daß Frau O und Herr S gesundheitlich gefährdet gewesen wären.

Trotz dieses Sachverhaltes weigerte sich Frau B in einem fernmündlichen Gespräch vom 16. 2. 78, Paul aus dieser Pflegestelle zu nehmen und bis zur jugendpsychiatrischen Untersuchung in einem Heim unterbringen zu lassen.

Auf die Möglichkeit eines einstweiligen Entzugs des Personensorgerechts hingewiesen, brach Frau B das Telefongespräch ab.

Am 24. 2. 78 versäumte Frau B, Paul verabredungsgemäß ins Kinderheim M und von dort zu einer amtsärztlichen Untersuchung ins Gesundheitsamt zu bringen. Auf Befragen gab Frau B an, der Junge habe nicht aufstehen wollen, deshalb habe sie ihn bei Frau O gelassen.

Frau O war zu diesem Zeitpunkt so schwer an einer Lungenentzündung erkrankt, daß sie die Vorgänge um sich herum vermutlich nicht hinreichend wahrnahm.

Paul konnte dazu bewegt werden, mit mir in das Kinderheim M zu gehen, wo er bis zum anderen Morgen bleiben sollte, um von dort mit Schwester V das Gesundheitsamt aufzusuchen.

Am 25. 2. 78 teilte Schwester V mit, daß Frau B ihren Sohn zum Schlafen für diese eine Nacht nicht im Heim gelassen und ihn wieder nicht zum Besuch beim Gesundheitsamt gebracht habe.

Bei meinem ersten Hausbesuch am Freitag, den 25. 2. 78 öffnete Frau B nicht. Bei einem zweiten Hausbesuch gegen 10.30 Uhr öffnete Frau B zunächst wieder nicht. Als ich bei der Nachbarin schellte, kaum Paul aus der Wohnungstür der Mutter, die dabei war, aus dem Bett aufzustehen, zu dieser Zeit jedoch bereits unter starkem Alkoholeinfluß stand.

Auf meine Aufforderung hin kamen Frau B und Paul mit mir ins Gesundheitsamt. Während Paul und sie von Dr. C untersucht wurden, zeigte Frau B sich sehr aggressiv. Sie betonte, Paul nach seinem Aufenthalt in der Jugendpsychiatrischen Klinik zu sich zu nehmen, und vertrat nach wie vor die Auffassung, Paul könne durchaus von Frau O weiter betreut werden.

Seit dem 25. 2. 78 befindet sich Paul zur Beobachtung in der Jugendpsychiatrischen Klinik von Blitzdorf.

II. Psychosozialer Befund

1.1/1.2/1.4/1.5[3]	Paul ist ein kräftig gebauter, für sein Alter körperlich sehr gut entwickelter und gesund wirkender Junge, der sich zur Zeit in der Vorpubertät befindet.
5.3	In seinen Körperbewegungen ist er trotz seiner Kräfte unsicher und schwerfällig. Bewegungsabläufe im Bereich der Grob- wie Feinmotorik werden von ihm noch nicht altersgemäß beherrscht.
2.1/5.3	In Erregungszuständen neigt Paul dazu, stereotyp hin- und herzulaufen.
1.1/1.2/1.4/ 1.5/3.5	Trotz Behinderung durch seine Kieferanomalie kann er sich mit seiner Umwelt hinreichend gut verständigen.
5.2/5.3/1.5	Vergleicht man die schulischen Leistungen des jetzt 11; 6 J. alten Jungen mit denen seiner achtjährigen Mitschüler, so sind sie trotz seines Altersvorsprungs nicht ausreichend, eher schlechter.
5.3	Seine beträchtlichen schulischen Leistungsrückstände erstrecken sich auf nahezu alle Lernbereiche. Er bedarf der Betreuung durch eine Sonderschule für Lernbehinderte.
1.5/5.3	Das Kind ist in Bewältigung vieler einfacher lebenspraktischer Aufgaben wie An- und Auskleiden, Schulgang ohne Begleitung o. ä. noch recht unselbständig.
1.4/1.5/4.1/ 4.2/5.3/6.1	Paul neigt dazu, plötzlich auftretenden Impulsen und Bedürfnissen unmittelbar nachzugeben und dabei mit seiner sozialen Umwelt oft in Konflikt zu geraten.
1.4/1.5/2.1/ 5.3/6.1 – 6.4	Es gelingt ihm nur unzulänglich, seine Antriebe zu steuern. In Belastungssituationen sind bei ihm oft verbale oder handgreifliche Aggressionen zu beobachten.

157

5.3	Paul bedarf in höherem Maße als andere Kinder der emotionalen Zuwendung Erwachsener. Im Umgang mit solchen Bezugspersonen verhält er sich noch stark kleinkindhaft anklammernd.
5.3	Stärker als andere Jungen seines Alters erlebt er äußere Vorgänge – wie Abwesenheit einer Person – als Gefährdung der Nähe oder Zuwendung dieser Bezugspersonen und reagiert dann darauf situationsinadäquat, indem er ihm gestellte Aufgaben kaum oder nur mit Schwierigkeiten nachkommt.
1.4/1.5/5.3	Mit Kindern vermag Paul selten befriedigende Beziehungen aufzunehmen. Vielmehr sind aggressive Formen der Auseinandersetzung mit Gleichaltrigen bei ihm eher zu erwarten.
1.1/1.2/2.5/ 2.3/6.1/5.3	Seiner Pflegemutter gegenüber dürfte Paul ausgesprochen ambivalente Gefühle besitzen: Einerseits erlebt er sie wohl noch immer als die Person, bei der er sich in selbstverständlicher Weise aufgehoben weiß, andererseits scheint er in ihr eine ihm inzwischen in Vielem unterlegene alte Frau zu erfahren, der gegenüber er seine Ansprüche wenig gesteuert durchzusetzen sucht.
2.6/5.3	Seiner Mutter gegenüber scheint er eine gewisse Vertrautheit aufzubringen. Wie eng und belastbar seine emotionale Beziehung zur Mutter tatsächlich ist, läßt sich aus den bisher vorliegenden Informationen nicht mit Sicherheit sagen.
5.3	Paul scheint bislang vorwiegend gegenüber der Pflegemutter, der Mutter und der Klassenlehrerin poitivere Gefühlsregungen aufzubringen und sich dadurch sein soziales Umfeld einzuengen.
2.3./4.1/4.2	Andere, insbesondere männliche Bezugspersonen, dürften in seiner Erlebniswelt bisher eine recht geringe Rolle gespielt haben. Eine angemessene „Vaterfigur" hat Paul bislang nicht erlebt. Ausgesprochen ablehnende Impulse werden bei Paul gegenüber O's Lebensgefährten, Herrn S, beobachtet.
1.4/1.5/5.3	Während Paul Menschen seiner sozialen Mitwelt gegenüber eher aggressiv begegnet, zeigt er ausgespochen liebevolle Zuwendung zu Tieren, insbesondere zu seinem Hund.
1.1/1.2/1.4/1.5 2.3/2.4	Die Pflegemutter, Frau O, ist an Paul emotional sehr stark gebunden. Trotz ihres sehr schlechten Gesundheitszustandes und ihres hohen Alters, zeigt sie sich immer wieder bereit, Paul bei sich aufzunehmen und ihn zu versorgen. Bislang scheint sie ihn überfürsorglich betreut zu haben.
2.1/1.1/1.2/ 2.3/6.1/6.2/ 2.6	Zum derzeitigen Zeitpunkt ist Frau O mit ihren 76 Jahren physisch und psychisch überfordert, Paul weiterhin erzieherisch angemessen zu begegnen. Sie vermag diesen Sachverhalt realistisch einzuschätzen.

1.4/1.5	Die Kindesmutter, Frau B, 47 J. alt, zeigt sich weniger als Frau O imstande, die Situation ihres Sohnes realitätsgerecht zu beurteilen. Es gelingt ihr nicht, der Situation entsprechende Konsequenzen zu ziehen.
1.1/3.2/3.4 3.7	Deutlich wird bei Frau B der Wunsch erkennbar, Paul in keine Fremderziehung wie Hort- oder Heimerziehung zu geben. Allein Frau O akzeptiert sie als Fremderzieherin ihres Sohnes. Das tut sie jedoch in einer Weise, als hätte sie Frau O gegenüber fast so etwas wie einen Anspruch auf deren Pflegetätigkeit.
1.2/1.4/1.5/ 3.7	Wirtschaftliche Erfordernisse, die Frau O durch Pauls Aufenthalt entstehen, vermag Frau B von sich aus ebenso wenig wahrzunehmen wie Frau O's Grenzen ihrer psychophysischen Belastbarkeit. Sie sieht nicht ein, daß Paul bei Frau O nicht mehr angemessen gefördert werden kann.
3.1/3.2/3.7/ 3.6 a/7.2/ 7.3/3.7	Wird Frau B damit konfrontiert, zum Wohle ihres Jungen Entscheidungen fällen zu müssen, die im Gegensatz zu ihren bisherigen Einstellungen stehen, zeigt sie in der Regel uneinsichtiges und ausweichendes Verhalten: sie bricht ein Gespräch ab, versäumt vereinbarte Termine, öffnet Angehörigen des Jugendamtes nicht die Wohnung, versucht den Jungen bei sich quasi zu verstecken.
1.4/1.5/3.1/ 4.2/3.7	Bei Frau B deutet sich eine verstärkte Zuwendung zum Alkohol an.
3.6 a/3.7	Wenn Frau B an ihrem ausweichenden Verhalten gehindert wird, zeigt sie sich aggressiv und noch weniger bereit, wichtige Entscheidungen sorgfältig zu überdenken.

III. Diagnose

Die Frage, inwieweit Pauls intellektuelle Schwächen und/oder sein aggressives Verhalten Folgen eines angeborenen Hirnschadens sind, läßt sich heute nicht mit an Sicherheit grenzender Wahrscheinlichkeit beantworten und ist gegenwärtig noch Gegenstand der jugendpsychiatrischen Untersuchung des Jungen.

Auch der eventuelle Anteil genetischer Faktoren an seiner derzeitigen Schädigung ist u. a. wegen der fehlenden Informationen über den Vater nicht abzuschätzen.

Daß Paul sich in den letzen Monaten zunehmend aggressiv und ungesteuert verhielt, dürfte z. Teil in vorpubertären Vorgängen und der sich bei ihm abzeichnenden disharmonischen Akzeleration begründet sein.

Sicher sind jedoch in größerem Umfange Sozialisationseinflüsse bei der Erklärung von Pauls derzeitigem Verhalten mit zu berücksichtigen.

Insbesondere sollte man m. E. folgende Gegebenheiten einbeziehen:

1. Auswirkungen von Hospitalismusschäden können als Ursache für Pauls auffälliges Verhalten insofern nicht mit Sicherheit ausgeschlossen werden, als Paul während der

ersten 8 Jahre mindestens viermal längere Klinikaufenthalte durchstehen mußte, deren genauer Zeitpunkt nicht sicher zu ermitteln war.

2. Die für eine Identitätsfindung des Jungen notwendige Ausbildung geschlechtsspezifischen Rollenverhaltens war ihm bislang kaum möglich, da ihm eine geeignete männliche Bezugsperson in der Vergangenheit fehlte.

3. Seine Unselbständigkeit in lebenspraktischen Dingen wie auch ein Teil seiner sozialen Ängste, die Paul heute beeinträchtigen, dürften in der übermäßig behütenden Erzieherhaltung der für diese Aufgabe zu kranken und zu alten Pflegemutter begründet sein.

4. Pauls ambivalentes, teils aggressives, teils distanzlos vereinnahmendes Sozialverhalten ist mit großer Wahrscheinlichkeit durch den Umstand verstärkt worden, daß Paul die von ihm angestrebte Nähe zu Frau O mit deren Lebensgefährten teilen und wegen dessen schlechten Gesundheitszustandes obendrein auf ihn noch Rücksicht nehmen sollte.

5. Die verhältnismäßig niedrige Frustrationstoleranz des Jungen dürfte u. a. dadurch begünstigt sein, daß Paul erzieherisch notwendigen Begrenzungen und Forderungen seitens Frau O in den relativ häufigen Kontakten mit seiner Mutter ausweichen konnte.

6. Erkenntnisse der Entwicklungspsychologie legen die Annahme nahe, daß Paul in dem Zeitraum, in dem er zunehmend aggressiv wurde, erstmalig das Erlebnis seiner Kieferanomalie und der damit verbundenen Sprachbehinderung zu verarbeiten hatte und hierin von der Pflegemutter wie von der leiblichen Mutter nicht angemessen unterstützt werden konnte.

7. Pauls schlechte schulische Leistungen sind, wenn auch nicht ausschließlich, so doch zu einem erheblichen Teil, dadurch zu erklären, daß Frau O erzieherisch überfordert war, den Jungen im kognitiven Bereich angemessen zu fördern.

Ohne dem ausstehenden psychiatrischen Befund vorgreifen zu wollen, scheinen Pauls Verhaltensauffälligkeiten vor allem einen neurotischen Hintergrund zu haben.

Möglichkeiten, sein vorwiegend negativ getöntes Selbstkonzept durch Leistungen im intellektuellen, sportlichen, sozialen oder anderen Bereich positiv zu verändern, fehlen ihm.

Es bestehen auch sonst keine Anhaltspunkte dafür, daß Pauls Verhaltensauffälligkeiten mit der Zeit von selbst abklingen werden. Struktur und bisherige Entwicklung des gestörten Verhaltens lassen unter den gegebenen Umständen vielmehr erwarten, daß Pauls intra- und interpersonale Konflikte zunehmen werden.

Auch die Wohnverhältnisse bei der Pflegemutter wie bei Frau B sind für Pauls weitere Unterbringung wenig geeignet. Er kann dort keine Kontakte zu Gleichaltrigen pflegen und somit nicht selbständiger werden.

IV. Zusammenfassende Beurteilung der psychosozialen Situation des Kindes Paul Busch

Vorgeschichte, psychosozialer Befund und diagnostische Überlegungen machen deutlich, daß P sowohl hinsichtlich seines körperlichen als auch seelisch-geistigen Wohls, bedingt durch Frau B's mißbräuchliche Ausübung des Sorgerechts und ihre vernachlässigende Haltung, gefährdet ist.

Obwohl Frau B die oben aufgezeigten und belegten Defizite ihres Jungen im körperlichen Bereich bekannt waren, weigerte sie sich ausdrücklich und wiederholt, P aus dem einengenden Lebensraum bei Frau O und deren überfürsorglicher Erzieheratmosphäre herauszunehmen. Trotz eindeutiger Hinweise der Sprachbehindertenschule unterließ sie es, P durch außerschulische Gymnastik gezielt fördern zu lassen.

Inwieweit Pauls Mutter durch ihr Verhalten den Jungen nicht nur im körperlichen Bereich, sondern noch mehr im seelisch-geistigen Bereich gefährdet, wird in folgendem sichtbar.

Sie war zunächst nicht bereit anzuerkennen, daß P. im Hinblick auf seine durchweg mangelhaften Schulleistungen einer qualifizierteren Betreuung als der durch Frau O bedurft hätte. Sie sah nicht ein, daß Frau O P's ungesteuerten Antrieben nicht begegnen konnte. Sie ignorierte P's soziale Ängste und seine Fixierung auf die Klassenlehrerin, die Pflegemutter und ihre eigene Person. Erst nachdem Nachbarn der Pflegemutter mehrfach die Polizei eingeschaltet hatten, zeigte sie sich begrenzt zu Kompromissen (Nachmittagsbetreuung des Jungen in Hort und Heim) bereit. Als sich diese Maßnahmen angesichts der schweren geistig-seelischen Beeinträchtigungen des Jungen als nicht durchführbar erwiesen und eine jugendpsychiatrische Untersuchung sowie die Unterbringung in einem Heim notwendig wurden, verweigerte Frau B wiederum ihre Zustimmung. Nur durch intensives Bemühen des Jugendamtes konnte sie dazu bewogen werden, den Jungen psychiatrisch untersuchen zu lassen. Bis zum gegenwärtigen Zeitpunkt lehnt sie es weiterhin ab, Peter einer seinen gravierenden Störungen gerecht werdenden Erziehungseinrichtung zuzuführen.

Indem Frau B auf diese Weise ihr Personensorgerecht wiederholt mißbraucht hat und auch heute noch gegenüber notwendigen erzieherischen Maßnahmen für ihren Sohn anhaltenden Widerstand leistet, gefährdet sie die Entwicklung des Jungen erheblich.

Frau B verhindert nicht nur aktiv den Einsatz der vom Jugendamt angebotenen Erziehungshilfen andere Pflegestelle, Hort, halbtätiger Heimaufenthalt.
In ihrer überwiegend passiven Haltung im Erziehungsgeschehen versäumt sie es auch, sich um Förderungsmöglichkeiten für ihren Jungen zu bemühen. Diese Vernachlässigung des Kindes und seiner Belange läßt sich seit Pauls Geburt feststellen.

Diese Tatsachen sowie ihre zunehmende Abhängigkeit vom Alkohol machen es unwahrscheinlich, daß Frau B in der Lage ist, diese ihren Jungen gefährdende Situation aus eigener Kraft zu verändern. Auch in Zusammenarbeit mit dem Jugendamt dürfte sie dazu kaum imstande sein.

V. Entscheidungsvorschlag

Unter den gegebenen Umständen schlage ich vor, Frau B das Personensorgerecht zu entziehen.

Es erscheint nicht ausreichend, ihr dieses Recht nur teilweise einzuschränken, denn sie hat sich in allen erzieherischen und pflegerischen Bereichen als unfähig erwiesen, das Erforderliche zu erkennen und die notwendigen Maßnahmen zu ergreifen.

Des weiteren schlage ich vor, das Jugendamt Blitzdorf zum Pfleger im Bereich des Personensorgerechts zu bestellen. Ein geeigneter Einzelvormund ist nicht vorhanden. Es scheint auch wenig sinnvoll, einen freien Träger der Jugendhilfe mit der Pflegschaft zu betrauen; in einem solchen Fall müßten sich nämlich sowohl Paul als auch seine Mutter auf ihnen unbekannte Mitarbeiter in der Jugendhilfe einstellen.

Die weitere Betreuung durch Mitarbeiter, die Paul vertraut sind, dürfte sich auf den kontaktgestörten Jungen positiv auswirken.

7.1.3 Anmerkungen zum Beispielgutachten (7.1.2)

1. Die ausführliche Quellenangabe, wie sie hier zusammengestellt wurde, dient lediglich Übungszwecken. Mit ihr wird erreicht, daß die Studenten gezwungen werden, das Material so vollständig wie möglich zu erfassen. In der Praxis sollte eine Kurzfassung gewählt werden, die z. B. aus den Überschriften 1 – 8 bestehen könnte.

2. Da wir im Beispielgutachten nur von der uns verfügbaren Originalakte als einziger Grundlage ausgehen konnten, mußte der Sachverhalt teilweise recht global wiedergegeben werden. In der Praxis wäre an dieser Stelle eine ergänzende Anamnese oder Exploration erforderlich.

   Diese Schwierigkeit, mit relativ wenigen konkreten Informationen eine halbwegs fundierte Stellungnahme abzugeben, wird auch an anderen Stellen dieser gutachtlichen Äußerung sichtbar und verweist somit auf die Bedeutung ausführlicher Aktennotizen u. dgl.

3. Die Fundstellen beziehen sich auf die Quellenangaben im Einleitungsteil. Auch sie haben Übungscharakter. Sie zwingen den Verfasser offenzulegen, aus welchen Vorgängen er seine verallgemeinernde Darstellung (= Befund) gewonnen hat. In der Praxis können diese Hinweise entfallen.

7.2 Gutachten eines Jugendamtes im Vergleich mit einem Beispielgutachten (§ 1671 BGB)

7.2.1 Die gutachtliche Stellungnahme eines Jugendamtes (§ 1671 BGB)[1]

	Jugendamt
Amtsgericht	– Allgemeiner Sozialer Dienst –
– Familiengericht –	Regenstr. 13
Donnerstraße 1	1000 Blitzdorf 1
1000 Blitzdorf 3	Frau Solidar

26. 1. 1979

Familienrechtssache Helwig, Berggasse 11, 1000 Blitzdorf 2[2]

Bezug: Dort. Schreiben v. 18. 11. 1978 – hier eingegangen am 15. 12. 1978 – Az.: – 12 b F 360/78 –

162

Die Verhältnisse der Eheleute Helwig sind hier seit 1973 bekannt[3].

Die Eheleute Helwig hatten erstmalig am 19. 9. 1961 die Ehe geschlossen, die aber am 15. 11. 1969 geschieden wurde. Die Ehe war kinderlos.

Am 9. 5. 1971 hat Frau Helwig die Tochter Monika nichtehelich geboren. Das Kind wurde nach der Geburt in Tagespflegestellen untergebracht, da Frau Helwig berufstätig war.

Bereits im April 73 erfolgte auf Antrag beider Eheleute eine Namenserteilung.

Am 20. 11. 1972 heirateten die geschiedenen Eheleute erneut. Das Kind kam daraufhin in den Haushalt der Kindesmutter und des Stiefvaters.

Erneuter Kontakt zur Familie Helwig wurde im April 76 aufgenommen, als Frau Helwig den Antrag auf Erteilung der Erlaubnis zum Halten eines Halbtagspflegekindes stellte. Das Pflegekinderverhältnis endete aber schon nach wenigen Wochen wegen Unstimmigkeiten zwischen der leiblichen Mutter und Frau Helwig.

Am 25. 5. 1978 beantragten beide Eheleute die Adoption des Kindes durch den Stiefvater.

In meiner Stellungnahme zu dem Adoptionsantrag schrieb ich u. a.: „Bei früheren Hausbesuchen und auch bei meinem jetzigen Besuch hatte ich den Eindruck, daß Herr Helwig dem Kind mit weit größerer Ruhe und Gelassenheit begegnet als die leibliche Mutter[4]. Frau Helwig wirkte sehr hektisch und nervös[4]. Sie gibt an, daß sie sich z. Zt. mit der Erziehung des Kindes überfordert fühlt. Gleichzeitig erwähnt sie aber, daß es erstaunlich ist, wie gut Monika sich in anderer Umgebung einfügt. Weder im Kindergarten noch bei Verwandten, wo sie gelegentlich vorübergehend ist, werden Klagen laut. Auch wenn Herr Helwig sich um das Kind kümmert, sind die Schwierigkeiten geringer. Frau Helwig läßt sich von dem Kind provozieren und reagiert ärgerlich und aufgeregt[4]. Sie ist nicht konsequent und gibt letztlich dem Drängeln des Kindes immer nach, weil sie ihre Ruhe haben will[4]. Ich habe ihr ein Beratungsgespräch mit unserer psychologischen Beratungsstelle empfohlen und auch inzwischen vermittelt. Die Adoption des Kindes Monika durch den Stiefvater wird sehr befürwortet. Beide Eheleute gehen davon aus, daß Monika in jedem Falle gesichert sein muß, falls der Mutter einmal etwas zustoßen sollte. Herr Helwig weiß, daß er z. Zt. keinerlei Rechte hat. Er fühlt sich als Vater des Kindes und möchte auch die rechtliche Stellung haben".

Aufgrund des Beratungsgespräches in der psychologischen Beratungsstelle und der psychologischen Stellungnahme zur Adoption erhielt ich von Herrn Diplompsychologen Schneider am 27. 6. 1978 einen Bericht, in dem es u. a. heißt:

„Unsere Beobachtungen ergaben, daß die Verbindung Stiefvater – Tochter intensiver und unkomplizierter ist als diejenige zwischen Mutter und Tochter. Erstaunlicherweise scheint Frau Helwig ihrer Tochter schon jetzt nicht mehr ganz gewachsen zu sein, von der sie sich häufig provozieren läßt und bewußt geärgert fühlt. Dies ist sicherlich auch ein Zeichen dafür, daß Frau Helwig das zunächst gewünschte Kind jetzt gewissermaßen als Hemmschuh in der Hinsicht ansieht, daß Monika sie an der gewünschten Berufstätigkeit hindert. Die Mutter wirkt aber insgesamt recht umtriebig und ruhelos, so daß auch eine erneute Berufstätigkeit wahrscheinlich nur eine Lösung auf Zeit darstellen würde[5]. Aufgrund dieser Konstellation stimmen wir dem Adoptionsverlangen des Herrn Helwig hinsichtlich seiner Stieftochter Monika voll zu. Er ist der ruhende Pol in der Familie[5] und vermag sicherlich durch seine positive Beziehung zu ihr die Erziehung in einer wünschenswerten Weise zu beeinflussen. Der Mutter wird dies auf die Dauer vermutlich ohnehin nicht gelingen, so daß Monika durch eine stärkere Anbindung an ihren Stiefvater die besseren Zukunftschancen eingeräumt werden müssen. Dies gilt auch besonders für den Fall, daß ihre Mutter es in Zukunft an Stetigkeit und Durchhaltevermögen fehlen lassen sollte."

Zum Zeitpunkt der Gespräche haben beide Eheleute nicht erwähnt, daß akute Ehekrisen sich schon angebahnt hatten.

Ich habe aufgrund des Scheidungsantrages mit beiden Eheleuten eingehend gesprochen und auch das Kind in seiner jetzigen Umgebung besucht. Frau Helwig ist am 23. 9. 1978 aus der ehelichen Wohnung ausgezogen und hat das Kind bei ihrem Mann gelassen. Seitdem wird Monika tagsüber von der im gleichen Hause wohnenden Großmutter und verheirateten Schwester des Herrn Helwig versorgt. Monika macht angeblich keine besonderen Schwierigkeiten. Das Kind ist altersentsprechend entwickelt, sehr lebhaft und aufgeweckt[6]. Es besuchte damals das 2., jetzt das 3. Schuljahr der Grundschule in Blitzdorf. Zu der 18jährigen Nichte des Herrn Helwig hat Monika einen besonders guten Kontakt. Herr Helwig hat gegen 17.00 Uhr Arbeitsschluß und ist abends mit dem Kind zusammen. Monika schläft in ihrem früheren Kinderzimmer und frühstückt morgens mit dem Vater. Der Schwager des Herrn Helwig nimmt Monika morgens mit zur Schule, da sie einen verhältnismäßig weiten Schulweg hat. Meistens wird sie auch nach Schulschluß von einem Familienangehörigen abgeholt.

Herr Helwig möchte das Kind auf jeden Fall behalten. Er kann keine eigenen Kinder haben und hat sich daher besonders auf dieses Kind eingestellt, das ja bereits mit 1 1/2 Jahren in seinen Haushalt kam. Er hat eine Aussteuer- und Lebensversicherung zugunsten des Kindes abgeschlossen, so daß das Kind auch wirtschaftlich sichergestellt ist, wenn ihm einmal etwas passieren sollte.

Zur Zeit, als der Scheidungsantrag gestellt wurde, war Frau Helwig mit dem Verbleib des Kindes im Haushalt ihres getrennt lebenden Mannes und mit der Übertragung der elterlichen Gewalt auf Herrn Helwig einverstanden. Sie fühlte sich mit der Erziehung und Versorgung des Kindes überfordert und benötigt nach eigenen Angaben ihre Freiheit.

Wegen des Verkehrsrechts gab es die ersten Monate nach der Trennung keinerlei Schwierigkeiten. Nach Angaben von Herrn Helwig hat seine getrennt lebende Frau das Kind nur einige Male besucht, aber häufiger mit ihm telefoniert. Herr Helwig wollte von Anfang an die Verbindung zwischen Mutter und Kind auf keinen Fall unterbrechen und war bereit, ihr das Kind besuchsweise zu überlassen, wenn sie es wünscht.

Frau Helwig sah damals selbst sehr klar, daß Monika beim Vater die größeren Zukunftschancen hat und eine kontinuierliche Erziehung und Versorgung gesichert ist. Sie betonte, daß zwischen ihrem getrennt lebenden Mann und dem Kind eine echte Vater-

Kind-Beziehung besteht. Auch mit der Versorgung durch die 70jährige Großmutter und die verheiratete, nicht berufstätige Schwägerin war sie einverstanden.

Im Zusammenhang mit den ersten Kontakten nach Stellung des Scheidungsantrages habe ich auch mit Frau Helwig sen. und der Schwester des Herrn Helwig, Frau Bühler, sowie der 18jährigen Tochter der Frau Bühler gesprochen. Alle Beteiligten bestätigten mir, daß sie Monika behalten wollen, bis sich eine andere Lösung, evtl. durch eine spätere Wiederheirat des Herrn Helwig abzeichnet. Monika scheint in dem Haushalt der Angehörigen des Vaters voll integriert zu sein.

In den folgenden Monaten – insbesondere im Februar und April 1979 – äußerte Frau H verschiedentlich gegenüber dem ASD den Wunsch, M doch zu sich zu nehmen. Ihre Mutter, bei der sie wohnte und mit der sie auch häufig Auseinandersetzungen wegen Frau H's zahlreichen Männerbekanntschaften hatte, sprach sich dagegen aus, ihr das Kind zu überlassen. Sie gab an, Herr H verwöhne M allerdings sehr. Er schlafe mit ihr im ehelichen Schlafzimmer. Außerdem trinke er abends zuweilen. Frau M, die Schwester von Herrn H, beschwerte sich angeblich, weil Frau H sich nicht genug um das Kind kümmere. Zwischen September und März hatte Frau H die 2. Arbeitsstelle und den 3. Bekannten.

Das Verhältnis zu M besserte sich in dieser Zeit, da Frau H das Kind nur in ihrer Freizeit sah und sich nicht so sehr von ihm provozieren ließ. Herr H zeigte sich hinsichtlich des Besuchsrechts seiner Frau immer wieder großzügig und gab auch ihren kurzfristigen und spontanen Wünschen nach. Das Kind hatte sich so gut auf den Vater eingestellt, daß es sogar bei Aufenthalten bei der Mutter vorzeitig zurück wollte.

Im April 1979 berichtete Frau M, die Schwester von Herrn H, daß Frau H geäußert habe, sich das Leben zu nehmen, wenn sie um das Kind kämpfen müsse. Während der Schwangerschaft habe Frau H auch einen Selbstmordversuch gemacht.

Frau H ist sehr spontan im Handeln und auch in ihren Äußerungen. Sie ist zwar sehr nervös und unstet in ihrem Verhalten, aber grundsätzlich lebensbejahend. M. E. neigt sie nicht zu enormen depressiven Verstimmungszuständen. Sie ist in der Lage, in schwierigen Situationen ihre Probleme zu besprechen und grundsätzlich auch vernünftigen Argumenten gegenüber einsichtig[7].

Im Juli 79 informierte Frau M den ASD darüber, daß Frau H sich seit 6 Wochen, d. h. während der ganzen Sommerferien, nicht um M gekümmert habe. Anfangs sei M traurig gewesen, jetzt erwähne sie die Mutter nur noch gelegentlich.

Frau H habe einen neuen Bekannten, einen Witwer mit einer Tochter in M's Alter, die auch M's Klasse besucht. Sie habe geäußert, diesen heiraten und M dann zu sich nehmen zu wollen.

Frau H trug hierzu bei einem Gespräch mit der SA am 5. 8. 79 vor, daß sie M auf Anraten der Klassenlehrerin und nicht aus Gleichgültigkeit nicht mehr besucht habe; die Lehrerin habe nämlich mitgeteilt, daß M nach den Kontakten mit der Mutter immer verwirrt und unruhig sei. Bei dieser Unterredung äußerte Frau H eindeutig, daß ihr Mann das Sorgerecht haben solle, weil sie wegen ihrer ganztägigen Berufstätigkeit M nicht betreuen könne.

Im Laufe des September kam es zu zwischenzeitlichen Schwierigkeiten, weil M Besuche bei der Großmutter mütterlicherseits nicht wahrnehmen wollte, es Eifersüchteleien zwischen M und der Tochter des Bekannten ihrer Mutter gab und weil Frau H gegen ihren Mann eine unberechtigte Unterhaltsklage erhoben hatte. M. E. neigen Großmutter und Kindesmutter sehr zum Theatralischen. Sie überbewerten die Situation. Außerdem ist die Kindesmutter auch wankelmütig in ihrer Haltung[8].

Am 3. 9. 1979 teilte Frau M dem ASD mit, daß ihr Bruder sich wieder zu binden gedenke. Es handele sich um eine geschiedene Frau, deren Kinder im Ausland bei ihrem Mann seien. Die Familie von Herrn H sei mit ihr sehr einverstanden.

Frau H hat zwar verschiedentlich den Wunsch geäußert, M zu sich zu nehmen. Formal ist es aber bei dem einverständlichen Scheidungsantrag und einverständlicher Besuchsregelung geblieben. Nach Überprüfung der Gesamtverhältnisse bestehen keine Bedenken, dem Wunsch der getrennt lebenden Eheleute zu entsprechen, die elterliche Sorge über M auf den Vater zu übertragen. Allerdings sollte das Umgangsrecht unbedingt näher geregelt werden[9].

7.2.2 Anmerkungen zu der gutachtlichen Stellungnahme eines Jugendamtes (7.2.1)

1. Die Stellungnahme ist nicht gegliedert. Daher fällt es dem Leser schwer zu unterscheiden, was Faktenwiedergabe und was Bewertung ist. Das birgt die Gefahr in sich, daß Bewertungen fortgeschrieben werden, ohne daß nach einiger Zeit noch festgestellt werden kann, worauf die Einschätzungen beruhen und ob sie vielleicht revidiert werden müssen.

2. Die Praxis bedient sich im Betreff unterschiedlicher Formulierungen. Wichtig ist, daß sie den gemeinten Vorgang ausreichend charakterisieren und die ladungsfähigen Anschriften der Betroffenen enthalten. Da die Eltern bereits getrennt leben, sollte auch die Adresse der Mutter genannt werden.

3. In welchem Zusammenhang wurden die Verhältnisse bekannt? Beim weiteren Lesen kann man ahnen, daß es mit der Namenserteilung zusammenhängt. Es wäre gut, dies gleich ausdrücklich festzustellen oder diese Information später im chronologischen Zusammenhang zu bringen. Diese Aussage ist auch bedeutsam im Hinblick auf eine evtl. Aktenbeiziehung durch das Gericht.

4. Das ist Befund. Welche Beobachtungen liegen diesen Aussagen zugrunde? Hier zitiert sich die Sozialarbeiterin mit ihrer gutachtlichen Stellungnahme zur Adoption. Schon damals hätte sie die Fakten berichten und nicht verallgemeinernd beschreiben sollen. Im übrigen sollte – wenn ein Zitieren früherer Berichte unumgänglich ist – dies auf das unbedingt Notwendige beschränkt werden. Hier sind Passagen referiert, die nur für die Adoption von Bedeutung waren.

5. Auch diese Informationen enthalten Verallgemeinerungen und sind daher Befund. Da sie aber nicht von der Sozialarbeiterin stammen und die Quelle mitgeteilt wird, sind sie nicht zu beanstanden.

6. Wieder Befund. Zudem ist unklar, von wem diese Aussage stammt, ob von Großmutter oder Schwester oder Sozialarbeiterin.

7. Dies ist ebenfalls Befund. Allerdings sind die diesen verallgemeinernden Aussagen zugrunde liegenden Fakten in den vorhergehenden und nachfolgenden Abschnitten enthalten.

8. Aussagen mit Befundcharaker, die kaum durch Fakten belegt und zudem sehr abwertend sind (Frau H bekommt die Stellungnahme vom Gericht!).

166

9. Dieser letzte Absatz entspricht unserem Entscheidungsvorschlag. Allerdings fehlen konkrete Empfehlungen zur Umgangsregelung.

Zusammenfassung:

Im Vergleich mit unserer Empfehlung enthält die gutachtliche Stellungnahme aus der Praxis lediglich die Vorgeschichte und eine Situationsbeschreibung. Dazwischen eingestreut finden sich Passagen, die einem Befund zuzuordnen wären. Was völlig fehlt, sind Erklärungen für das relativ konstante Erleben und Verhalten der Beteiligten (psychosoziale Diagnose) und eine zusammenfassende Beurteilung der psychosozialen Situation mit evtl. Prognose. Gerade die Erstellung dieser zwei Abschnitte jedoch gehört zu den ureigenen Aufgaben eines Sozialarbeiters in der Gerichtshilfe. Denn hier ist der Richter auf die Mitwirkung von Fachleuten angewiesen, weil er insoweit im allgemeinen nur laienhaft dazu Stellung nehmen kann.

7.2.3 Beispielgutachten (§ 1671 BGB)

Amtsgericht	Jugendamt
– Familiengericht –	– Allgemeiner Sozialer Dienst –
Donnerstr. 1	Regenstr. 13
1000 Blitzdorf 3	1000 Blitzdorf 1
	Frau Solidar
	26. 1. 1979

Betr.: Familienrechtssache Helwig
hier: Regelung der elterlichen Sorge und des Umgangsrechts gem. §§ 1671, 1634 BGB i. V. m. § 621 I Nr. 1, 2 ZPO

Inhaber des elterlichen Sorgerechts:
Karl-Heinz Helwig, Berggasse 11, 1000 Blitzdorf 2
Kirsten Helwig, geb. Meier, Talstr. 21, 1000 Blitzdorf 2
Kind: Monika Helwig, geb. 9. 5. 71
Bezug: Dort. Schreiben vom 18. 11. 1978 – hier eingegangen am 14. 12. 78 – und vom 15. 2. 1979 – hier eingegangen am 28. 2. 1979 –
AZ.: 12b F 360/78

Hiermit nehme ich Stellung gem. § 48a I Nr. 6 und 4 JWG und schlage vor, Herrn Helwig die alleinige elterliche Sorge über Monika Helwig zu übertragen. Ferner empfehle ich, die Umgangsregelung wie unten ausgeführt zu treffen.

Meine Stellungnahme beruht auf

1. Kontakten mit den Eheleuten H und dem Kind M (Hausbesuche, Gespräche im JA, Telefongespräche),
2. Kontakten mit der Familie des Ehemannes: dessen Mutter, Schwester, Nichte (Hausbesuche, Telefongespräche),

3. Kontakten mit der Familie der Ehefrau: Mutter (Telefongespräche),
4. Kontakten mit der Mutter des Pflegekindes, das bei Frau H war (Telefongespräche, Hausbesuche),
5. Mitteilungen der Abteilung Pflegekinder, der Adoptionsvermittlungsstelle, der Psychologischen Beratungsstelle (Gutachten),
6. Informationen durch das FamG.

I. Vorgeschichte und derzeitige Situation

Frau Kirsten H geb. M (heute 39 Jahre) ist 1940 als jüngstes von 3 Geschwistern geboren. Da ihr Vater im Krieg vermißt ist, wuchs sie nur mit ihrer Mutter und ihren 2 Geschwistern auf. 1945 – 1953 besuchte sie die Volksschule und wurde dort aus dem 7. Schuljahr entlassen. Anschließend machte sie eine dreijährige Haushaltslehre. Danach übte sie Tätigkeiten als Hausangestellte, Hausgehilfin, Haustochter im Elternhaus, angelernte Arzthelferin, Stationshilfe, Mannequin, Büroangestellte bei Behörden und Verkäuferin aus[1].

Herr Karl-H. H (heute 41 Jahre) ist 1938 geboren; er hat noch eine Schwester. Er besuchte 1944 – 53 die Volksschule, durchlief danach eine Facharbeiterlehre und ließ sich anschließend als Techniker umschulen. Später machte er eine Ausbildung als technischer Zeichner. In diesem Beruf war er bei mehreren Firmen tätig[2].

Am 19. 9. 1961 heiratete Karl-H. H (damals 23 Jahre) Kirsten M (damals 21 Jahre) zum ersten Mal. Die Ehe blieb kinderlos, angeblich – so die Angaben von Frau H – weil Herr H wegen einer früheren Erkrankung zeugungsunfähig sei.

Am 15. 11. 1969 wurde die Ehe durch Urteil des LG B aus dem Verschulden der Ehefrau geschieden. Frau H nahm ihren Mädchennamen, M, wieder an. Nach Angaben der Eheleute gab es verschiedene Ursachen dafür, daß sie auseinander gingen, u. a. den Druck durch die Eltern des Mannes, seine Unfähigkeit, ihren Kinderwunsch zu erfüllen und die Hintertreibung einer Adoption durch die Familie des Mannes wegen erbrechtlicher Konsequenzen.

Am 9. 5. 1971 brachte Frau M die nichteheliche Tochter M zur Welt. Der Kindesvater, H.-P. U (damals 40 Jahre alt), Beamter, wohnhaft …, erkannte die Vaterschaft an und zahlte anfangs monatlich 126 DM Unterhalt in 2 Raten. Da er verheiratet war und mehrere Kinder hatte, sei – so Frau M –, obwohl M ein Wunschkind gewesen sei, eine Eheschließung nicht in Betracht gekommen. Ihrer Absicht, das Kind abzutreiben, soll sich der Kindesvater widersetzt haben, was angeblich Frau M bewog, das Kind auszutragen. Da Frau M nach der Geburt wieder halbtags berufstätig war, brachte sie das Kind in einer Halbtagspflegestelle unter. Allerdings wechselte sie die Familie anschließend mehrmals. Nachmittags kümmerte sie sich selber um das Kind.

Am 20. 11. 1972 heirateten die geschiedenen Eheleute zum zweiten Mal. Nach Angaben beider Eheleute soll ihr Verhältnis zueinander mehrere Jahre besser als in der ersten Ehe gewesen sein.

Die Eheleute zogen wieder in das Elternhaus des Ehemannes. Im gleichen Haus wohnte außer seiner Mutter seine verheiratete Schwester, die selber eine damals 13jährige Tochter hatte.

Mit Wirkung vom 30. 7. 1973 erteilte Herr H dem nichtehelichen Kind seiner Frau seinen Namen. Von einer Adoption sah er damals angeblich deshalb ab, weil er die Unterhaltszahlungen des Kindesvaters nicht verlieren wollte[3]. Diese Einbenennung war vom Jugendamt sehr befürwortet worden, weil es so aussah, als wenn die Ehe nunmehr Bestand haben würde, der Stiefvater das Kind nach Angaben seiner Mutter wie sein eigenes behandelte und M sich offensichtlich wohl fühlte.

Ende November 1974 stellte Frau H erstmals einen Antrag auf Erteilung einer Pflegeerlaubnis, den sie dann aber wegen Erkrankung von M wieder zurücknahm. Ab April 1976 bemühte sie sich wieder um ein Tages-Pflegekind. Bei der Überprüfung der Verhältnisse der Familie H vom 17. 4. 1976 wurde unter der Rubrik: „Persönlichkeit, Intelligenz und Charakter" ausgeführt: Frau H scheine von mäßiger Intelligenz zu sein, sie wirke sehr lebhaft und überschwenglich. Ob sie eine gewisse Beständigkeit habe, sei fraglich. Sie sei schnell zu begeistern und leicht zu beeinflussen. Zu Herrn H wurde festgestellt, von seinem beruflichen Werdegang könne man auf ein gewisses Maß an Intelligenz schließen. Zur Ehe hieß es damals, daß ihre Harmonie und Beständigkeit schwer zu beurteilen sei. Die Eheleute schienen charakterlich und vom Wesen her sehr unterschiedlich zu sein. Wegen der Erziehung von M komme es angeblich gelegentlich zu Meinungsverschiedenheiten. Unter Motiv für die Aufnahme eines Kindes hieß es: „Erziehungsbereitschaft ist gegeben. Als Motiv ... wird zunächst eine gewisse Kinderliebe angegeben, zumal die Eheleute keine gemeinsamen Kinder haben können. – Es spielen jedoch auch finanzielle Gründe eine Rolle. Frau H kann keiner Berufstätigkeit mehr nachgehen. Sie sucht dafür einen finanziellen Ausgleich"[4].

Nach Erteilung der Pflegeerlaubnis hatte Frau H knapp 6 Wochen ein Kind in Halbtagspflege. Da es immer wieder zu Auseinandersetzungen zwischen ihr und der Mutter des Kindes, Frau C, kam, nahm diese das Kind aus der Pflegestelle. Frau C gab als Grund dafür an, daß Frau H ständig Anforderungen an sie gestellt und fortwährend etwas anderes von ihr erwartet habe[5]. Nach dem Eindruck von Frau C habe Frau H zu ihrer Tochter M ein gespanntes Verhältnis gehabt. Das Kind habe einen sehr nervösen Eindruck gemacht und sei von der Mutter oft lautstark zurechtgewiesen worden.

Am 25. 5. 1978 sprach Herr H bei der AdVermiSt des Jugendamtes vor, um die Annahme seines Stiefkindes M in die Wege zu leiten. Herr H gab damals an, ein gutes Verhältnis zu M zu haben. Wegen des Kindes komme es zwischen ihm und seiner Frau nicht zu Streit. Er betrachte M als seine Tochter und wolle auch rechtlich für sie einstehen. Seine Mutter und seine Schwester seien mit einer Adoption einverstanden. Möglicherweise wüßten sie zwar nicht, daß das Kind hierdurch erbberechtigt sei und M etwas von dem großen Grundstück seines Vaters erhalten würde. Er sehe dies aber nicht als Problem an. Unsicherheit bestand zwischen den Eheleuten darüber, wie sie das Kind über seine wirkliche Herkunft informieren sollten. Herr H erklärte sich dazu bereit, diese Aufgabe zu übernehmen. Die zuständige SozArb der AdVermiSt meinte, Herrn H sei ruhiger und gleichmütiger als seine Frau und insofern sicher eher in der Lage, das Kind aufzuklären.

Aufgrund von früheren Hausbesuchen und dem anläßlich des Adoptionsantrages von Herrn H hatte die SozArb des ASD den Eindruck, daß Herr H mit M mit viel größerer Ruhe umging als die leibliche Mutter. Diese gab (damals) selbst an, mit der Erziehung überfordert zu sein. Weder bei ihrem Mann, noch bei Verwandten noch im Kindergarten mache M Schwierigkeiten. Die SozArb hatte den Eindruck, daß Frau H sich vom M provozieren lasse und aufgeregt und ärgerlich reagiere. Sie sei nicht konsequent und gebe dem Drängeln des Kindes immer nach, um ihre Ruhe zu haben. Die Verhaltensschwierigkeiten des im übrigen altersgemäß entwickelten Kindes konzentrierten sich lediglich auf die Mutter. Sie vermittelte M daher an die psychologische Beratungsstelle, die auch anläßlich des Annahmewunsches von Herrn H ein psychologisches Gutachten erstellte.

In diesem Gutachten vom 27. 6. 1978[6] und in dem vorab geführten Telefongespräch des Psychologen mit der SozArb des ASD hieß es unter anderem:

Herr H wirke vom Temperament her sehr verhalten, ohne rechte Dynamik und (im Persönlichkeitsbild) überwiegend autoritätshörig. Spontane und energische Reaktionen seien ihm relativ fremd.

Frau H sei eine außerordentlich lebhafte, bis hin zur Nervosität umtriebige Frau, der es erheblich an Ruhe, Gelassenheit und Ausgeglichenheit mangele. Sie sei immer mit ihrer jeweiligen Situation unzufrieden gewesen, und dies werde sich wohl auch nicht ändern, auch wenn sie wieder einer Berufstätigkeit nachgehen könne.

M sei – abgesehen von der Sprache – altersgemäß entwickelt und erweise sich nach anfänglicher Zurückhaltung als recht gut angepaßt, lebhaft und frei in ihren Äußerungen und ihrem Verhalten.

Die Verbindung Stiefvater/Tochter sei intensiver und unkomplizierter als die zwischen Mutter und Tochter. Frau H scheine M nicht gewachsen zu sein, sie fühle sich häufig von ihr provoziert und bewußt geärgert. Herr H sei der ruhende Pol in der Familie, und er könne M's Erziehung sicher positiv beeinflussen. Falls die Ehe, die im Moment noch stabil scheine, erneut zerbrechen sollte, würde M sogar evtl. zu Herrn H tendieren, der für das Kind eine echte Bezugsperson geworden sei.

Auf der Grundlage der positiven Stellungnahmen von ASD, AdVermiSt und Psychologischer Beratungsstelle wurde die Kindesannahme am 19. 8. 1978 (AZ 12b XV 57/77) ausgesprochen.

Am 23. 9. 1978 zog Frau H aus der ehelichen Wohnung aus. (Im Scheidungsantrag wird behauptet, daß die Eheleute bereits seit Mai getrennt leben.) Das Kind ließ sie bei ihrem Mann. Seitdem wird M tagsüber von der im gleichen Haus wohnenden Großmutter und der verheirateten, nicht berufstätigen Schwester des Herrn H betreut. M macht angeblich keine besonderen Schwierigkeiten. Herr H hat um 17 Uhr Arbeitsschluß und ist abends mit dem Kind zusammen. Morgens frühstückt M mit dem Vater, wird dann vom Schwager des Herrn H in die Schule gebracht und mittags von einem Familienmitglied abgeholt.

Herr H hat eine Aussteuer- und Lebensversicherung zugunsten des Kindes abgeschlossen.

Frau H senior und deren Tochter sowie die 18jährige Enkelin äußerten übereinstimmend, M im Hause behalten zu wollen.

Herr und Frau H waren sich im Zeitpunkt der Trennung darüber einig, daß M bei Herrn H bleiben solle. Frau H erklärte, sie fühle sich mit der Erziehung des Kindes überfordert und brauche ihre Freiheit. Zwischen M und ihrem Mann bestehe eine echte Vater-Kind-Beziehung, und M sei voll in die Familie ihres Mannes integriert. Sie lege lediglich Wert auf ein ausreichendes Besuchsrecht.

In den folgenden Monaten – insbesondere im Februar und April 1979 – äußerte Frau H verschiedentlich gegenüber dem ASD den Wunsch, M doch zu sich zu nehmen. Ihre Mutter, bei der sie wohnte und mit der sie auch häufig Auseinandersetzungen wegen Frau H's zahlreichen Männerbekanntschaften hatte, sprach sich dagegen aus, ihr das Kind zu überlassen. Sie gab an, Herr H verwöhne M allerdings sehr. Er schlafe mit ihr im ehelichen Schlafzimmer. Außerdem trinke er abends zuweilen. Frau M, die Schwester von Herrn H, beschwerte sich angeblich, weil Frau H sich nicht genug um das Kind kümmere. Zwischen September 1978 und März 1979 hatte Frau H die 2. Arbeitsstelle und den 3. Bekannten.

Das Verhältnis zu M besserte sich in dieser Zeit, da Frau H das Kind nur in ihrer Freizeit sah und sich nicht so sehr von ihm provozieren ließ. Herr H zeigte sich hinsichtlich des Besuchsrechts seiner Frau immer wieder großzügig und gab auch ihren kurzfristig mitgeteilten Besuchswünschen nach. Das Kind hatte sich so gut auf den Vater eingestellt, daß es sogar von Aufenthalten bei der Mutter vorzeitig zurück wollte.

Im April 1979 berichtete Frau M, die Schwester von Herrn H, daß Frau H geäußert habe, sich das Leben zu nehmen, wenn sie um das Kind kämpfen müsse. Während der Schwangerschaft habe Frau H auch einen Selbstmordversuch gemacht.

Im Juli 1979 informierte Frau M den ASD darüber, daß Frau H sich seit 6 Wochen, d. h. während der ganzen Sommerferien, nicht um M gekümmert habe. Anfangs sei M traurig gewesen, jetzt erwähne sie die Mutter nur noch gelegentlich.

Frau H habe einen neuen Bekannten, einen Witwer mit einer Tochter in M's Alter, die auch M's Klasse besucht. Sie habe geäußert, diesen heiraten und M dann zu sich nehmen zu wollen.

Frau H trug hierzu bei einem Gespräch mit der SozArb am 5. 8. 1979 vor, daß sie auf Anraten der Klassenlehrerin und nicht aus Gleichgültigkeit M nicht mehr besucht habe; die Lehrerin habe nämlich mitgeteilt, daß M nach den Kontakten mit der Mutter immer verwirrt und unruhig sei. Bei dieser Unterredung äußerte Frau H eindeutig, daß ihr Mann das Sorgerecht haben solle, weil sie wegen ihrer ganztägigen Berufstätigkeit M nicht betreuen könne.

Im Laufe des August kam es zu zwischenzeitlichen Schwierigkeiten, weil M Besuche bei der Großmutter mütterlicherseits nicht wahrnehmen wollte, es Eifersüchteleien zwischen M und der Tochter des Bekannten ihrer Mutter gab und weil Frau H gegen ihren Mann eine unberechtigte Unterhaltsklage erhoben hatte.

Am 3. 9. 1979 teilte Frau M dem ASD mit, daß ihr Bruder sich wieder zu binden gedenke. Es handele sich um eine geschiedene Frau, deren Kinder im Ausland bei ihrem Mann seien. Die Familie von Herrn H sei mit ihr sehr einverstanden.

II. Psychosozialer Befund[7]

Die fast achtjährige **Monika** ist ihrem Erscheinungsbild nach ein körperlich gesundes und altersgemäß entwickeltes Kind.

Den Leistungsanforderungen der Schule entspricht das Mädchen, ohne besonders positiv oder negativ aufzufallen.

Seine leichten Rückstände im sprachlichen Ausdruck sind nicht so, daß sie sich nachteilig auf Monikas intellektuelle Leistungen auswirkten.

Monika ist psychisch relativ gut belastbar. Sie hat eine altersgemäße Bindungsfähigkeit entwickelt, die besonders gegenüber dem Adoptivvater und dessen Herkunftsfamilie gut ausgebildet ist. Sie kann trotz Wissen um ihre nichteheliche Geburt recht offen auf den Adoptivvater zugehen, bei ihm Anlehnung suchen und von ihm Informationen und Weisungen annehmen. Monika fühlt sich bei Herrn H und dessen Familie geborgen. Monika verhält sich in der Regel zu Gleichaltrigen ebenso wie zu ihrem Adoptivvater und dessen Angehörigen und − nach einer kurzen, von Zurückhaltung gekennzeichneten Anlaufphase − auch Femden gegenüber situationsgemäß. Dagegen neigt sie im Umgang mit ihrer Mutter dazu, deren Verhaltenserwartungen nicht ohne weiteres nachzukommen. Vielmehr versucht sie, diesen eigene Wünsche nachdrücklich entgegenzustellen und sie durch „Drängeln" durchzusetzen. Im Zweifelsfall tendiert sie eher dazu, es auf einen Konflikt mit der Mutter ankommen zu lassen oder ihr aus dem Weg zu gehen, als sich kooperativ mit den Erwartungen ihrer Mutter auseinanderzusetzen.

Vor die Wahl zwischen Mutter und Adoptivvater gestellt, zeigt Monika deutlich stärkere emotionale Gebundenheit an den Adoptivvater und dessen Herkunftsfamilie.

Dennoch hat Monika zu ihrer Mutter eine eher positive, wenn auch gestörte Beziehung.

Selbst nach dem Weggang der Mutter kann das Mädchen, wenn auch mit größerer Zurückhaltung, auf die Mutter zugehen.

Es gibt Hinweise dafür, daß Monika sich bedroht fühlt, ihre Mutter zu verlieren und diese nicht vollständig verlieren möchte.

Auf die belastenden Beziehungen zur Mutter antwortet Monika u. a. mit Konzentrationsstörungen, Vorsichtshaltung gegenüber der Mutter und verstärkter Zuwendung zum Adoptivvater. Insgesamt tendiert Monika in diesem Zusammenhang vor allem dazu, enttäuschende Situationen zu vermeiden und nur selten deutlich ihre Bedürfnisse hinsichtlich ihrer Mutter anzumelden.

Der leibliche Vater des Mädchens spielt bislang in Monikas Erleben keine bedeutsame Rolle. Als ihr „zu Hause" erlebt Monika offensichtlich die Umgebung ihres Adoptivvaters.

Frau H, Monikas Mutter, heute 38 Jahre alt, erweist sich als nur mäßig intelligent. Ihr Erleben und Verhalten wird weniger von planenden Überlegungen und realitätsbezogenen Zielsetzungen bestimmt; vielmehr neigt sie zu spontanen, wenig vorausschaubaren, oft sprunghaft wechselnden Handlungen.

Sie wirkt im Umgang mit anderen sehr lebhaft, mitunter überschwenglich. Ihre soziale Umwelt erlebt sie oft unruhig und unausgeglichen, fast umtriebig. Stärkere Gefühlsschwankungen sind bei ihr zu beobachten.

172

Frau H läßt sich leicht beeinflussen, verhältnismäßig rasch für etwas begeistern, ohne dann Angestrebtes mit einiger Beständigkeit durchzuführen.

Frau H ist an Berufstätigkeit außerhalb des Hausfrauenbereichs interessiert, vermag jedoch nur jeweils für kurze Zeit in einem Beruf und in einer Arbeitsstelle auszuhalten.

Es bereitet Frau H Schwierigkeiten, Belastungssituationen auszuhalten und konstruktiv zu verändern.

Frau H äußert ihrer Umwelt gegenüber oft hohe Ansprüche, die sie dann nicht erfüllt sieht.

Enttäuschungsursachen neigt sie weniger in sich als in anderen zu suchen.

Mit fremden Männern kann Monikas Mutter leicht näheren und teilweise intensiven Kontakt aufnehmen. Solche Beziehungen vermag sie jedoch in dieser Weise meist nur für kurze Zeit aufrecht zu erhalten, um sich dann neuen Männerbekanntschaften zuzuwenden.

Ihren bisherigen Ehemann scheint sie einerseits noch heute als einen Menschen einzuschätzen, auf den Verlaß ist, andererseits erlebt sie ihn in mancherlei Hinsicht als einen Gegensatz zu sich selbst.

Zu ihrer Tochter Monika besitzt Frau H seit Beginn der Schwangerschaft eine deutlich ambivalente Einstellung. Sie fühlt sich häufig durch Monikas Verhalten herausgefordert und in ihrer Erziehungsfähigkeit überfordert.

Wenn Frau H zu wählen hat zwischen mehr persönlichem Freiraum oder Nähe zu und damit Gebundenheit an ihr Kind, bevorzugt sie ihren privaten Freiraum.

Monikas Adoptivvater, Herr H, heute 41 Jahre alt, ist ein im allgemeinen recht ruhiger und ausgeglichen wirkender Mann.

In zwischenmenschlichen Beziehungen hält er sich lieber persönlich zurück; er gibt sich so wenig spontan und durchsetzungsfreudig, daß er zunächst als ein Mensch mit geringer Dynamik angesehen werden kann.

Im Gegensatz zu seiner Frau ist Herr H mindestens gut durchschnittlich intelligent. Ihn kennzeichnet vorausschauendes, planendes und abwägendes Verhalten. Er besitzt Interesse an beruflicher Fort- und Weiterbildung, die er zielstrebig und konsequent wahrnimmt.

Herr H vermag Enttäuschungen und andere psychische Belastungen gut auszuhalten, ohne zu resignieren oder anderen Vorwürfe zu machen.

Monikas Adoptivvater ist emotional ansprechbar und zu starken emotionalen Bindungen fähig.

Insbesondere gegenüber seinen Eltern und der Familie seiner Schwester bestehen starke Bindungen, die partiell zu Abhängigkeiten führen. Aber auch gegenüber seiner Frau scheinen solche Gefühle zu bestehen. Vor allem aber hat Herr H zu seiner Adoptivtochter Monika eine belastbare bejahende Einstellung entwickelt.

Er zeigt sich bereit und fähig, für Monika Verantwortung zu übernehmen, für ihre materielle Sicherheit zu sorgen und sich erzieherisch um sie zu kümmern.

Wenn es um Monikas Interessen geht, ist er bereit, Belastungen und Unannehmlichkeiten auf sich zu nehmen. Mitunter scheint es allerdings, als binde er das Mädchen zu eng an sich.

Die im gleichen Haus wohnenden **Angehörigen aus Herrn H's Herkunftsfamilie** akzeptieren Monika als seine Adoptivtochter und setzen sich für das Kind ein.

Monikas Großmutter mütterlicherseits sieht ebenfalls die Entwicklung des Mädchens am besten durch den Adoptivvater gewährleistet.

III. Diagnose

Obwohl Monika in den ersten 18 Monaten ihres Lebens durch den häufigen Wechsel der Halbtagspflegestellen stärkeren seelischen Belastungen ausgesetzt war, zeigte sie in ihrer bisherigen körperlichen, geistigen und seelischen Entwicklung keine nennenswerten Verhaltensauffälligkeiten.

Das gibt zunächst Grund zur Annahme, daß M von ihren anlagemäßigen Voraussetzungen her belastbarer als manches andere Kind ist. Wesentlich dürfte jedoch zu ihrer bisherigen gesunden Entwicklung auch der sichere Lebensraum beigetragen haben, den ihr der Adoptivvater sehr bald verschaffte, indem er eine stabile bejahende Einstellung zum Kinde entwickelte, angemessen erzieherisch mit ihm umging, sehr früh durch Namenserteilung unnötigen Beunruhigungen des Kindes durch Altersgenossen oder Erwachsene vorbeugte und durch ein angemessenes aufklärendes Gespräch das Kind über seine Herkunft informierte, ohne die gute Beziehung zu ihm zu verlieren.

Inwieweit Monikas leichte Rückstände im Sprachverhalten als Folge eines zu geringen Angebots von entsprechenden Anreizen durch die wenig intelligente Mutter anzusehen sind, ist noch weiter zu überprüfen.

Ihr provozierendes Verhalten gegenüber der Mutter, Monikas einzige deutlich wahrnehmbare Verhaltensauffälligkeit vor dem Zeitpunkt der Trennung, verweist einerseits wiederum auf recht durchsetzungsfreudige Antriebe im Kind, andererseits auf beträchtliche Defizite in der Beziehung zwischen Monika und ihrer Mutter. Frau H trug zur bestehenden Beeinträchtigung der Mutter-Kind-Beziehung bei

– durch ihre bereits seit Beginn der Schwangerschaft bestehende ambivalente Einstellung zum Kind,
– durch ihr unüberlegtes, inkonsequentes, primär von der Befriedigung eigener Bedürfnisse bestimmtes Erzieherverhalten,
– durch ihr antriebsunmittelbares, wenig vorausschaubares und recht unbeständiges Verhalten insgesamt, das Monika die Orientierung an und emotionale Zuwendung zu ihrer Mutter erschwerte.

Die Spannungen zwischen Monika und ihrer Mutter während der Zeit des Zusammenlebens in der elterlichen Wohnung haben dazu beigetragen, daß Frau H für ihre Tochter ein wenig attraktives Identifikationsobjekt wurde.

Wenn Monika dennoch ohne nennenswerte Schwierigkeiten seine eigene Geschlechtsrolle anzunehmen lernt, dann wohl eher bedingt durch positive Erfahrungen an ihrer Tante und Cousine.

Mit den Eifersüchteleien gegenüber der künftigen Stieftochter ihrer Mutter gibt das Mädchen zu erkennen, daß ihr trotz allem noch immer daran gelegen ist, sich beide Elternteile als beständige Bezugspersonen zu erhalten.

Diese Möglichkeit ist jedoch mit an Sicherheit grenzender Wahrscheinlichkeit auszuschließen, weil beide Elternteile im Begriff sind, mit anderen Partnern eine neue Ehe einzugehen. Und selbst bei Wegfall dieser Voraussetzungen hätte auch ein dritter Versuch der Elternteile, miteinander zusammenzuleben, die gleichen geringen Aussichten auf Bestand wie die ersten beiden Versuche, da es sich bei den bisherigen ehelichen Beziehungen von Frau und Herrn H mit großer Wahrscheinlichkeit um eine gestörte Partnerbeziehung im Sinne des Kollusionskonzepts (Willi, J.: Die Zweierbeziehung (Spannungsursachen, Störungsmuster, Klärungsprozesse, Lösungsmodelle), 7. Aufl., Hamburg 1977) handelte, ein Miteinander also, das überwiegend von überwertigen Ergänzungsbedürfnissen bestimmt war.

Die vollzogene Trennung der Eltern und die nur unregelmäßigen Kontakte mit der Mutter sowie deren geringes und wechselhaftes Interesse am Mädchen wirken auf Monika belastender, als sie nach außen zu erkennen gibt.

Monikas erhöhte Unruhe und Unkonzentriertheit in der Schule sind Hinweis darauf, daß das Mädchen sich in seiner Vorstellungs- und Erlebniswelt mit seinen Verlustängsten auseinanderzusetzen hat.

Monika versucht den angst- und schmerzauslösenden Erfahrungen vor allem dadurch zu begegnen, daß sie sich ihrer Mutter gegenüber mehr zurücknimmt und sich nach wie vor stark an ihren Adoptivvater und die Angehörigen seiner Herkunfsfamilie anlehnt und auch dort anlehnen kann.

Indem Herr H noch immer seiner früheren Frau verhältnismäßig ruhig und tolerant begegnet und indem er noch intensiver für Monika sorgt, unterstützt er das Mädchen in seinen notwendig gewordenen Versuchen der Neuorientierung.

Soweit bei Monika Gefühle von Sicherheit und Unbefangenheit zu beobachten sind, werden sie überwiegend durch die zuverlässige und bejahende Zuwendung des Adoptivvaters zum Kind ermöglicht.

Herr H's ausgeprägte Beständigkeit im Durchhalten von Zielsetzungen sowie seine deutliche stabile gefühlsmäßige Gebundenheit an das Kind sprechen dafür, daß Monika auch in Zukunft von ihm umsorgt werden wird, wobei freilich nicht ganz auszuschließen ist, daß eine leicht verwöhnende Zuwendung zum Kind bei ihm auftreten und Monika von ihm in Teilbereichen die Rolle eines Partnersubstituts (Richter: Eltern, Kind, Neurose, Hamburg 1967) zugesprochen bekommen könnte.

IV. Zusammenfassende Beurteilung der psychosozialen Situation des Kindes Monika H

Die aus der Vorgeschichte, dem psychosozialen Befund und den diagnostischen bzw. prognostischen Überlegungen gewonnenen Erkenntnisse weisen darauf hin, daß unter den gegebenen Umständen für Monikas körperliches, seelisches und geistiges Wohl wenig gesorgt ist, wenn Frau H das elterliche Sorgerecht zugesprochen würde.

Frau H ist sehr wechselhaft gegenüber ihrer Tochter und dem Wunsch, für sie Verantwortung zu übernehmen. Die Abtreibung ihres Kindes unterließ sie, weil der Kindsvater damals nicht zustimmte. Wenige Wochen bevor sie Mann und Tochter verließ, stimmte sie der Adoption dieses Mädchen durch ihren Mann zu.

Seitdem sie von ihrer Familie getrennt lebt, war sie mehrfach schwankend, Monika künftig zu sich zu nehmen, obwohl sie gleichzeitig die Ansicht vertrat, daß für ihr Kind bei Herrn H besser gesorgt sei.

Falls Frau H das Sorgerecht zugesprochen und Monika in die künftige neue Familie ihrer Mutter genommen würde, ist mit starken Rivalitäten zwischen Monika und der gleichaltrigen Tochter des künftigen Mannes ihrer Mutter zu rechnen. Zu diesem eventuellen „Stiefvater" hat Monika bislang kein Verhältnis.

Angesichts der geringen Beständigkeit von Frau H – auch in Bezug auf Männerbekanntschaften – ist die Gefahr nicht auzuschließen, daß Monika in der zweiten Ehe ihrer Mutter eine erneute Trennung der Familienmitglieder verarbeiten muß.

Frau H's geringe Erziehungsfähigkeit und die seit Jahren sichtbaren Spannungen zwischen ihr und dem Kind sprechen ebenfalls dagegen, Frau H das Sorgerecht zu übertragen.

Herr H ist gewillt und in der Lage, für Monikas materielle Sicherung zu sorgen.

Er bejahte die Adoption und die damit verbundenen nicht unbeträchtlichen Erbrechte des Mädchens, obwohl seine Frau kurz davor stand auszuziehen. Nachdem Frau H sich von ihm getrennt hatte, sorgte er ohne zu wissen, ob ihm das Elternrecht für das Kind zugesprochen würde, zusätzlich für das materielle Wohl des Mädchens, indem er für Monika eine Aussteuerversicherung und eine Lebensversicherung abschloß.

Monika behält bei ihrem Adoptivvater das ihr vertraute soziale Umfeld. In dessen Herkunftsfamilie ist sie voll integriert.

Durch die von Herrn H beabsichtigte neue Eheschließung entstehen für Monika keine Probleme durch eventuelle Stiefgeschwister.

In Herrn H erlebt Monika ihren Vater, der zuverlässig für sie da ist.

Die gegenüber seiner Herkunftsfamilie in Teilbereichen zu beobachtende Abhängigkeit konnte Herr H – beispielsweise im Zusammenhang mit Monikas Adoption – zu einem guten Teil überwinden.

Durch seine neue Eheschließung wird vermutlich auch die angesprochene Gefahr, Monika als Partnersubstitut festzulegen, reduziert.

V. Entscheidungsvorschlag

1. Die Eheleute H haben einen gemeinsamen Vorschlag zur Regelung der elterlichen Sorge unterbreitet und an ihm trotz einiger Schwankungen von Frau H festgehalten.

Nach allen vorliegenden Erkenntnissen scheint es nicht erforderlich, zum Wohle des Kindes Monika von diesem Vorschlage abzuweichen (§ 1671 III 1 BGB).

Ich schlage daher vor, dem Adoptivvater gem. § 1671 I, IV 1 BGB die elterliche Sorge über die Minderjährige Monika zu übertragen.

2. Wie erörtert, hat Monika ausgeprägte, wenn auch emotional gestörte Beziehungen zu ihrer Mutter. Diese sollte daher das ihr gem. § 1634 I 1 BGB zustehende Umgangsrecht behalten. Allerdings sollte das Gericht den Umfang der Befugnis gem. § 1634 II 1 BGB regeln. Die Mutter, die sehr sprunghaft ist, hat seit dem Getrenntleben der Ehepartner verschiedentlich durch ihr Verhalten gezeigt, daß sie es in ihrer unberechenbaren Art fertigbringt, Monika völlig zu verunsichern. Dem soll eine Umgangsregelung vorbeugen.

Ich schlage deshalb vor, folgende Bestimmung zu treffen:
– Frau H darf Monika einmal im Monat, und zwar an dem Wochenende, am dem sie samstags keine Schule hat, von Freitagnachmittag bis Sonntagabend zu sich nehmen.
– Die Oster- und Weihnachtsfeiertage verbringt Monika beim Adoptivvater, die Pfingstage sowie Sylvester und Neujahr verbringt sie bei ihrer Mutter.

Auf ausdrücklichen Wunsch des Kindes sind diese Feiertagsblöcke austauschbar.

Sollten sich Unzuträglichkeiten aufgrund des Verhaltens von Frau H oder aufgrund der Tatsache ergeben, daß Frau H wieder heiratet, müßte die Umgangsregelung neu überdacht werden.

7.2.4 Anmerkungen zum Beispielgutachten (7.2.3)

1. Diese Aussagen, die in der Stellungnahme des JA fehlen, tragen wesentlich dazu bei, über die Mutter Bedeutsames zu vermitteln.

2. Auch diese Informationen sagen Wesentliches über die Persönlichkeit des Vaters aus.

3. Wichtig, weil der Druck der Familie des Mannes angeblich mit ein Scheidungsgrund war.

4. Diese Aussagen gehören von ihrem Charakter her in den Befund. Da sie aber von einer anderen Stelle als der jetzt begutachtenden herrühren und die Quelle angegeben wird, können sie in der Vorgeschichte aufgeführt werden.

5. Diese Ergebnisse haben zwar mit der jetzigen Scheidung nichts zu tun, geben aber Auskunft über die Unstetigkeit der Mutter.

6. Siehe Anm. 4!

7. Wenn der psychosoziale Befund an manchen Stellen der Vorgeschichte ähnelt, so ist das dadurch begründet, daß wir die für die Vorgeschichte wichtigen Einzelinformationen nur der Originalakte entnehmen konnten. Diese bestand aber leider weitgehend aus bereits verallgemeinernden (= befundähnlichen) Feststellungen. Dieser Umstand verweist wieder auf die Notwendigkeit konkreter Notizen über Verhaltensbeobachtungen und Gesprächsinhalte.

7.3 Das Gutachten von Sozialarbeitsstudenten im Vergleich mit einem Beispielgutachten (§§ 1741 ff. BGB)

7.3.1 Die gutachliche Stellungnahme von Sozialarbeitsstudenten (§§ 1741 ff. BGB)

An das	Jugendamt
Amtsgericht Blitzdorf	– Allgemeiner Sozialer Dienst –
– Vormundschaftsgericht –	Regenstraße 13
Donnerstraße 1	100 Blitzdorf 1
100 Blitzdorf 3	
	1. Februar 1980

Betr.: Annahme eines Minderjährigen als Kind gem. §§ 1741 ff. BGB
Inhaber des elterlichen Sorgerechts: Frau Monika Kreuz, Pflaumenweg 1, 100 Blitzdorf 2[2].
Pflegeeltern: Hannes und Christa Illner, Quittenweg 3, 100 Blitzdorf 4.
Kind: Heike Kreuz, geb. 2. 11. 77

Bezug: Dort Schreiben v. 10. 1. 80 – hier eingegangen am 14. 1. 80
Az.: 30 XVI 75/78

Hiermit nehme ich Stellung gem. § 48 a I Nr. 10 JWG[3] und beantrage[4], dem Ehepaar Illner die Annahme der Heike Kreuz als Kind zu gestatten.

Ich begründe diesen Antrag mit Erkenntnissen aus folgenden Vorgängen[5]:

1. Innerbehördlicher Schriftwechsel

1.1. 23.04.78 Bitte um Gewährung eines erhöhten Pflegegeldes[6]
1.2. 23.04.78 Bitte um Überwachung der Pflegestelle Illner
1.3. Datum unbekannt; Bitte um Gewährung eines erhöhten Pflegegeldes
1.4. 27.06.78 Bitte um Prüfung der Berechtigung für die Zahlung eines erhöhten Pflegegeldes
1.5. 23.06.79 Bitte um Stellungnahme zur Aufnahme eines weiteren Pflegekindes
1.6. 22.01.80 Bitte um Überwachung der Pflegestelle

2. Kontakte mit der Kindesmutter Frau Monika Kreuz

2.1. 10.07.77 Angaben und Bericht des JA Blitzdorf über die Kindesmutter
2.2. 15.08.77 Lebenslauf der Maria Kreuz
2.3. 21.12.77 Brief der Kindesmutter an das JA Blitzdorf
2.4. 22.02.78 Besuch der Frau Kreuz im JA Blitzdorf
2.5. 28.02.78 Telefongespräch mit Frau Kreuz
2.6. 16.03.78 Brief der Frau Kreuz an das JA Blitzdorf
2.7. 03.04.78 Brief der Frau Kreuz an das JA Blitzdorf

3. Kontakte mit dem Ehepaar Illner

3.1.   13. 06. 77 Anmeldung für die Aufnahme eines Pflegekindes mit dem Ziel der Adoption
3.2.   19. 06. 77 Lebensläufe der beiden Ehepartner
3.3.   13. 06. 77 Antrag auf Erteilung der Pflegeerlaubnis
3.4.   23. 07. 77 Hausbesuch
3.5.   03. 09. 77 Hausbesuch
3.6.   11. 09. 77 Befürwortung der Adoption
3.7.   23. 04. 78 Pflegeerlaubnis für die Heike Kreuz
3.8.   06. 05. 78 Kontakt mit der Familie
3.9.   04. 07. 78 Hausbesuch
3.10. 31. 01. 79 Hausbesuch
3.11. 30. 05. 79 Kontakt
3.12. 07. 10. 79 Hausbesuch
3.13. 09. 01. 80 Anfrage des JA Blitzdorf
3.14. 22. 01. 80 Pflegeerlaubnis für Mario Schwan

4. Kontakte mit drei sonstigen Adoptionswilligen, 3. 1. 78 – 19. 3. 78

5. Briefwechsel mit der Adoptionsvermittlungszentrale der Ev. Kirche

5.1.   05. 09. 77 Brief des JA Blitzdorf
5.2.   01. 10. 77 Brief der Adoptiveltern von Werner Kreuz
5.3.   25. 10. 77 Brief an das JA Blitzdorf
5.4.   08. 11. 77 Brief an das JA Blitzdorf

6. Briefwechsel mit der Psychiatrischen Klinik

6.1.   08. 08. 77 Anfrage an die Klinik
6.2.   13. 08. 77 Antwort der Klinik
6.3.   05. 09. 77 Anfrage an die Klinik
6.4.   15. 10. 77 Antwort der Klinik

7. Kontakte mit der Kinderklinik

8.1.   01. 02. 78 Telefongespräch mit der Klinik
8.2.   05. 03. 78 Telefongespräch mit der Klinik
8.3.   14. 03. 78 Brief des JA Blitzdorf an die Klinik
8.4.   19. 04. 78 Ausgabeberechtigung für die Heike Kreuz
8.5.   27. 05. 78 Bitte des JA Blitzdorf um ein Gutachten

8. Bescheinigungen

9.1.   04. 05. 77 Ärztliche Bescheinigung (Operation der Frau Illner)
9.2.   27. 05. 78 Ärztliche Bescheinigung zur Vorlage beim JA
9.3.   19. 11. 78 Bescheinigung des JA über die Dauerpflege

I. Vorgeschichte und derzeitige Situation[7]

Am 20. 6. 70 schlossen Hannes Illner, geb. 27. 12. 34[8] und Christa, geb. Meixner, gesch. Schick, geb. am 16. 4. 41[8] miteinander die Ehe[9]. Frau Illner ist von Beruf Papierarbeiterin, Herr Illner geht der Tätigkeit als Kraftfahrer nach.

Frau Illners erste Ehe wurde aus alleinigem Verschulden des Ehemannes geschieden. Die jetzige Ehe ist kinderlos. Nach einer im März 1976 erfolgten Operation ist Frau Illner nicht mehr in der Lage, schwanger zu werden.

Am 13. 6. 77 beantragte das Ehepaar die Aufnahme eines Pflegekindes mit dem Ziel der Adoption.

Die Verhältnisse des Ehepaares wurden vom JA Blitzdorf geprüft. Sie werden als zufriedene strebsame Menschen geschildert, die einen guten Leumund haben und sich sehnlichst ein Kind wünschen. Am 11. 9. 77 wurde eine Adoption befürwortet, zu diesem Zeitpunkt kann[10] dem Ehepaar jedoch kein Kind vermittelt werden.

Am 10. 7. 77 wird[10] beim Blitzdorfer JA Frau Maria Kreuz, geb. am 6. 2. 45, vorstellig[11]. Sie ist von Beruf medizinisch-technische Assistentin[12], zur Zeit jedoch krank geschrieben, da sie unter einer schizophrenen Psychose[13] leidet. Sie erwartet[10] zum Ende November/Anfang Dezember ein Kind, das sie zur Adoption freigeben möchte, da sie aufgrund ihrer Krankheit nicht in der Lage ist, es zu versorgen. Ihren 1971 geborenen Sohn[14] hat sie ebenfalls bei Adoptiveltern untergebracht.

Das JA Blitzdorf fragt[10] bei der Psychiatrischen Klinik, in der Frau Kreuz in Behandlung ist, nach ihrem Krankheitsverlauf und etwaiger Schädigung des ungeborenen Kindes durch medikamentöse Behandlung.

Die Klinik berichtet[10], daß sich die Krankheit immer zeitweilig bemerkbar macht[16], dazwischen lägen Zeitabschnitte, in denen Frau Kreuz beschwerdefrei sei und keiner stationären Behandlung bedürfe. Über das zu erwartende Kind sähe[16] sich die Klinik außerstande, bindende Aussagen zu machen[17].

Am 5. 9. 77 wendet[10] sich das Blitzdorfer JA an die Adoptionsvermittlungszentrale der Ev. Kirche mit der Bitte, bei der Ermittlung von Adoptiveltern behilflich zu sein, die bereit wären, nach der Adoption Kontakt mit Frau Kreuz zu halten und ihren gelegentlichen Besuchen zuzustimmen[18].

Im November 1977 sprachen im Blitzdorfer JA die Eheleute Jedermann aus Heckendorf vor. Sie haben[10] aufgrund eigener Initiative Verbindung mit Frau Kreuz aufgenommen und möchten ihr Kind gleich nach der Geburt zu sich nehmen[19].

Am 2. 11. 77 kam Heike Kreuz zur Welt.
Sie blieb vorerst in der Kinderklinik, wo sie wegen einer Nasenmißbildung operiert wurde.

Unsere fernmündliche Anfrage[20] am 1. 2. 78 in der Kinderklinik ergibt[10] folgende Erkenntnisse:

Heike sei auf dem linken Auge blind, eine Behinderung, die sich auch nicht durch eine Operation beheben ließe[21]. Das Auge sei wesentlich kleiner, was sich auf das Äußere des Kindes negativ auswirken werde. Außerdem läge[21] die Vermutung nahe, daß auch ein Hirnschaden vorhanden sei.

Am 13. 2. 78 teilten die Eheleute Jedermann mit, daß sie angesichts Heikes Behinderung an einer Aufnahme des Kindes nicht mehr interessiert seien[22].

Im Laufe des März 1978 interessieren[23] sich die Ehepaare Pauls und Meier für Heikes Adoption, nehmen[23] jedoch schnell davon Abstand[22]. Am 3. 4. 1978 teilte uns Frau Kreuz mit, sie habe Familie Illner kennengelernt. Sie wären[21] mit Heike sehr liebevoll umgegangen, und diese hätte[21] sofort Vertrauen zu ihnen gefaßt. Sie als Mutter sei mit ihnen als Pflege- und später Adoptiveltern einverstanden.

Am 20. 4. 78 nimmt[23] das Ehepaar Illner Heike in Pflege mit dem Ziel der Adoption. Die Pflegeerlaubnis wird[23] am 24. 4. 78 ausgesprochen.

Inzwischen steht[23] fest, daß Heike neben den genannten Behinderungen auch noch Spastikerin ist.

Am 4. 7. 78 wurde von uns eine Prüfung der Pflegestelle vorgenommen. Diese Prüfung wie auch die nächstfolgenden am 31. 1. 79 und 7. 10. 79 verlaufen[23] mit sehr positivem Ergebnis. Heike gedeiht dort sehr gut, hat zu den Pflegeeltern ein sehr gutes Verhältnis, und diese bemühen sich sehr um die Förderung des Kindes[24]. Am 23. 5. 79 beantragen[23] die Eheleute Illner ein zweites Kind, das sie in Tagespflege nehmen wollen.

Auf unsere Veranlassung ziehen[23] sie im September 79 in eine größere Wohnung um.

Am 22. 1. 80 wurde dem Ehepaar die Pflegeerlaubnis für Mario Schwan, geb. am 12. 10. 78, erteilt.

II. Psychosozialer Befund

Heike ist ein mehrfachbehindertes Kind von 2; 3 Jahren. Sie ist auf einem Auge blind und Spastikerin. Eventuell liegt noch eine weitere[25] Behinderung aufgrund einer Hirnschädigung vor.

Körperlich scheint sie sich gut zu entwickeln. Auf diesem Gebiet macht sich ein Entwicklungsrückstand nicht bemerkbar[26].

Zur Zeit beträgt der geistige Entwicklungsrückstand[27] nach Ansicht der Kinderärztin[28] mindestens 1/2 Jahr. Sie macht den Eindruck eines Spätentwicklers, der sich aber ständig weiter entwickelt[29].

Über Heikes Entwicklung im sozialen Bereich läßt sich aufgrund ihres Alters noch nicht viel sagen. Aus den Pflegeberichten[28] geht hervor, daß sie eine sehr herzliche Beziehung zu ihren Pflegeeltern hat und den Eindruck eines zufriedenen und frohen Kindes macht.

Über ihr Verhalten im Umgang mit anderen Personen läßt sich wenig sagen, da sie bisher nur Kontakt mit Pflegeeltern und der leiblichen Mutter hatte[30].

Ihr Spielverhalten wird als altersgemäß geschildert[28].

Frau Illner ist 38 Jahre alt. Sie hat nach ihrer Flucht aus der DDR sehr schnell Fuß gefaßt und war nach einer 2jährigen Haushaltstätigkeit bis zur Übernahme des Pflegekindes als Papierarbeiterin tätig[31].

Herr Illner ist 45 Jahre alt. Auch er hat sich nach seiner Flucht in den Westen schnell eingelebt. Nach einer kurzen Tätigkeit als Bau- und Hilfsarbeiter ist er seit 18 Jahren bei der Firma S. als Kraftfahrer beschäftigt.

In verschiedenen Quellen[28] werden die Eheleute Illner übereinstimmend als ordentliche, strebsame und zufriedene Menschen geschildert. Sie leben in geordneten familiären und wirtschaftlichen Verhältnissen.

Ursprünglich wollten die Eheleute Illner nur ein körperlich und geistig normal entwickeltes Kind adoptieren. Trotz dieses Wunsches haben sie sich entschlossen, das mehrfach behinderte Kind Heike in Pflege zu nehmen, obwohl ihnen bewußt war[32], daß sie mit einem erheblichen Mehraufwand an Kosten und besonders an Zeit und Zuwendung für das Kind rechnen mußten.

In diesem Zusammenhang soll erwähnt werden, daß Frau Illner seit dem Zeitpunkt der Inpflegenahme von Heike ihre Berufstätigkeit aufgegeben hat[28].

In den 2 Jahren, die Heike bei den Pflegeeltern lebt, hat sich ein herzliches Verhältnis zwischen beiden Teilen entwickelt.

Die Pflegeeltern erziehen das Kind liebevoll und tun alles[33], um seine Entwicklung zu fördern, auch wenn dieses eine starke Belastung besonders für Frau Illner bedeutet, da mit dem Kind täglich gymnastische Übungen gemacht werden müssen und häufige Besuche beim Arzt und der Krankengymnastin nötig sind.

Herr und Frau Illner bemühen sich, möglichst objektiv Heikes Entwicklungsstand mit dem anderer Kinder zu vergleichen.

Auch mit der Aufrechterhaltung des Kontaktes zwischen dem Kind und seiner leiblichen Mutter sind die Pflegeeltern einverstanden. Diese Beziehung hat bisher keine negativen Auswirkungen auf die Entstehung eines Eltern-Kind-Verhältnisses gehabt.

Die leibliche Mutter, Maria Kreuz, ist an der Entwicklung des Kindes sehr interessiert und möchte auch im Falle einer Adoption den Kontakt zum Kind, das sie nicht selber versorgen kann, aufrechterhalten[34].

Sie möchte sich nicht in die Erziehung einmischen, sondern sich aus der Ferne „wie eine Patin" um das Kind kümmern. Frau Kreuz hat schon einen Sohn zur Adoption freigegeben, der jetzt 8 Jahre alt ist. Auch zu diesem Kind wollte Frau Kreuz den Kontakt nicht abreißen lassen, was normalerweise ziemlich problematisch ist[32]. Nach Aussagen der Adoptiveltern[28] dieses Jungen gibt es keine Schwierigkeiten, da sich Frau Kreuz an die Vereinbarungen hält[35].

III. Diagnose

1. Die **Pflegeeltern Illner** haben durch den Wunsch, Heike anzunehmen, sehr viel Mut und Risikobereitschaft[36] gezeigt. Gerade die Entscheidung für dieses Kind dürfte ihnen nicht leicht gefallen sein, da sie ursprünglich nur ein gesundes Kind adoptieren wollten. Durch ihr bisheriges Verhalten dem behinderten und äußerlich wenig ansprechenden Kind gegenüber wurde deutlich, daß es ihnen bei einer Adoption nicht darum geht, mit Hilfe des Kindes eigene Vorstellungen und Ziele zu verwirklichen, sondern in erster Linie darum, das Kind ein harmonisches Familienleben erfahren zu lassen, es in seiner persönlichen Eigenart zu akzeptieren und seinen Möglichkeiten entsprechend zu fördern. Trotz ihrer einfachen Schulbildung und fehlender pädagogischer Erfahrung zeigten Herr und Frau Illner bei Heikes Erziehung sehr viel Verständnis und Einfühlungsvermögen[37].

Jeder der Ehepartner hat mehrfach in seinem Leben bewiesen, daß er nicht der Typ ist, der schwierigen Situationen lieber ausweicht, sondern eher versucht, sie durch persönliches Engagement zu überwinden[36]. Beide Partner waren auch mit der Pflege und Erziehung von Heike nicht überfordert. Sowohl Heikes bisherige positive Entwicklung, als auch der Wunsch, ein zweites Kind in Pflege zu nehmen, stellen den Beweis dafür dar.

Durch die Aufnahme eines zweiten Pflegekindes kann einer zu starken Fixierung der Eltern auf das Kind vorgebeugt werden, was besonders leicht in einer Beziehung der Eltern zu einem behinderten Kind geschieht[37].

Herr und Frau Illner besitzen auch das nötige Selbstbewußtsein, um einer offenen Adoption gewachsen zu sein. Sie sind in der Lage, eigene Wünsche bei der Gestaltung der Rolle der leiblichen Mutter in dieser Beziehung durchzusetzen und dieses Verhältnis für alle Beteiligten befriedigend zu regeln[37].

2. Trotz schwieriger Voraussetzungen konnte **Heike** das nötige Vertrauen zu sich und ihrer Umwelt entwickeln[38]. Das Defizit an Zuwendung, das durch den langen Krankenhausaufenthalt zu Beginn ihres Lebens und das dadurch bedingte Fehlen einer konstanten Bezugsperson entstanden war, konnte durch sehr intensive und liebevolle Zuwendung von seiten der Pflegeeltern ausgeglichen werden[39].

3. Bei der **leiblichen Mutter**, Frau Maria Kreuz, handelt es sich um eine trotz psychischer Erkrankung verantwortungsbewußte und zuverlässige Frau[38]. Sie ist sich der Bedeutung einer Familie für die gesunde Entwicklung eines Kindes bewußt und sorgt dafür, daß sowohl ihr Sohn als auch Heike in einer geeigneten Familie aufwachsen können, die sie ihnen nicht bieten kann.

Zugunsten der Kinder verzichtet sie auf ihre Rechte und Ansprüche als Mutter und versucht nicht, die Kinder zu behalten, was für diese zwangsläufig „Heim" bedeuten würde. Weil Frau Kreuz aber doch eine endgültige Trennung von den Kindern fürchtet, hat sie sich für den Kompromiß einer offenen Adoption entschlossen, welche für ihre eigenen Bedürfnisse noch einen gewissen Raum offenläßt. Dieser Entschluß, die Entwicklung der Kinder aus der Ferne nur zu beobachten, erfordert sehr viel Einsicht, Disziplin und Verantwortungsbewußtsein[40].

IV. Zusammenfassende Beurteilung der psychosozialen Situation

Wie aus der Vorgeschichte, dem psychosozialen Befund und der Diagnose hervorgeht, entstand zwischen Heike und den Pflegeeltern ein gutes Eltern-Kind-Verhältnis. Durch die intensive Pflege und Zuwendung, die Heike von den Pflegeeltern erhielt, entwickelte sie sich wider Erwarten gut. Das Ehepaar Illner ist trotz starker Belastung bemüht, alle ärztlichen Ratschläge zu befolgen, um alle Chancen, die Heike bei einer frühen Förderung hat, auszunutzen[41].

Inwieweit bei Heike eine geistige Behinderung vorliegt oder möglicherweise später eine Psychose auftreten könnte, ist noch nicht absehbar[42].

Herr und Frau Illner sind trotz der Kenntnis dieser Tatsache entschlossen, Heike zu adoptieren. Aufgrund ihrer gefestigten Persönlichkeit scheinen sie sehr belastbar und Heikes Erziehung gewachsen zu sein[43].

Auch eine offene Adoption ist in diesem Falle vertretbar, da sich die leibliche Mutter, Frau Kreuz, nicht in die Erziehung des Kindes einmischt und sich unter Wahrscheinlichkeit an die Abmachungen in bezug auf die Besuchsregelung hält.

Bei dem Ehepaar Illner lebt Heike in bescheidenen, aber gut geordneten materiellen Verhältnissen[41,44].

V. Entscheidungsvorschlag

Unter den gegebenen Umständen schlage ich vor, der Adoption des Kindes Heike zuzustimmen.

Der Wunsch der Mutter, den Kontakt zu dem Kind aufrechtzuerhalten, wird von den Adoptiveltern akzeptiert. Die Regelung kann auch weiter in der bisherigen Form gehandhabt werden, da sich bisher keine Beeinträchtigung für die Beziehung Heikes zu den Adoptiveltern ergeben hat.

Doch sollte sich der Kontakt zu Familienangehörigen nur auf die Mutter, Frau Kreuz, beschränken und nicht noch die Großeltern oder andere verwandte Personen einbeziehen[45].

7.3.2 Anmerkungen zu dem Entwurf einer gutachtlichen Stellungnahme von Sozialarbeitsstudenten (7.3.1)

1. Im Normalfall – und der vorliegende ist ein solcher – wird bei der Adoptionsvermittlung die Adoptionsvermittlungsstelle (AdVermiSt) und nicht der ASD gutachtlich tätig (vgl. § 56 d FGG). Nur wenn die Vermittlung nicht von einer Vermittlungsstelle durchgeführt wurde (z. B. Verwandtenadoption, Stiefkindadoption), muß das JA – und hier dann in der Regel der ASD – angehört werden (vgl. § 48 a Nr. 10 JWG).

2. Wenn es sich um ein nichteheliches Kind handelt, ist es erforderlich, den Pfleger anzugeben. Für die Einwilligung des gesetzlichen Vertreters (§ 1746 BGB) ist er nämlich zuständig (§ 1706 Nr. 1 BGB). – Falls die leiblichen Eltern schon eingewilligt haben, ist nunmehr das JA gem. § 1751 BGB Adoptionsvormund. Wenn gleichzeitig mit dem Annahmeantrag die Ersetzung der Einwilligung beantragt wird, empfiehlt es sich, zur Wahrung des Adoptionsgeheimnisses die Angaben über die Annehmenden zu verfremden.

3. § 56 d FGG; siehe oben Anm. 1

4. Nicht das JA, sondern die Annehmenden „beantragen"; das JA kann nur befürworten.

5. Aus Gründen der Übung haben wir in unserem Gutachtenseminar alle Erkenntnisquellen auflisten lassen, damit kein Gesichtspunkt übersehen wird. In der Praxis empfiehlt sich die Kurzfassung wie im Beispielgutachten.

6. Aus den aufgeführten Vorgängen wird deutlich, daß die Studenten den Begriff „Erkenntnisquelle" nicht verstanden haben. Erkenntnisquellen sind Situationen, die ich persönlich (= unmittelbare) oder andere für mich (= mittelbar) wahrgenommen habe(n). Eine Mitteilung der AdVermiSt selber an andere Stellen ist keine Erkenntnisquelle, auch wenn sie eine neue Information enthält. Quelle ist der Vorgang, durch den die AdVermiSt diese Informationen erhalten hat (Hausbesuch, Telefongespräch, Mitteilung der Lehrerin etc.).

7. Die Anlage der Studenten, Vorgeschichte und derzeitige Situation in einem Abschnitt zu behandeln und die Personalien nicht herauszuziehen, ist nicht zu beanstanden. Wir haben der Übersichtlichkeit halber diese drei Abschnitte getrennt, insbesondere weil nach Inpflegegabe die Vorgeschichte von Kind und Pflegeeltern ineinander übergeht.

8. Es empfiehlt sich, das Alter der Betroffenen in Klammern dahinterzusetzen, damit der Leser nicht zu rechnen genötigt ist.

9. Hier ist vieles von der Vorgeschichte der Beteiligten unter den Tisch gefallen, was zur Abrundung eines Bildes von ihnen nützlich wäre (Schule, Ausbildung, Flucht, Tätigkeiten . . .).

10. Hier und im folgenden wechseln die Schreiber die Zeit. Im Prinzip ist es gleichgültig, ob alles im Präsens oder im Imperfekt berichtet wird; allerdings sollte es einheitlich sein.

11. Nicht der Verlauf, das Vorstelligwerden, ist bedeutsam, sondern der geäußerte Wunsch, ein Kind wegzugeben.

12. Auch hier ist die Vorgeschichte zu sehr verkürzt (Schule, Erststudium, Studiumsabbruch . . .).

13. Hier fehlen die Angaben (zumindest) über die gesundheitliche Situation der Familie. Wie sich aus der Diagnose ergibt, könnten allerdings auch Stellung und Einstellung der Familie Bedeutung haben.

14. Da zwischen Schwangerwerden und Erkranken bei beiden Kindern ein deutlicher Zusammenhang besteht, hätten die genauen Daten von erster stationärer Behandlung und 1. Geburt angegeben werden müssen.

15. Die Klinik hat auch über die erste Erkrankung berichtet. Es hätte sich empfohlen, schlicht chronologisch über Frau Kreuz zu berichten.

16. Falsche Modusformen! Richtig ist: mache, sehe

17. Immerhin lautete die Aussage dahingehend, daß zu 84% mit keiner Schädigung zu rechnen sei.

18. Dieser Abschnitt kann wegfallen. Er sagt nichts über die Beteiligten aus, lediglich über die Aktivitäten des JA, die den Richter in diesem Zusammenhang nicht interessieren. Wichtig dagegen wären die über die Ev. Adoptionszentrale erhaltenen Aussagen der Adoptiveltern des 1. Kindes und ihre Erfahrungen mit einer offenen Adoption gewesen.

19. Auch diese Information ist überflüssig.

20. **Wie** die Information gewonnen wurde, ist gleichgültig.

21. Falscher Modus! Richtig ist: lasse, liege, seien, habe

22. Siehe Anm. 14! Das hätte man in einem Satz zusammenfassen können.

23. Zeitwechsel!

24. Diese Aussagen sind zu mager. Vor allem sagen sie zu wenig über die Entwicklung des Kindes während der drei Prüfungen und über ihren Entwicklungsstand überhaupt. Auch über das Verhalten der Pflegeeltern erfährt man so nichts.

---

25. Ungenaue Aussage ohne echten Informationswert hinsichtlich eventueller Beeinträchtigung des Kindes.

26. Die Mißbildung von Auge und Nase blieben unberücksichtigt.

27. Rückstand in der geistigen Entwicklung

28. Kein Befund, sondern **in dieser Form**, d. h. mit Quellenangabe, Vorgeschichte. Es bleibt offen, ob es jetzt noch stimmt.

29. Die beabsichtigte Aussage hinsichtlich Entwicklungsmöglichkeiten des Kindes kommt nur undeutlich zum Ausdruck.

30. Aussage ohne Informationswert. Entwicklungsalter bleib außerdem in dieser Überlegung unberücksichtigt.

31. Aus dem Befund geht nicht hervor, daß Frau I. infolge Totaloperation keine Kinder bekommen kann.

32. Aussage ohne Informationswert.

33. Pauschale, eher wertende Aussage. Es wäre hier zu nennen, was sie in der Regel konkret für das Kind tun.

34. Die Krankheit der Kindesmutter, ihre Persönlichkeit, insbesondere ihr bereits bekanntes Verhalten zu Adoptiveltern bleiben hier unberücksichtigt.

Im allgemeinen braucht bei einer gutachtlichen Stellungnahme zur Kindesannahme auf die leiblichen Eltern nicht näher eingegangen zu werden. Das ist jedoch anders, wenn
- es sich um eine Adoption mit Einwilligungsersetzung gem. § 1748 BGB oder
- um eine offene Adoption handelt oder
- gesundheitliche Schäden auf seiten der Abgebenden (Geisteskrankheit, Geistesschwäche, Drogensucht, Alkoholismus oder sonstige Erbkrankheiten) bekannt sind, die sich auf das Kind auswirken können, oder
- das Kind Erkrankungen oder Behinderungen aufweist, die möglicherweise ererbt oder durch Einwirkungen (Drogen, Alkohol) in der pränatalen Phase verursacht sein können.

35. Hinweise auf Kindesvater fehlen.

36. Bewertung statt Diagnose. Die Aussagen der Studenten könnten allenfalls für prognostische Überlegungen verwendet werden, nämlich dann, wenn sie zu den derzeitigen Behinderungen des Kindes und seinen Entwicklungschancen in Beziehung gesetzt werden.

37. Teil einer zusammenfassenden Beurteilung.

38. Befund statt Diagnose.

39. Diagnostische bzw. prognostische Aussagen über die Behinderung des Kindes, soweit bekannt, fehlen.

40. In dieser Form keine diagnostische oder prognostische Aussage im Hinblick auf das Kind. Eine prognostische Aussage wäre z. B.: Aufgrund der offenen Adoption ist eine die Entwicklung des Kindes irritierende Einflußnahme der Mutter nicht auszuschließen.

41. Befund statt Beurteilung.

42. Diagnose statt Beurteilung.

43. Wenig konkrete Beurteilung der psychosozialen Situation.

44. Zu der zusammenfassenden Beurteilung wäre die besondere Erziehungsfähigkeit der Adoptiveltern sowie deren Auseinandersetzung mit ihren Wunschvorstellungen angesichts der Behinderungen des Kindes zu erörtern.

45. In den Entscheidungsvorschlag gehört nur das, was der Richter aufgrund seiner Kompetenz entscheiden kann. Ist eine Adoption ausgesprochen, haben die Annehmenden das Sorgerecht wie natürliche Eltern und können der Frau K. aufgrund dieses Rechts den Umgang mit dem Kind untersagen und dies sogar ggf. gerichtlich durchsetzen (§ 1632 II BGB). Der Vormundschaftsrichter kann die offene Adoption daher nur insoweit in seine Entscheidung einbeziehen, als er mögliche Komplikationen auf diesem Gebiet als Ablehnungsgrund für eine Kindesannahme ansieht. Entsprechendes gilt für den Vorschlag des SozArb; Ausführungen dazu gehören jedoch in die zusammenfassende Beurteilung. Im Entscheidungsvorschlag kann es allenfalls heißen: Obwohl die angestrebte Kindesannahme eine offene Adoption ist, schlage ich vor, dem Antrag der Adoptivbewerber stattzugeben.

7.3.3 Beispielgutachten (§§ 1741 ff. BGB)

Das folgende Beispielgutachten stützt sich ebenso wie das der Studenten (7.3.2) ausschließlich auf die Originalakte eines JA.

Der Vergleich des Beispielgutachtens mit dem der Studenten soll zeigen,
1. daß bei einiger Übung und Sorgfalt auch aus einer weniger informativ geführten Akte zahlreiche Einzelerkenntnisse für eine Stellungnahme zu holen sind;

2. daß manche Vorgänge in der Praxis so dürftig dokumentiert sind, daß allein schon deshalb – trotz Übung und Sorgfalt im Aktenstudium – die gutachtliche Stellungnahme z. T. unzulänglich ausfallen muß.

Uns war zu §§ 1741 ff. BGB keine Akte verfügbar, die eine differenziertere Ausgangsbasis für ein Beispielgutachten abgegeben hätte. Insofern ist das folgende Beispielgutachten wohl seinem formalen Aufbau nach als „Musterentwurf" zu verstehen; für seine inhaltliche Ausgestaltung gilt das nur begrenzt.

An das	Jugendamt Blitzdorf
Amtsgericht Blitzdorf	– Adoptionsvermittlungsstelle –
– Vormundschaftsgericht –	Regenstraße 13
Donnerstr. 1	100 Blitzdorf 1
100 Blitzdorf 3	1. Februar 1980

Betr.: Annahme eines Minderjährigen als Kind gem. §§ 1741 ff. BGB
Inhaber des elterlichen Sorgerechts: Frau Monika Kreuz, Pflaumenweg 1, 100 Blitzdorf 2
Pfleger: Jugendamt Blitzdorf
Pflegeeltern: Hannes und Christa Illner, Quittenweg 3, 100 Blitzdorf 4
Kind: Heike Kreuz, geb. 2. 11. 77

Bezug: Dort. Schreiben v. 10. 1. 80 – hier eingegangen am 14. 1. 80 –
Az.: 30 XVI 75/78

Hiermit nehme ich Stellung gem. § 56 d FGG und schlage vor, dem Antrag der Eheleute Illner auf Annahme der Heike Kreuz stattzugeben.

Ich begründe dies mit Erkenntnissen aus folgenden Vorgängen:
1. Innerbehördlicher Schriftwechsel
2. Kontakte mit der Kindesmutter
3. Kontakte mit dem Ehepaar Illner
4. Briefwechsel mit der Adoptionszentrale der Ev. Kirche
5. Briefwechsel mit der psychiatrischen Klinik in Schönbronn
6. Kontakte mit der Kinderklinik in Blitzdorf
7. Bescheinigungen sonstiger Stellen

Personalien:

1. Leibliche Mutter von Heike Kreuz:
Monika Kreuz, geb. 6. 2. 45 in Königsdorf, deutsch, ev., ledig, Med. techn. Ass., z. Zt. krankgeschrieben, Pflaumenweg 1, 100 Blitzdorf 2

2. Leiblicher Vater von Heike Kreuz:
unbekannt[1]

3. Kind Heike Kreuz:
Heike Kreuz, geb. 2. 11. 77 in Blitzdorf, deutsch, nicht getauft, nichtehelich, wohnhaft bei den Pflegeeltern Hannes und Christa Illner (s. u. 4. und 5.), Pfleger: Jugendamt Blitzdorf

4. Adoptivvater (Pflegevater):
Hannes Illner, geb. am 27. 12. 1934 in Holzberge, deutsch, rk., Kraftfahrer, verheiratet mit der Adoptivmutter seit dem 20. 6. 1971, keine eigenen Kinder, 1 Pflegekind (Junge), wohnhaft Quittenweg 3, 100 Blitzdorf 2

5. Adoptivmutter (Pflegemutter):
Christa Illner geb. Meixner, geb. am 16. 4. 1941 in Waldau, deutsch, ev., ohne erlernten Beruf, tätig lange als Papierarbeiterin, jetzt Hausfrau, im übrigen wie oben.

I. Vorgeschichte und derzeitige Situation

1. Leibliche Mutter

Monika K. (heute 34 J.) wurde als 3. von sechs Kindern der Eheleute K. (Studienrat/Hausfrau) geboren. Ihr Vater leidet an einer erworbenen Epilepsie; im übrigen sind in der Familie keine außergewöhnlichen Krankheiten aufgetreten. Die Geschwister sind alle Akademiker, Studenten oder Gymnasiasten. Ihre Schulzeit absolvierte sie ohne Besonderheiten von 1952 – 1965 (Abitur). Nach einem praktischen Jahr (Haustochter im Ausland, Pflege geistig behinderter Kinder) begann sie 1966, Theologie zu studieren. 1970/71 brach sie ihr Studium aus gesundheitlichen Gründen ab. Laut Auskunft von Prof. Dr. Klug des Psychiatrischen Krankenhauses in Schönbronn erkrankte sie in dieser Zeit an einer schizophrenen Psychose und wurde acht Monate in der Nervenklinik in Altstadt stationär behandelt. Am 1. 8. 1971 brachte sie ihren ersten Sohn Walter zur Welt, der inzwischen von der Familie Schmied in Bergdorf in offener Adoption als Kind angenommen worden ist. Monika K. hat regelmäßige und gute Kontakte zu den Adoptiveltern und ihrem Kind, das weiß, daß sie seine leibliche Mutter ist.

Nach Mitteilung des genannten Psychiaters machte sie im Januar 1972 einen Suizidversuch und wurde anschließend 2 Monate im LKH in Sommerberg behandelt. Nach einer Überbrückungsphase mit Halbtagsarbeit 1971/72 absolvierte sie 1972 – 75 eine Ausbildung als M. T. A. und war danach in diesem Beruf tätig. 1976 wurde sie zum zweitenmal schwanger und erkrankte erneut. Vom 5. 2. 76 – 17. 5. 76 wurde sie im Psychiatrischen Krankenhaus Schönbronn behandelt. Die Medikamente, die sie erhielt, bezeichnete der behandelnde Arzt als zu 84% unschädlich für das erwartete Kind. Am 2. 11. 1977 brachte sie das Kind Heike zur Welt. Seit Wissen von der Schwangerschaft hatte sie vorgehabt, auch das zweite Kind wegzugeben, und zwar wiederum auf dem Wege der offenen Adoption. Inzwischen ist Monika K. wieder gesund und voll berufstätig. Sie ist damit einverstanden, daß Heike in der Konfession der Wahleltern, jedoch möglichst evangelisch erzogen wird[2]. Sie hält daran fest, daß es keine Inkognito-Adoption sein soll und daß sie das Kind „wie eine Patin" besuchen möchte. Nach Aussagen der Adoptiveltern ihres ersten Kindes hält sie sich an getroffene Absprachen und hat zu diesen und dem Kind ein freundschaftliches Verhältnis[3].

2. Leiblicher Vater

Ebenso wie über den Vater des ersten Kindes ist über den des zweiten Kindes nichts bekannt.

3. Adoptivkind (Pflegekind)

Am 2. 11. 1977 wurde Heike (heute 2; 3 Jahre) geboren. Sie wog 2400 g und war 48 cm groß[4]. Da sie eine Nasenmißbildung hatte, wurde sie in die Kinderklinik verlegt und operiert. Dort stellte sich auch heraus, daß Heike auf dem linken Auge blind ist. Da die Anlage des Sehnervs völlig fehlt, verspricht eine Operation keinerlei Erfolg. Das blinde Auge ist kleiner als das gesunde. Weitere Beobachtungen und Untersuchungen ergaben, daß Heike außerdem Spastikerin ist und möglicherweise einen Hirnschaden hat. Nachdem drei Adoptiv- bzw. Pflegekindbewerber von einer Aufnahme des Kindes Abstand genommen hatten, wurde Heike am 20. 4. 1978 aus der Kinderklinik entlassen und von den Eheleuten Illner in Dauerpflege genommen. Am 24. 4. 1978 wurde die Pflegeerlaubnis erteilt. Wegen der vielfältigen Behinderungen des Kindes wurde ihnen dieses erhöhte Pflegegeld gewährt.

4. Adoptiveltern (Pflegeeltern)

Die Pflegemutter (heute 38 Jahre) besuchte 1948 – 1956 die Volksschule. Ab 1956 war sie in der DDR als Arbeiterin tätig. 1961 flüchtete sie in die Bundesrepublik. Hier arbeitete sie zunächst im Haushalt, dann in einer Behörde, später in einer Firma[5]. 1971 wurde sie von ihrem ersten Ehemann aus dessen alleiniger Schuld geschieden. Seit 1974 bis 1979 war sie in einer Papierfabrik beschäftigt und verdiente dort ca. 700 DM netto.

Der Pflegevater (heute 45 Jahre) besuchte acht Jahre die Volksschule. 1946 mußte er mit seiner Familie Schlesien verlassen. 1951/52 arbeitete er als Waldarbeiter in der DDR; 1952 flüchtete er nach Westdeutschland, wo er zunächst als Bauarbeiter tätig war[6]. Seit 1957 arbeitet er bei derselben Firma als Kraftfahrer, wo er ca. 1000 DM netto verdient. Sein Arbeitgeber hat ihm ein sehr gutes Zeugnis ausgestellt.

Seit 1971 sind die Eheleute verheiratet. Im Jahre 1977 mußte Frau Illner bei sich eine Totaloperation vornehmen lassen. Kurze Zeit nach dem Eingriff bewarben sich die Eheleute um ein Adoptivkind. Sie wünschten sich primär, aber nicht ausschließlich, ein Mädchen im Alter bis zu 2 Jahren, das körperlich gesund und normal entwickelt sei. Es sollte kein Mischlingskind sein. Sie wollten es katholisch erziehen. Zu der Zeit wohnten die Bewerber in einer modern eingerichteten, sehr gepflegten Zweizimmerwohnung mit Küche und Bad, für die sie mit Heizung 450 DM zahlten. Frau Illner war bereit, für das Kind ihre Arbeit aufzugeben. Die SozArb der Pflegekinderabteilung, die einen Hausbesuch bei Ehepaar Illner machte, beschrieb die Eheleute als sehr ordentliche, zufriedene, strebsame Menschen[7] und befürwortete, ihnen ein Kind anzuvertrauen.

5. Situation seit Inpflegegabe von Heike bei Ehepaar Illner

Im ersten Pflegebericht am 4. 7. 1978 wurde ausgeführt, daß die körperliche Entwicklung von Heike (damals 7 Monate[8]) altersentsprechend und auch in ihrer geistigen Entwicklung bisher nichts besonders anzumerken sei. Heike werde regelmäßig heilgymnastisch betreut, sei ein ruhiges, wenig schreiendes Kind, das gut esse und schlafe. Heike fange an, sich mit sich selbst und Puppen zu beschäftigen. Die Pflegeeltern behandelten sie wie ein eigenes Kind und versorgten sie mit Liebe und Güte. Sie brächten ihr viel Verständnis entgegen und bemühten sich, das Kind in jeder Hinsicht zu fördern[9]. Lediglich durch die häufigen Besuche der leiblichen Mutter fühlten sich die Pflegeeltern gestört.

Im 2. Pflegebericht vom 31. 1. 1979 hieß es, daß Heike (1; 2 J.)[8] sich in einem guten Ernährungs- und Pflegezustand befinde und körperlich und geistig altersgemäß entwickelt sei.

Ab Sommer 1979 bemühten sich die Eheleute Illner um die Aufnahme eines zweiten Pflegekindes. Außerdem zogen sie im September in eine größere Wohnung (3 ZKB) um.

Im 3. Pflegebericht vom 7. 10. 1979 wurde ausgeführt: Heike (1; 10 J.)[8] mache körperlich einen gut entwickelten Eindruck. Im Gehen sei sie einigermaßen sicher. Die Fontanelle, die drei Finger breit gewesen sein soll, sei fast ganz geschlossen. Eine Operation in der Nasenhöhle müsse noch durchgeführt werden.

Nach Aussagen der Kinderärztin betrage der Rückstand in der geistigen Entwicklung mindestens 1/2 Jahr. Heike wirke jedoch nicht wie ein geistig gestörtes, sondern wie ein etwas zurückgebliebenes Kind.

Im übrigen mache Heike einen sauberen, gepflegten und frohen Eindruck.

Die Pflegeeltern hätten ein herzliches Verhältnis zu Heike. Sie beobachteten aufmerksam die Entwicklung des Kindes und bemühten sich festzustellen, inwieweit Heike anders als andere Kinder sei[10]. Frau Illner habe ihre Berufstätigkeit aufgegeben und wolle noch immer ein zweites Pflegekind aufnehmen.

Die leibliche Mutter komme Heike etwa alle 3 Monate besuchen. Einmal wurde sie dabei von ihren Eltern begleitet, die ihr Enkelkind kennenlernen wollten.

Anfang 1979 erhielten die Eheleute Illner einen 1 1/4 Jahre alten Jungen als Pflegekind.

II. Psychosozialer Befund

[Eine fachlich vertretbare Beurteilung der psychosozialen Situation der Betroffenen – die Grundlage des sich daraus ergebenden Entscheidungsvorschlags – setzt einen differenzierten und hinreichend gesicherten psychosozialen Befund und sich darauf beziehende diagnostisch/prognostische Überlegungen voraus.

Im vorliegenden Fall fehlen in der Originalakte viele dafür notwendige Daten. Sie wurden zu Demonstrationszwecken von uns wenigstens in Teilbereichen erfunden und durch eckige Klammern kenntlich gemacht.]

1. Sieht man von den Zeiten akuter psychotischer Erkrankung ab, so erweist sich **Frau Kreuz** als eine vielseitig interessierte, geistig rege und Argumenten zugängliche Frau.

Sie neigt dazu, aus ihren Einsichten Konsequenzen für ihr Handeln abzuleiten und diese auch dann durchzuhalten, wenn sie persönliche Bedürfnisse spürbar zurückstellen muß.

Frau K. sorgt sich um das Wohlergehen ihrer Kinder und bemüht sich, auch nach der Adoption zu ihnen Kontakt zu behalten und auf ihre Erziehung wenigstens begrenzt Einfluß zu nehmen, ohne sich jedoch den Kindern aufzudrängen.

Während der hierbei auftauchenden Schwierigkeiten mit den jeweiligen Adoptiveltern versucht Frau K., ihre Wünsche und Vorstellungen anzumelden und durchzusetzen, zeigt sich jedoch auch imstande, in Auseinandersetzungen mit den Adoptiv- bzw. Pflegeeltern deren Bedürfnisse zu verstehen und zu respektieren.

Frau K. fühlt sich religiös gebunden und möchte Heike grundsätzlich im evangelischen Glauben erzogen wissen, ohne jedoch starr darauf zu bestehen.

Auch Heikes Großeltern mütterlicherseits sind an ihren Enkeln interessiert und suchen Kontakt zu den Adoptiveltern. Sie versuchen jedoch, sich mit ihren Erziehungsvorstellungen zurückzuhalten und sich nicht in die Arbeit der Adoptiveltern einzumischen.

2. Die zweieinhalbjährige **Heike** ist ihrem körperlichen Erscheinungsbild nach altersgemäß entwickelt. Durch ihr linkes Auge, das blind und deutlich kleiner als ihr rechtes ist, wirkt Heike beim ersten Anblick leicht entstellt.

Infolge Operation beeinträchtigt die bei Geburt gegebene Nasenmißbildung des Mädchens sein Aussehen nicht mehr. Eine notwendige Operation der Nasenhöhle steht noch aus.

Im Bereich der Grobmotorik ist Heike nahezu altersgemäß entwickelt, verfügt jedoch noch nicht über die ihrem Alter entsprechende Sicherheit in der Kontrolle des Bewegungsapparates.

Hinsichtlich ihrer geistigen Fähigkeiten hat Heike im Vergleich zu Altersgenossen einen Rückstand von etwa einem halben Jahr.

[Heike zeigt altersgemäße Spielinteressen. Sie ist ein ruhiges Mädchen, das sich selbst beschäftigen kann.]

[Den Pflegeeltern (Adoptiveltern) begegnet Heike mit viel Zutrauen. Oft sucht sie Körperkontakt bei Frau I. Sie scheint sich bei Frau und Herrn I. geborgen zu fühlen.]

[Heike kann das seit vier Monaten in der Adoptivfamilie lebende zweite Pflegekind nach anfänglichen Schwierigkeiten ihrem Alter entsprechend als Geschwisterkind akzeptieren.]

3. Die **Eheleute Illner** leben in einer gut eingerichteten und geräumigen Wohnung und verfügen durch Herrn Illners Berufstätigkeit als Kraftfahrer über ein zwar bescheidenes, aber sicheres Einkommen.

[Frau und Herr I. wirken sehr zufrieden mit ihrer Lebenssituation und gehen in der Regel freundlich und offen miteinander um.] Bei Meinungsverschiedenheiten neigt Herr I. dazu, den Vorstellungen seiner Frau eher nachzugeben als umgekehrt. [Herr I. akzeptiert, daß Frau I. ihre Berufstätigkeit aufgab und lieber ausschließlich Hausfrau und Mutter sein möchte,] obwohl durch den Wegfall von Frau I's Verdienst ihre wirtschaftlichen Möglichkeiten spürbar eingeschränkt wurden.

Die Eheleute I. wünschten ein Kind zu adoptieren, da sie wegen Frau I's Totaloperation keine gemeinsamen Kinder haben können. Es sollte ein Mädchen bis zu 2 Jahren sein, kein Mischling, körperlich gesund und normal entwickelt.

Die Adoptiveltern verfolgen Heikes Entwicklung aufmerksam, aber nicht ängstlich.

Sie akzeptieren Heike mit ihren Behinderungen [und sind bereit, sich auch mit eventuell erst später sichtbar werdenden Schäden angemessen auseinanderzusetzen. Vor Fremden, Nachbarn und Verwandten stehen sie zu Heike als einem behinderten Kind].

Die Adoptiveltern sind sich der damit verbundenen Schwierigkeiten bewußt.

Anweisungen des Arztes bezüglich des Kindes beachten sie sorgfältig.

Frau I. nimmt viele Mühen auf sich, das Mädchen so weit wie möglich zu fördern, ohne es zu überfordern. [Wenn dem Kinde etwas nicht gelingt, ermutigt Frau I. es ruhig und freundlich, mitunter scherzend, es noch einmal zu versuchen.]

Die Adoptivmutter bemüht sich, Heikes Bedürfnisse zu erkennen und im Rahmen des Möglichen zu befriedigen. [Des Mädchens ausgeprägten Wunsch nach körperlicher Nähe kann sie gut zulassen. In solchen Situationen nimmt sie das Kind für eine Weile in den Arm oder läßt das Mädchen sich an sie anschmiegen, während sie ihm über den Kopf streichelt.]

[Bei aller emotionaler Nähe zum Kind legt Frau I. Wert darauf, daß Heike ihren Aufforderungen nachkommt bzw. gesetzte Grenzen einhält.]

[In Konfliktsituationen mit dem Kind versucht Frau I. in der Regel, ihre Forderungen ruhig zu wiederholen, mitunter erklärend etwas hinzuzufügen und notfalls die angedrohten Konsequenzen folgen zu lassen.]

[Wenn Frau I. straft, tut sie es verbal bzw. durch Liebesentzug.]

[Zwischen den Eheleuten I. besteht hinsichtlich des erzieherischen Umgangs mit Heike weitgehend Übereinstimmung.] Bei der bestehenden Konfessionsverschiedenheit der Ehepartner wollen die Adoptiveltern ein Adoptivkind nach der Religion des Adoptivvaters, d. h. katholisch erziehen. Herr I. teilt auch die Auffassung seiner Frau, daß zum gegenwärtigen Zeitpunkt Heikes unmittelbare Erziehung vor allem von Frau I. zu leisten sei. [Nach Feierabend, besonders aber an Wochenenden, findet Herr I. Zeit, mit Heike eine Weile spazieren zu gehen, zu spielen, ihr etwas zu zeigen oder ihr etwas mitzubringen.]

Beide Eheleute bewerten übereinstimmend das gemeinsame Umsorgen des Kindes als eine Bereicherung ihres bisherigen Lebens.

Mitunter wird bei den Eheleuten I. die Sorge spürbar, Frau Kreuz könne auch nach der Adoption versuchen, auf Heikes Erziehung nachhaltig Einfluß zu nehmen, und sie wären dann wegen der geistigen Überlegenheit der Kindesmutter u. U. nicht in der Lage, ihre eigenen Vorstellungen angemessen durchzusetzen.

III. Diagnose/Prognose

Heike wurde ca. 14 Tage nach dem errechneten Zeitpunkt geboren; sie war also keine Frühgeburt. Dennoch liegen ihr Geburtsgewicht (2400 g) und ihre Geburtsgröße (48 cm) deutlich unter den Durchschnittswerten.

Die bei ihr zu beobachtenden Mißbildungen (fehlender Sehnerv, mißbildetes linkes Auge, mißbildete Nase) und Funktionsstörungen (spastische) sind in Zusammenhang mit der medikamentösen Behandlung ihrer Mutter zum Zeitpunkt der Schwangerschaft zu sehen und legen die Annahme einer pränatalen Schädigung nahe.

Aufgrund der Eigenart der o. g. Schäden ist der jetzige Intelligenzrückstand des Mädchens von einem halben Jahr kaum als Folge des Klinikaufenthaltes des Kindes während der ersten 5 Lebensmonate, sondern eher als Folge einer vorgeburtlichen Hirnschädigung anzusehen.

Da Heike außerdem im motorischen und optischen Bereich behindert ist, muß man damit rechnen, daß der Intelligenzrückstand trotz Übungen nur begrenzt kompensiert werden kann. Heikes weitere Entwicklung im kognitiven Bereich wird mit großer Wahrscheinlichkeit nicht störungsfrei verlaufen. Während des späteren Schulbesuchs des Mädchens ist mit Schwierigkeiten in Form von Lernstörungen zu rechnen.

Wegen ihres leicht entstellten Aussehens und der spastischen Störungen wird Heike unter Kindern auffallen und schwerer als andere ein positives Selbstkonzept und ein belastbares Sozialverhalten entwickeln können.

Ob und ggf. inwieweit das Mädchen durch erbliche Belastungen (Schizophrenie der Mutter, Epilepsie des Großvaters) in seinem künftigen Erleben und Verhalten beeinträchtigt werden wird, ist nach Mitteilung von Ärzten z. Zt. nicht abzuschätzen.

Die Besonderheiten dieses Kindes setzen voraus, daß die Adoptiveltern über ein gutes Maß an psychophysischer Belastbarkeit verfügen, aus einer primär kindbezogenen Motivation heraus ein Adoptivkind suchen und keine hohen Erwartungen hinsichtlich des Leistungsverhaltens ihres Adoptivkindes haben.

Der Wille der Kindesmutter, nur einer offenen Adoption zuzustimmen und ihr Wunsch, wie eine Patentante nahen Kontakt zu ihrem Kind behalten zu können, werden nur dann für die Entwicklung des Kindes ohne negative Folgen sein, wenn die betreffenden Adoptiveltern hinreichend über Selbstvertrauen und Durchsetzungsfähigkeit einerseits und Einfühlungsvermögen in die besondere Lage der Kindesmutter andererseits verfügen. Sonst besteht die Gefahr, daß die Adoptiveltern ständig zwischen aggressiver Selbstbehauptung und schuldgefühlbeladenem Nachgeben gegenüber Frau Kreuz schwanken und das Kind darunter leidet.

IV. Zusammenfassende Beurteilung der Annahme als Kind aus psychosozialer Sicht

1. Eignung des Kindes

Heike ist so behindert, daß sie zur Zeit einer gezielten fachlichen Förderung (Krankengymnastik) und auch später intensiver Zuwendung bedarf, um sich angemessen entwickeln zu können.

Ihre Beeinträchtigungen sind jedoch nicht der Art, daß diese Förderung nur bei gleichzeitiger Unterbringung in einer Klinik oder einem Heim möglich wäre.

Vielmehr verfügt Heike über gute Voraussetzungen im emotionalen, sozialen und hinreichende im kognitiven und körperlichen Bereich, um sich in einer geeigneten Familie gut entwickeln zu können.

Gegenüber den Adoptiveltern I., die für sie seit dem Klinikaufenthalt während ihrer ersten 5 Lebensmonate die ständigen Bezugspersonen waren, hat Heike stabile Gefühle der Zuwendung und des Vertrauens entwickelt. Sie erlebt ihre Pflegeeltern als ihre Eltern und erfährt den Lebensraum der Eheleute I. als ihr „zu Hause".

Ihre Annahme als Kind könnte diese positiven Erfahrungen nur verstärken und stabilisieren.

2. Eignung der Annehmenden

2.1 Erwartung der Adoptiveltern

Die Adoptiveltern I. hatten hinsichtlich ihres Adoptivkindes Erwartungen, denen Heike nur begrenzt entspricht (Alter, Geschlecht).

Ihre ursprüngliche Absicht, kein sozial auffälliges Kind (Mischling, Behinderter) zu adoptieren, läßt zunächst befürchten, daß die Eheleute I. u. U. sich nicht stark genug fühlen, sich mit einem Kinde zu identifizieren, das in irgendeiner Weise nicht „normal" ist.

Die Praxis der fast zweijährigen Pflegezeit [11] hat jedoch erwiesen, daß Frau und Herr I. von ihrem wohl verständlichen anfänglichen Wunsch nach einem völlig gesunden Kind abrücken konnten. Durch die herzliche Beziehung, die sie zwischen sich und dem Kinde in der Pflegezeit aufbauten, wurde es ihnen möglich, Heike so zu bejahen, wie es für ihre Entwicklung förderlich ist.

2.2 Erziehungsfähigkeit der Annehmenden

Die Adoptiveltern, insbesondere die Adoptivmutter, haben ein ausgesprochen kindzentriertes Erziehungsverhalten. Ihre Ruhe, relative Ausgeglichenheit und ihre Belastbarkeit im körperlichen und seelischen Bereich sind für den erzieherischen Umgang mit einem behinderten Kind wie Heike es ist, von besonderem Wert.

Es besteht ein hohes Maß an Wahrscheinlichkeit, daß die Adoptiveltern durch die gegebenen und noch zu erwartenden Belastungen, die die Erziehung des Mädchen mit sich bringen wird, nicht überfordert sein werden.

Wie schon erwähnt, können für die Adoptiveltern einige Schwierigkeiten in der Erziehungsarbeit entstehen, falls sie sich infolge der offenen Adoption zu sehr mit direkten oder indirekten Ansprüchen der Kindesmutter auseinanderzusetzen haben.

Unter den gegebenen Umständen ist eine Inkognitoadoption dieses Kindes durch diese Adoptiveltern nicht mehr möglich. Das Kind deshalb aus dieser Pflegefamilie zu nehmen, um eine anderweitige Inkognitoadoption zu ermöglichen, scheint mir aus zwei Gründen nicht vertretbar:

1. Die bisherigen Vermittlungsbemühungen zeigten, daß es sehr schwierig ist, für die behinderte Heike Adoptiveltern zu finden.

2. Zwischen Pflegeeltern und Kind hat sich eine so günstige Beziehung entwickelt, daß nur äußerst schwerwiegende Gründe es verantwortbar erscheinen ließen, dem Kinde diese Entwicklungschance zu nehmen.

Will man die sich aus einer offenen Adoption möglicherweise ergebenden Probleme abschließend beurteilen, so sind Vorgeschichte und psychosozialer Befund zu berücksichtigen.
Sie zeigen:

1. Während der Pflegezeit hatten die Adovtiveltern in dieser Hinsicht einige Schwierigkeiten, konnten sie jedoch hinreichend meistern.

2. Die Kindesmutter ist Argumenten gegenüber offen und vermag zum Wohle ihrer Kinder ihre persönlichen Bedürfnisse zu steuern.

Gemäß § 9 II AdVermiG wird es Aufgabe des zuständigen Jugendamtes sein, in der nachgehenden Beratung der Adoptiveltern sie gerade hinsichtlich dieses Problemes zu unterstützen.

2.3 Familiäre Situation der Annehmenden

Die Beziehung der Eheleute I. untereinander scheint herzlich und stabil zu sein.

So weit von außen her beurteilbar, kann davon ausgegangen werden, daß Heike einen Verlust der Adoptiveltern durch Scheidung nicht zu befürchten braucht.

Heike ist für die Eheleute I. und ihre Beziehung zwar eine Bereicherung, jedoch kein notwendiger Bestandteil.

Die Annahme als Kind dürfte auch keine besonderen belastenden Veränderungen in die Partnerbeziehung der Annehmenden einbringen, da die Adoptiveltern in der zweijährigen Pflegezeit die durch das Hinzukommen eines Kindes sich ergebenden Erfahrungen miteinander gemacht und offensichtlich auch verarbeitet haben.

Das angenommene zweite Pflegekind ist geeignet, Heike gegenüber eine Geschwisterrolle einzunehmen.

2.4 Wirtschaftliche Situation der Annehmenden

Durch die Annahme als Kind verlieren die Eheleute I. für Heike das Pflegegeld, das wegen der durch die Behinderung des Kindes entstehenden zusätzlichen Kosten überdurchschnittlich hoch war.

Herr I. hat ein bescheidenes Einkommen, das nur durch das Pflegegeld für das zweite Pflegekind ergänzt wird.

Die wirtschaftlichen Möglichkeiten der Annehmenden werden durch den Verlust des Geldes bei Bestehenbleiben der erhöhten Ausgaben für Heike spürbar eingeengt.

Die Annehmenden haben jedoch keine Schulden und sind sehr gut eingerichtet, so daß Anschaffungen in großem Umfange in nächster Zeit nicht erforderlich sind.

Frau und Herr I. sind sich der wirtschaftlichen Konsequenzen bewußt. Sie versuchen, durch sparsame Lebensführung und zusätzlich Arbeit die wirtschaftlichen Mehrbelastungen aufzufangen.

Ihre realistische Lebensauffassung wie ihre Belastbarkeit berechtigen zur Annahme, daß die Adoptiveltern mit dieser Schwierigkeit als einer gemeinsamen Aufgabe fertig werden.

V. Beurteilung der Annahme als Kind unter juristischen Gesichtspunkten

Unter juristischen Gesichtspunkten bestehen keine Bedenken gegen eine Annahme des Kindes Heike durch die Adoptivbewerber. Diese erfüllen die Alterserfordernisse des § 1743 I BGB, sind unbeschränkt geschäftsfähig (§ 1743 IV BGB) und haben Heike eine angemessene Zeit (2 Jahre) in Pflege gehabt (§ 1744 BGB). Die erforderlichen Einwilligungen (die des Kindes, vertreten durch das JA Blitzdorf, gem. § 1746 I BGB und die der leiblichen Mutter gem. § 1747 II 1 BGB) liegen auch vor.

VI. Entscheidungsvorschlag

Da eine Annahme des Kindes Heike unter psychosozialen und juristischen Gesichtspunkten zu befürworten ist, schlage ich vor, dem Antrag der Eheleute Illner stattzugeben.

7.3.4 Anmerkungen zum Beispielgutachten (7.3.3)

1. Zwar muß die Mutter den Namen des Erzeugers nicht bekanntgeben. Dennoch ist das JA gem. § 1706 Nr. 1 BGB verpflichtet, sich um eine Vaterschaftsfeststellung zu bemühen. Im vorliegenden Fall gilt das umso mehr, als zunächst sehr unwahrscheinlich ist, daß das Kind je adoptiert werden könnte. In dieser Situation müßte das JA umso eher an der Vaterschaftsfeststellung interessiert sein, als es den Mann dann gem. §§ 81 ff. JWG zu den Pflegekosten heranziehen könnte. Darüber hinaus hat jedes Kind zumindest einen moralischen Anspruch darauf zu erfahren, wer sein Vater ist. Die Bemühungen des JA, den Vater herauszufinden, werden dagegen nicht in dessen Interesse durchgeführt, um ihm seine Rechte gem. §§ 1747 II 2, 3 BGB; 51 b JWG zu wahren.

2. Diese Informationen fehlen bei den Studenten.

3. Diese Mitteilung fehlt bei den Studenten.

4. Diese Angaben fehlen oben.

5. Dies fehlt oben.

6. Dies ist oben weggelassen.

7. Dies sind Formulierungen, die eigentlich in den Befund gehören. So wird nicht deutlich, worauf diese Folgerungen beruhen. Leider läßt das Aktenmaterial insoweit Wünsche offen.

8. Es erspart dem Leser zu rechnen, wenn das Alter sogleich in Klammern angegeben wird.

9. Siehe Anm. 7!

10. Auch hier hätte man sich konkretere Aussagen in der Akte gewünscht.

11. Eine konkrete Beurteilung der Adoptionsbewerber während der Pflegezeit wäre hier erforderlich, war den Verfassern jedoch wegen des unzulänglichen Ausgangsmaterials (Originalakte als einzige Grundlages des Beispielgutachten) nicht möglich.

8. Konsequenzen für die soziale Arbeit

8.1 Das Jugendamt als Fachbehörde – der Sozialarbeiter als Experte

Bedenkt man die von uns aufgewiesenen theoretischen Anforderungen an gutachtliche Äußerungen und ihre Verwirklichung in der sozialen Praxis, so bleibt zu überlegen, welche Konsequenzen sich daraus ergeben könnten.

Wenn wir von Stellungnahmen eines **Jugendamtes** sprachen, setzten wir ein bestimmtes Verständnis von „Jugendamt" voraus, wie es von den Verfassern des dritten Jugendberichts der Bundesregierung (1972) umschrieben wurde: „Das Jugendamt ist, zwar noch nicht in der Realität, wohl aber seiner Konzeption und Aufgabenstellung nach, wie das Gesundheits-, das Bau- und das Schulamt eine Fachbehörde ..." [1]. Mitarbeiter einer Fachbehörde zu sein, setzt jedoch auch eine entsprechend hohe Qualifikation voraus. „Der zweite Jugendbericht der Bundesregierung hat ... gezeigt, daß die Jugendämter und ihr Personal erst auf dem Wege zu einer solchen Qualifikation und Fortbildung sind, wie sie eine Fachbehörde erfordert" [2]

Zwar ist seit dem 2. Jugendbericht (1968) mehr als ein Jahrzehnt ins Land gegangen, und auch der 3. Jugendbericht (1972) liegt schon wieder acht Jahre zurück. Dennoch hat die Aussage, daß die JÄ erst im Begriff sind, eine Fachbehörde zu werden und sie auch werden sollen, nicht an Aktualität verloren. Trotz aller Anstrengungen, die zweifelsfrei in Praxis und Ausbildung zur Verbesserung der Qualifikation gemacht worden sind und die teilweise auch durchaus beachtliche Erfolge gezeigt haben, bleibt noch viel zu tun. Daß dies insbesondere für den Bereich der Abgabe gutachtlicher Stellungnahmen in der VormGH/FamGH gilt, ist – wie wir zeigen konnten – nicht nur die persönliche Erfahrung der Autoren. U. E. hat das wiederholt angesprochene Defizit eine Vielzahl von Gründen, auf die abschließend noch einmal nachdrücklich hingewiesen werden soll. Uns fällt auf, daß es SozArb bzw. Studenten der Sozialarbeit insbesondere schwerfällt,
– sich überhaupt schriftlich zu äußern;
– vorhandene fachtheoretische Kenntnisse auf praktische Fälle anzuwenden;
– die Theorie in der Praxis nicht völlig auszuklammern;
– selbst bei Zeitdruck Aufgaben noch angemessen, d. h. klientgerecht zu erledigen;

1 3. Jgdber. S. 35.
2 A. a. O., S. 35.

- gutachtliche Stellungnahmen anzufertigen, d. h. hier vor allem, notwendige Gestaltungsprinzipien anzuerkennen;
- auch bei persönlichen Vorbehalten (Selbstverständnis des SozArb; stärkeres Interesse an verwaltender, beratender oder therapeutischer, geringeres an diagnostischer Tätigkeit; Werthaltungen u. a. m) gegen gutachtliche Äußerungen, diese in der notwendigen Differenziertheit zu erstellen;
- trotz Konkurrenzdruck (Richter, Anwälte und Sachverständige als spezieller und scheinbar damit „besser" Ausgebildete) sich mit seinen Fachkenntnissen adäquat einzubringen.

8.2 Forderungen an die Fachhochschule

„Aus der von der Kommission (des dritten Jugendberichts [2a]) vertretenen Konzeption der Jugendamtsarbeit ergibt sich als generelle Forderung, daß im Mittelpunkt dieser Arbeit die sozialpädagogisch ausgebildete Fachkraft zu stehen hat ...

Diese ... Fachkraft wird neben bestimmten Grundqualifikationen in der Regel über besondere Fähigkeiten auf einem bestimmten Gebiet verfügen müssen ..." [3] [(3. Jgdber., S. 123)].

Wissenschaftlichkeit

Nur mit Hilfe der Theorien, Denkweisen und Einsichten der Erziehungswissenschaft, der Psychologie und der Soziologie sind Berufsqualifikationen zu erwerben, die fachlich fundiertes Handeln in der JA-Praxis ermöglichen [4,5].

Unsere in diesem Buch erhobene Forderung nach mehr Wissenschaftlichkeit in der Ausbildung sehen wir u. a. auch von *Carspecken* [6] bestätigt, wenn er schreibt: „Der Wert der Ausbildung und längeren Praxis wird umso entscheidender, je bedeutender oder wertvoller das Arbeitsziel ist. Das gilt auch für die Durchführung von Aufgaben ..., die auf den Mitmenschen ... gerichtet sind, darunter auch für die Tätigkeit des Jugendamtes [7]."

Wir meinten nicht nachdrücklich genug betonen zu können, daß die Forderung nach einer qualifizierten Ausbildung in Sozial- und Verhaltenswissenschaften besonders für jene SozArb und SozPäd gilt, die sich gutachtlich über Menschen und ihre Lebensverhältnisse äußern. Noch immer ist nämlich in der

---

2a Erg. d. Verf.
3 3. Jgdber., S.123.
4 3. Jgdber., S. 125.
5 So auch Wesche, JugWo 1980, 244/250.
6 ZblJugR 1979, S. 339 – 343.
7 S. 339.

Praxis der verhängnisvolle Umstand zu beobachten, „daß in bezug auf psychische Sachverhalte sich jeder Laie in weit höherem Maß auch als Fachmann fühlt als etwa bei der ... Beurteilung eines Leichenbefundes oder einer technischen Materialanalyse[8]."

Integrativer, praxisbezogener Ansatz

Übereinstimmend mit den Verfassern des dritten Jugendberichts der Bundesregierung heben wir ferner noch einmal hervor: „die Ausbildung sollte stärker als bisher an Praxisproblemen orientiert sein, das heißt in einer Form verlaufen, die das in den verschiedenen Disziplinen vorhandene Wissen auf Probleme der Jugendhilfe bezieht[9]."

„Die Bezeichnung ‚Fachlichkeit' setzt immer voraus, daß eine bestimmte Tätigkeit oder Leistung auf einen speziellen wissenschaftlichen Fachbereich oder ein besonderes Fach bezogen und von dort nach Grund und Art gestaltet oder gewährt wird. In der Jugendhilfe ergibt sich hierzu aber eine Schwierigkeit: sie kann ... keinem bestimmten Fach oder Fachbereich allein oder vorrangig zugeordnet werden. Sie ist lediglich ein Oberbegriff, in dem die verschiedensten ... Tätigkeiten zusammengefaßt sind. ... Nach den heutigen Erkenntnissen sind bei der Ausführung (dieser Tätigkeiten[9a]) die Fachbereiche Psychologie, Pädagogik, Medizin, ... aber auch z. B. Verwaltungsrecht, Familien- und Jugendrecht allgemein, Verwaltungskunde und Verwaltungsverfahren, eng miteinander verwoben. Beispielsweise zur Frage: was ist aus pädagogischen oder psychologischen Gründen notwendig ..., muß als zweites die Frage kommen: auf welche Weise ist es durchsetzbar[10]."

Dieses Buch stellt unseren Versuch dar, dieser Forderung nach einer integrativ angelegten Aus- und Fortbildung in einem begrenzten Bereich zu entsprechen. FHen, die SozArb und SozPäd ausbilden, werden sich immer wieder die Frage stellen lassen müssen, inwieweit sie bereit und in der Lage sind, Kontakt zur beruflichen Praxis zu halten, ihre Studienangebote an Praxisproblemen zu orientieren und interdisziplinär, unter Einbeziehung kompetenter Vertreter der beruflichen Praxis, durchzuführen[11]. Die Diskussionen während des 69. Deutschen Fürsorgetages in Frankfurt 1980, besonders die im Themenbereich V. „Soziale Berufe zwischen Generalisierung und Spezialisierung" geführten Gespräche, lassen einige der Probleme erkennen, die sich aus den neuen Fachhochschulgesetzen durch die dort getroffenen Regelungen für die praxisnahe Ausbildung und Mitarbeit von „Praktikern" ergeben.

8 Thomae 1967, S. 753.
9 3. Jgdber., S. 125.
9a Erg. d. Verf.
10 Carspecken a. a. O., S. 340.
11 So auch Wesche, a. a. O. (FN 5).

8.3 Forderungen an die Praxis

Die Forderung, Curricula von FHen sollten sich an den Erfordernissen der beruflichen Praxis orientieren, sagt freilich noch nichts darüber aus, inwiefern die tatsächliche Praxis der JÄ, in unserem Zusammenhang speziell ihre Handhabung bei gutachtlichen Stellungnahmen, maßgebend sein kann.

Auch der beruflichen Praxis gegenüber, für den in der Jugendhilfe „an der Basis" tätigen SozArb auf andere Weise als für den verantwortlichen Leiter, können Forderungen hinsichtlich Erweiterung der fachlichen Kompetenz ihre Berechtigung haben, auf die wir in unseren Ausführungen hinzuweisen suchten. Zusammenfassend seien hier einige mögliche Konsequenzen angesprochen.

Für manchen mit Stellungnahme sich befassenden **SozArb** kann es bedeuten, daß er u. U. überprüfen muß,

- inwieweit sein eingeschliffenes Tun dem heutigen Wissensstand entspricht;
- inwieweit er bereit ist, durch die Auseinandersetzung mit Neuem entstehende Verunsicherungen auszuhalten;
- in welchem Ausmaß er neben seiner Berufsarbeit (trotz eventueller Freistellung) Zeit und Kraft aufzubringen vermag, sich fortzubilden;
- ob uneingestandene Statusprobleme ihn dazu verleiten, ihm ungewohnte Modellvorschläge als praxisfernes Theoretisieren abqualifizieren zu lassen;
- ob ausschließlich Zeitmangel die Ursache dafür ist, Kooperationsangebote von FHen abzulehnen oder doch nur aus Höflichkeit anzunehmen.

Die von den Verfassern des dritten Jugendberichts erhobene Forderung nach einer wissenschaftlich wie praxisorientiert ausgebildeten Fachkraft könnte u. E. von **leitenden Persönlichkeiten des JA** besser realisiert werden
- durch Förderung von Fortbildungsmaßnahmen,
- durch Förderung eines intensiven Erfahrungsaustausches innerhalb des JA,
- durch wenig rigide Handhabung von Rechtsgrundlagen bei Kooperationsversuchen von Praxis und FH [12].

---

12 Vgl. die Vorschläge von Wesche, a. a. O. (FN 5).

9. Rückblick/Ausblick

Im Rückblick mögen manchem Leser die Ausführungen in Kapitel 1 – 3 gegenüber den Erkenntnissen in Kapitel 6 – 8 widersprüchlich vorkommen: Die anfangs hervorgehobene Kompetenz der SozArb für gutachtliche Äußerungen in der VormGH/FamGH scheint in den späteren Kapiteln mitunter fragwürdig zu werden.

Sicher würde die vereinfachte Behauptung, diese Gegensätze markierten den Soll- bzw. Istzustand gutachtlicher Stellungnahmen in der Sozialarbeit, viel Empörung in der sich redlich mühenden Praxis hervorrufen.

Tatsache bleibt jedoch – und dies wird besonders seit der Untersuchung von *Simitis u. a.* empirisch belegt – , daß die von der Praxis erstellten gutachtlichen Äußerungen trotz der theoretisch vorhandenen Kompetenz der SozArb die von Gesetz, Richter und Betroffenen an sie gerichteten Erwartungen nur sehr unzureichend erfüllen.

Bei den Vormundschafts- und Familienrichtern, denen man in den letzten Jahren häufig ihre Inkompetenz, über das Kindeswohl zu entscheiden, vorgeworfen hat, hat langsam ein Umdenkungsprozeß eingesetzt. Ob es die Richterakademie in Trier, das sogenannte Bielefelder Modell[13] oder weniger spektakuläre Bemühungen auf lokaler Ebene sind: überall wird der Versuch deutlich, wenigstens durch Fortbildung das an Kenntnissen zu erwerben, was im Hinblick auf die Bedeutung der Sache als angemessen zu erwarten ist. Darüber hinaus hat der Gesetzgeber durch die Schaffung neuer Verfahrensvorschriften (§§ 50 ff. FGG) das Seinige dazu getan, die Gerichtspraxis zu verändern.

Im Bereich der Sozialarbeit sind solche Bemühungen bisher kaum sichtbar. Diese Tatsache läßt uns abschließend noch einmal fragen: Sehen manche SozArb tatsächlich nicht, daß ihre Arbeit teilweise unzureichend ist? Ist ihnen nicht klar, daß sie so in Gefahr sind, sich selber zu „Handlangern" der Gerichte zu machen? Bemerken sie nicht, daß sie im Sektor VormGH/FamGH unter Umständen auf Dauer neben mittlerweile fachkundigen Richtern überflüssig werden könnten, wenn sich die Qualität ihrer Arbeit nicht ändert?

Wir meinen, daß sich diese Fragen durchaus mit „doch" beantworten lassen und wollen gerne „vor unserer eigenen Türe kehren": Vermutlich ist in der Ausbildung bisher nicht genügend beachtet worden, wie wichtig der Bereich

---

13 Vgl. dazu Prestien und Klenner in DAVorm 1979, 807.

der Gerichtshilfe ist und wieviel Zeit darauf verwendet werden muß, die Studenten für die Praxis richtig vorzubereiten. Ein Jurist hat in seiner Ausbildung -zig Gerichtsentscheidungen geübt und geschrieben, bis sie eine brauchbare Qualität hatten. Der Psychologe hat in seinem Studium viele Gutachten verfaßt, bis sie den Anforderungen entsprachen. SozArb und SozPäd fehlt Vergleichbares in ihrer Aus- und Fortbildung.

Mit diesem Buch wollten wir einen Beitrag dazu leisten, daß SozArb/SozPäd einen Teil ihrer Aufgaben im Rahmen der VormGH/FamGH künftig mit größerer Sachkompetenz erfüllen können.

Literaturverzeichnis

Adorno, Th. W.: Studien zum autoritären Charakter, Frankfurt 1973
Allport, G. W.: Gestalt und Werden in der Persönlichkeit, Meisenheim am Glan 1970
Ammon, G.: Kindesmißhandlung, München 1979
Argelander, H.: Das Erstinterview in der Psychotherapie, Darmstadt 1970
Arndt/Oberloskamp: Die gutachtliche Äußerung einer Adoptionsvermittlungsstelle gem. § 56d FGG. In: ZblJugR 1977, 273
Arntzen, F.: Psychologie der Zeugenaussagen, Göttingen 1970
Arntzen, F.: Vernehmungspsychologie, München 1978
Arntzen, F.: Elterliche Sorge und persönlicher Umgang mit Kindern, München 1980
Baumbach/Lauterbach/Albers/Hartmann: Zivilprozeßordnung, Kommentar. 38. Aufl., München 1980
Beach, L. R./u. a.: Wollen Sie ein Kind? In: Psychologie heute 1977, 14
Becker, R.: Jugendgerichtshilfe als Institution sozialer Kontrolle. In: Kriminologisches Journal 1980, 108
Beckmann, D.: Übertragungsforschung. In: Pontgratz, L. J.: Klinische Psychologie, Göttingen 1978, S. 1242–1257
Bell, R. T.: Eltern, Kinder und reziproke Einflüsse. In: Report Psychologie 1980, 24
Boerner, K.: Das psychologische Gutachten, Weinheim 1980.
Bratt, N.: Gespräch und Behandlung in der sozialen Arbeit, Weinheim 1971
✗*Brusten/Müller:* Kriminalisierung durch Instanzen sozialer Kontrolle – Analyse von Akten des Jugendamtes. In: Neue Praxis 1972, 174
Buber, M.: Einsichten, Wiesbaden 1953
Bumiller/Winkler: Freiwillige Gerichtsbarkeit, Kommentar. 3. Aufl., München 1980
Bundesarbeitsgemeinschaft der Landesjugendämter (Hrsg.): Richtlinien für die Adoptionsvermittlung vom 28. 6. 1963, Bonn 1966
Der Bundesminister für Jugend, Familie und Gesundheit (Hrsg.): Dritter Jugendbericht, Bonn 1972
Buschmann, W.: Künftiges Scheidungsrecht und Kindeswohl aus sozialwissenschaftlicher Sicht. In: RdJB 1977, 282
Carspecken, F.: Fragen der „Fachlichkeit" der Jugendhilfe. In: ZblJugR 1979, 339
v. Cranach/Frenz: Systematische Beobachtung. In: Graumann, F. C. (Hrsg.): Sozialpsychologie, Göttingen 1969, S. 269–331
Donat, H.: Persönlichkeitsbeurteilung. 2. Aufl., München 1970
Dürr, R.: Verkehrsregelungen gemäß § 1634 BGB. 2. Aufl., Stuttgart 1978
Ebert, E.: Orientierungsformen von Sozialarbeitern – Inhaltsanalytische Auswertung von Berichten der Jugendgerichtshilfe. In: Neue Praxis 1975, 300
Engisch, K.: Einführung in das juristische Denken. 7. Aufl., Stuttgart 1977
Fehnemann, M.: Zu den Fragen des Beweiswerts und der verfassungsrechtlichen Zulässigkeit von Tests für Gutachten vor dem Familiengericht. In: FamRZ 1979, 661
Fieseler, G.: Rechtsgrundlagen sozialer Arbeit, Stuttgart 1977

Firsching, K.: Handbuch der Rechtspraxis, Bd. 5, Familienrecht. 4. Aufl., München 1979 (mit neuem Sorgerecht)

Friedrichs, H.: Die aussagepsychologische Exploration. In: Undeutsch, U.: Forensische Psychologie, Göttingen 1967, S. 3 – 25

Gastiger, S.: Funktion des Rechts in Sozialarbeit/Sozialpädagogik, Stuttgart 1974

Gerber, U. (Hrsg.): Kindeswohl contra Elternwillen? Berlin 1975

Gernhuber, J.: Kindeswohl und Elternwille. In: FamRZ 1973, 229

Giesen, D.: Familienrechtsreform zum Wohl des Kindes. In: FamRZ 1977, 594

Goldstein/Freud/Solnit: Jenseits des Kindeswohles, Frankfurt 1974

Gräber, F.: Jugendwohlfahrtsgesetz, Kommentar, München 1963

Haffter, C.: Kinder aus geschiedenen Ehen, Bern 1948

Hallermann/Karger: Forensische Jugendpsychiatrie, Berlin 1970

Handbuch des gesamten Jugendrechts: (Hdbch JugR), Rechts- und Verwaltungsvorschriften. Hrsg.: E. G. Leydhecker/P. Seipp, Neuwied 1950 – 1976

Handbuch des gesamten Jugendrechts: (Hdbch JugR), Rechts- und Verwaltungsvorschriften, Hrsg.: P. Seipp/K. Fuchs, Neuwied, ab 1976, 28. Lieferung, Stand: Juni 1980

Harris, Th. A.: Ich bin o. k., Du bist o. k. 4. Aufl., Hamburg 1975

Hartmann, H.: Psychologische Diagnostik. 2. Aufl., Stuttgart 1973

Hasemann, K.: Verhaltensbeobachtung. In: Heiß, R. (Hrsg.): Psychologische Diagnostik, Göttingen 1964, S. 807 – 836

Hassenstein, B.: Der Begriff des Kindeswohls in der Sicht der Verhaltensbiologie. In: Mitglieder-Rundbrief der AFET 1975, 66

Hassenstein/Uhlmann: Entscheidungshilfen im Vormundschaftsgerichtsverfahren. In: Mitglieder-Rundbrief der AFET 1977, 49

Hassenstein/Uhlmann: Unterbringung von Kindern, Entscheidungshilfen für Jugendämter und Familienrichter. In UJ 1978, 146 und 201

Heiß, R.: Psychologische Diagnostik: Einführung und Überblick. In: Heiß, R. (Hrsg.): Psychologische Diagnostik, Göttingen 1964, S. 3 – 16

Heiß, R.: Technik, Methodik und Problematik des Gutachtens. In: Heiß, R. (Hrsg.): Psychologische Diagnostik, Göttingen 1964, S. 975 – 995

Hellwig, A.: Psychologie und Vernehmungstechnik bei Tatbestandsermittlungen. 4. Aufl., Stuttgart 1951

Hetherington, E. M.: Scheidung aus der Perspektive des Kindes. In: Report Psychologie 2/1980, 16

Jans/Happe: Jugendwohlfahrtsgesetz, Kommentar. 2. Aufl., Köln 1971 ff. Stand: 5. Lfg. Dez. 1977

Kaiser, M.: ... im Zick-Zack von Profilen – Tätigkeiten von FH-Absolventen, UNI-Berufswahlmagazin 6/1980, 6

Kaminski, G.: Das Bild vom anderen, Berlin 1959

Kemmler, L.: Die Anamnese in der Erziehungsberatung. 3. Aufl., Bern 1974

Kemmler/Echelmeyer: Anamnese-Erhebung. In: Pongratz, L.: Klinische Psychologie, Göttingen 1978, S. 1628 – 1644

Kemper, R.: Konsequenzen aus der Reform des Ehe- und Familienrechts für Jugendämter. In: ZblJugR 1976, 421

Kemper, R.: Konsequenzen aus der Reform des Ehe- und Familienrechts für Jugendämter. In: ZblJugR 1976, 478

Kemper, R.: Aufgaben des Jugendamtes auf Grund der Eherechtsreform, insbesondere bei der Regelung von Scheidungsfolgesachen. In: ZblJugR 1977, 411

Klar, W.: Entscheidungsrelevante psychologisch-pädagogische Faktoren im Sorgerechtsverfahren von Scheidungskindern. In: Zeitschrift für Kinder- und Jugendpsychiatrie 1973, 37

Klenner, W.: Gedanken über die Anwendung psychologischer Erkenntnisse durch den Familienrichter. In: DAVorm 1979, 807

Knapp, W.: (Hrsg.): Die wissenschaftlichen Grundlagen der Sozialarbeit und Sozialpädagogik, Stuttgart 1980

Kraag, B.: Strategien diagnostischer Urteilsbildung. In: Sozialpädagogik, 1976, 121

Krug, H.: Gesetz für Jugendwohlfahrt, München 1962 (26. Erg. Lfg. Mai 1978)

Der Kultusminister des Landes Niedersachsen (Hrsg.): Richtlinien zur Erstellung psychosozialer Diagnosen. Nds.MBl.Nr. 42/1976, 1681

Kurth, W.: Das Gutachten. Anleitung für Mediziner, Psychologen und Juristen. München 1980

Larenz, K.: Methodenlehre der Rechtswissenschaft, 4. Aufl., München 1979

Lange, R.: Anthropologische Grenzbereiche zwischen Psychiatrie, Psychologie und Recht. In: NJW 1980, 2729

Lautmann, R.: Soziologie vor den Toren der Jurisprudenz, Stuttgart 1971

Lehr, U.: Das Problem der Sozialisation geschlechtsspezifischer Verhaltensweisen. In: Graumann (Hrsg.), Sozialpsychologie, Göttingen 1972, S. 886 – 954

Lehr, U.: Die Bedeutung der Familie im Sozialisationsprozeß, Stuttgart 1973

Lempp, R.: Das Wohl des Kindes in §§ 1666 und 1671 BGB. In: NJW 1963, 1659

Lempp, R. Die Ehescheidung und das Kind, München 1976 (2. Aufl. 1978 nicht berücksichtigt)

Lempp, R.: Wer soll das Kind holen und bringen bei der Durchführung der Befugnis zum persönlichen Umgang mit dem Kind gemäß § 1634 Abs. 1 BGB? In: ZblJugR 1979, 517

Lempp, R.: Das Kindeswohl und das neue Scheidungsrecht. In: ZblJugR 1979, 49

Lempp/Röcker: Die kinder- und jugendpsychiatrische Problematik bei Kindern aus geschiedener Ehe. In: Zeitschrift für Kinder- und Jugendpsychiatrie 1973, 25

Lent/Jauernig: Zivilprozeßrecht. 18. Aufl., München 1977

Liebel/v. Uslar: Forensische Psychologie: Eine Einführung, Stuttgart 1975

Lüderitz, A.: Die Rechtsstellung ehelicher Kinder nach Trennung ihrer Eltern im künftigen Recht der Bundesrepublik Deutschland. In: FamRZ 1975, 605

Lutz, R.: Das verhaltensdiagnostische Interview, Stuttgart 1978

Mann, L.: Sozialpsychologie, Weinheim 1972

Maunz/Dürig/Herzog/Scholz: Grundgesetz, Kommentar. 17. Lieferung, Stand: 1979

Merz, F.: Die Beurteilung unserer Mitmenschen als Leistung. In: Lienert (Hrsg.): Ber. 23. Kongr. D. Ges. Psychol. Würzburg 1962, Göttingen 1963, S. 32 – 51

Metzger, W.: Über die Auswirkungen der Verpflanzung eines Kindes in eine fremde Umgebung. In: Unsere Jugend 1971, 153

Mey, H. G.: Prognostische Beurteilung des Rechtsbrechers: Die deutsche Forschung. In: Undeutsch, U.: Forensische Psychologie, Göttingen 1967, S. 511 – 564

Meyer/Borgs: Kommentar zum Verwaltungsverfahrensgesetz. Frankfurt 1976

Mietzel, G.: Pädagogische Psychologie. 2. Aufl., Göttingen 1975

Mnookin, R. H.: Was stimmt nicht mit der Formel „Kindeswohl"? In: FamRZ 1975, 1

Mösonef, H.: Zusammenwirken von Vormundschaftsgericht und Jugendamt. In: BayWD 1970, 49 und 65

Mueller/Thomas: Einführung in die Sozialpsychologie, Göttingen 1974

Müller-Luckmann, E.: Die psychologische Begutachtung der Glaubwürdigkeit insbesondere in Jugendschutzsachen. In: Blau, G./Müller-Luckmann, E. (Hrsg.): Gerichtliche Psychologie, Neuwied 1962

Münchener Kommentar: Bürgerliches Gesetzbuch, Bd. V, (Familienrecht). München 1978 und Ergänzungsband 1979 (zitiert: MünchKo/Bearbeiter) (mit neuem Sorgerecht)

Münder, J.: Elterliche Gewalt und Wohl des Kindes. In: RdJB 1977, 358

Münder, J. u. a.: Frankfurter Kommentar zum Jugendwohlfahrtsgesetz, Weinheim 1978

Münder, J.: Familien- und Jugendrecht, Weinheim 1980 (zitiert: Münder LB)

Musaph, H.: Technik der psychologischen Gesprächsführung. 2. Aufl., Salzburg 1970

Nentzel, E.: Auswahl von Fällen in der Praxisanleitung. In: NDV 1971, 261/263

Oberloskamp, H.: Die Ersetzung der Einwilligung der leiblichen Eltern in die Annahme ihres Kindes (§ 1748 BGB). In: ZblJugR 1980, 581

Oberloskamp, H.: Wie adoptiere ich ein Kind? Wie bekomme ich ein Pflegekind? München 1980

Oberloskamp/Adams: Jugendhilferechtliche Fälle für Studium und Praxis. 2. Aufl., Frechen 1979 (noch nicht berücksichtigt: 3. Aufl. 1981)

Palandt, O.: Bürgerliches Gesetzbuch, Kommentar. 40. Aufl., München 1981

Papenheim/Baltes: Verwaltungsrecht für die soziale Praxis. 4. Aufl., Frechen 1980

Pechstein, J.: Frühadoption und soziale Elternschaft. In Biermann, G. (Hrsg.): Jahrbuch der Psychohygiene, Bd. 2, S. 206 – 218. München/Basel 1974

Pfäfflin, F.: Vorurteilsstruktur und Ideologie psychiatrischer Gutachten über Sexualstraftäter, Stuttgart 1978

Potrykus, G.: Jugendwohlfahrtsgesetz, Kommentar. 2. Aufl., München 1972

Presse- und Informationsdienst der Bundesregierung (Hrsg.): Gesellschaftliche Daten 1979, Bonn 1979

Prestien, H. Chr.: Die Arbeitsweise des Familiengerichts Bielefeld. In: DAVorm 1979, 807

Puls, J.: Zusammenarbeit zwischen Familiengericht und Jugendamt. In: Brennpunkte der Jugendarbeit, Heidelberg 1979, 66

Rahm, W. (Hrsg.): Handbuch des Familiengerichtsverfahrens. Köln 1978/79; 3. Lfg. Sept. 1979 (ohne neues Sorgerecht)

Richter, H. E.: Eltern, Kind und Neurose, Hamburg 1967

Rogers, C. R.: A theory of therapy, personality and interpersonal relationships as developed in the client-centered framework. In: Koch, S. (Hrsg.): Psychology: A study of a science. New York 1959, zitiert in: Rogers, C. R. 1976

Rogers, C. R.: Die klientzentrierte Gesprächspsychotherapie, München 1972

Rogers, C. R.: Eine neue Definition von Einfühlung. In: Jankowski, P., u. a.: Klientzentrierte Psychotherapie heute, Göttingen 1976, S. 33 – 52

Roestel, G.: Aufgabe und Form des Berichtes der Jugendgerichtshilfe. In: UJ 1965, 543

Roth, H.: Pädagogische Anthropologie, Bd. II, Hannover 1971, S. 446 – 588

Schäffle, E.: Keiner ist Gewinner – Zur Situation von Kindern nach Scheidung ihrer Eltern. In: Hochschulbrief der evangelischen Fachhochschulen Darmstadt/Freiburg/Ludwigshafen/Reutlingen 1979, 25

Schmidt/Keßler: Anamnese, Weinheim 1976

Schneider, H. J.: Prognostische Beurteilung des Rechtsbrechers: Die ausländische Forschung. In: Undeutsch, U. (Hrsg.): Forensische Psychologie, Göttingen 1967, S. 397 – 510

Schraml, W.: Das psychodiagnostische Gespräch. In: Heiß, R. (Hrsg.): Psychologische Diagnostik, Göttingen 1964, S. 868 – 897

Schünemann, H.-W.: Sozialwissenschaften und Jurisprudenz, München 1976

Siegismund/Tiesler: Fallstudien aus der sozialen Arbeit, Heidelberg 1979

Simitis u. a.: Kindeswohl, Frankfurt 1979

Simon, H. P.: Das Wesen des Umgangsrechts (§ 1634 BGB). Zugleich ein Beitrag zur Grundlage des Eltern-Kind-Verhältnisses. Diss. jur. Stuttgart 1978

Simoneit, M.: Charakterologische Symptomlehre. Stuttgart 1953

Sodhi, S.: Sozialpsychologie. In: Meili, R./Rohracher, H.: Lehrbuch der experimentellen Psychologie. Bern 1963

Steffens, G.: Lebensqualität und Persönlichkeitsentwicklung nach Ehescheidung, Sorgerechts- und Verkehrsregelung. In: ZblJugR 1977, 129

Tausch/Tausch: Erziehungspsychologie. 8. gänzlich umgestaltete Aufl., Göttingen 1977

Tägert, J.: Forensische Psychologie im Bereich des Familienrechts. In: Undeutsch, U. (Hrsg): Forensische Psychologie, Göttingen 1967, S. 598 – 633

Thomae, H.: Prinzipien und Formen der Gestaltung psychologischer Gutachten. In: Undeutsch, U. (Hrsg): Forensische Psychologie, Göttingen 1967, S. 743 – 767

Thomae, H.: Das Individuum und seine Welt. Göttingen 1968

Thomae, H.: Beobachtungen und Beurteilung von Kindern und Jugendlichen. 12. Aufl., Basel, New York 1976

Thomas/Putzo: Zivilprozeßordnung, Kommentar. 10. Aufl., München 1978

Timms, N.: Der Bericht in der Sozialarbeit. Freiburg i. Br. 1974.

Trankell, A: Der Realitätsgehalt von Zeugenaussagen. Göttingen 1971

Troje, E.: Gemeinsame elterliche Sorge nach Scheidung. In: NDV 1981, 17

Uffelmann, P.: Das Wohl des Kindes als Entscheidungskriterium im Sorgerechtsverfahren. Diss. jur. Freiburg i. B. 1977

Ullrich, H.: Der Bericht der Jugendgerichtshilfe – Vordruck oder freie Fassung? In: ZblJugR 1969, 185

Undeutsch, U.: Beurteilung der Glaubhaftigkeit von Zeugenaussagen. In: Undeutsch, U. (Hrsg.): Forensische Psychologie. Göttingen 1967, S. 26–181

Vollertsen, G.: Die Besuchsregelung nach § 1634 BGB. In: ZblJugR 1977, 230

Wagner, R.: Die Bedeutung des Jugendgerichtshilfeberichts in der Verhandlung vor dem Jugendrichter. In: JugWo 1977, 280

Wagnerová, A.: Wir adoptieren ein Kind, Freiburg 1981

Walter, M.: Die ermittelnden, berichtenden und beratenden Aufgaben der Jugendgerichtshilfe. In: ZblJugR 1973, 485

Watzlawick, P. u. a.: Menschliche Kommunikation. 4. Aufl., Bern 1974

Weimar, R.: Psychologische Strukturen richterlicher Entscheidungen. Basel/Stuttgart 1969

Werner, H. M.: Die Persönlichkeitsforschung im Jugendstrafverfahren. Hamburg 1967

Wesche, H. In: JugWo 1980, 224, Zur Situation der Sozialarbeiter und Sozialpädagogen zwischen Hilfe am Menschen und bürokratischer Verwaltung

Willi, J.: Die Zweierbeziehung. 7. Aufl., Hamburg 1977

Winter-v.Gregory, W.: Jugendgerichtshilfe als Verwaltung sozialer Kontrolle. In: Neue Praxis 1979, 437

Wynne, L. C./u. a.: Kommunikation von Adoptiveltern Schizophrener. In: Familiendynamik 2/1977, 125

Zenz, G.: Kindesmißhandlung und Kindesrechte. Frankfurt 1979

Stichwortverzeichnis

212